RAINER HANK

Der amerikanische VIRUS

RAINER HANK

Der amerikanische VIRUS

Wie verhindern wir den
nächsten Crash?

Karl Blessing Verlag

FSC
Mix
Produktgruppe aus vorbildlich bewirtschafteten Wäldern und anderen kontrollierten Herkünften
Zert.-Nr. SGS-COC-1940
www.fsc.org
© 1996 Forest Stewardship Council

Verlagsgruppe Random House FSC-DEU-0100
Das für dieses Buch verwendete FSC-zertifizierte Papier *Munken Premium* liefert Arctic Paper, Munkedals AB, Schweden.

2. Auflage

Umschlaggestaltung: Hauptmann und Kompanie Werbeagentur, München – Zürich
Layout und Herstellung: Gabriele Kutscha
Satz: Christine Roithner Verlagsservice, Breitenaich
Druck und Einband: GGP Media GmbH, Pößneck
Printed in Germany

ISBN 978-3-89667-399-2

Inhalt

STATT EINES VORWORTS:

In eigener Sache

Einige Zeit vor seinem Tod im Jahr 430 nach Christus schrieb der Kirchenvater Augustinus seine *Retractationes*, eine Art Lebensbeichte, in der er alle seine Werke einer kritischen Durchsicht unterzog. Ein solcher Rechenschaftsbericht wird seit Ausbruch der Finanzkrise im vergangenen Jahr auch von den Wirtschafts- und Finanzjournalisten erwartet: Abschwören sollen sie dem Glauben an freie Märkte, zugeben sollen sie, dass sie die Menschen getäuscht haben, und versprechen sollen sie, solchen gefährlichen Unfug künftig zu unterlassen. Die Wut ist groß und die Enttäuschung auch.

Ich kann das gut verstehen. Schließlich sind wir eine Art Wiederholungstäter, ist es doch noch nicht sehr lange her, dass die Blase der New Economy geplatzt ist und all die Aktien in die Knie gingen, die zuvor liebevoll in den Finanzteilen der Zeitungen und Magazine gepäppelt wurden. Wir Journalisten sind meist schlecht im Vorhersagen. Wir taugen weder als kleine Wirtschaftspolitiker noch als bessere Unternehmenslenker und schon gar nicht als verkappte Fondsmanager.

»Intellektuelle sind die besten Spätindikatoren einer Krise«, schreibt mit bissiger Ironie der britische Rechtsanwalt und Investmentbanker Charles Morris: »Sie sind untrügliche Führer zu Wahrheiten der Vergangenheit.« Morris (*The Trillion Dollar Meltdown*) darf sich den Spott erlauben, war er doch einer der wenigen, die die große Krise des beginnenden 21. Jahrhunderts vorhergesagt haben. Man mag sich scheuen, Medienleute überhaupt zu den Intellektuellen zu zählen. Aber sie beide sind zumindest darin einander verwandt, dass sie, wie es Karl Kraus so treffend ausdrückte, nachher immer alles vorher schon gewusst haben.

Mehr noch: Als die Preise (für Kredite, Aktien und vieles andere) stiegen, wussten wir, dass die Preise steigen. Seit die Kurse fallen, wissen wir, dass sie fallen. Sage keiner, wir seien nicht bei der Herde gewesen, im Rausch beschwingt und in der Depression ganz besonders apokalyptisch. »Zehn oder fünfzehn Jahre lang haben die Menschen ziemlich euphorisch investiert, sowohl in Aktien wie auch in Immobilien«, sagt der Yale-Ökonom Robert Shiller mit Blick auf Amerika: »Das hat sich ausgebreitet wie ein Virus.« Offenbar können gerade auch Fehleinschätzungen ansteckend sein, solange nur genügend viele Leute ihnen anhängen. Der Zweifel ist in solchen Zeiten nicht aus der Welt verschwunden; aber die Leute achten viel weniger auf ihre Bedenken und verlieren das gesunde Misstrauen. Menschen orientieren sich aufgrund ihrer Unsicherheit an den Handlungen ihrer Mitmenschen. Sie unterstellen ihnen – häufig fälschlicherweise – eine Sicherheit, die ihnen selbst abgeht. »Prozyklisch« nennt man dieses Verhalten gerne: Einer macht es dem anderen nach. Journalisten spielen dabei eine eminente Rolle als Zyklusverstärker.

Zu Recht wird uns jetzt vorgehalten, wir hätten die Menschen warnen müssen. Gewiss, Warnungen hat es gegeben, aber sie wurden überhört oder in den Wind geschlagen. Im Nachhinein dürfen jene, die die Katastrophe geahnt haben, sich ihrer Weitsicht brüsten und zugleich ein wenig beleidigt sein, dass keiner sie richtig beim Wort genommen hat. Ich dagegen muss ohne Zögern bekennen: Ich habe mir so etwas nicht vorstellen können. Deshalb war der Verlauf der zweiten Hälfte des Jahres 2008 aufregend und irritierend zugleich: Nahezu täglich geschah etwas, was im Leben eines Wirtschaftsredakteurs eigentlich nicht vorgesehen ist und wofür es in den Lehrbüchern der Ökonomen keine eigenen Kapitel gibt. Und immer dann, wenn es so aussah, als sei das Gröbste vorbei, als kehre wieder Normalität ein, sodass man sich daranmachen konnte, das Vergangene zu verstehen, geschah wieder etwas ganz und gar Unerwartetes. Mit dem Verstehen kam keiner nach. Nur eines war am Ende klar: Wir stecken mitten in der ersten großen Krise des globalen Kapitalismus.

Könnten Wirtschaftsjournalisten die Zukunft voraussagen, so hätten wir längst den Beruf gewechselt und wären Milliardäre geworden. Tröstlich ist daran allenfalls, dass wir uns in unserer Ahnungslosigkeit in bester Gesellschaft befinden: Weder die Makroökonomen noch die klügsten Marktverächter haben damit gerechnet, dass aus einer lokal begrenzten Immobilienkrise eine solch einzigartige Weltwirtschaftskrise werden würde. »Ich habe mir so etwas nie vorstellen können«, sagte auch Alan Greenspan, der Exchef der amerikanischen Notenbank Fed, dem viele eine beträchtliche Mitschuld an der Krise beimessen.

Wiegt also das Vergehen der Katastrophenignoranz so schwer, dass jetzt die Zeit wäre, dem Glauben an freie Märkte abzuschwören, den Neoliberalismus ob seines alle Lebensbereiche okkupierenden imperialistischen Größenwahns zu verbieten und die Wirtschaft wieder mehr unter staatliche Aufsicht zu stellen? Immer schon haben die Wirtschaftsjournalisten (die meisten von ihnen jedenfalls) die Marktwirtschaft wacker verteidigt, zumal in einem Land wie Deutschland mit seiner langen antikapitalistischen Tradition. Doch gestritten haben wir über Fragen der gerechten Verteilung: Der Markt galt zwar als effizient, ungewiss sei jedoch, ob es mit ihm auch gerecht zugehe. Denn der Markt schafft Wohlstand für alle, verteilt ihn aber nicht gleichmäßig an jedermann. Soll man diesen Skandal durch menschlichen Eingriff korrigieren, um dabei Gefahr zu laufen, schlimmere Ungerechtigkeiten zu produzieren?

So ungefähr hatte sich der durch die Globalisierung verschärfte Gerechtigkeitsdiskurs in den Jahren vor der großen Krise eingerichtet.

Doch heute geht es nicht mehr (nur) um Verteilungsfragen, sondern um die Anerkennung einer generellen Instabilität des Systems. Das kam, vorsichtig gesprochen, überraschend; niemand war darauf vorbereitet. Denn die »Theorie effizienter Märkte« der Ökonomen schürte den Glauben, dass in den komplexen mathematischen Modellen schon alle Informationen ihren risikoadäquaten Preis erhalten werden. Unsicherheiten sind, nach der Erkenntnis des Chicago-Ökonomen Frank Knight, mögliche Ereignisse, für deren Eintreten wir keine Wahrscheinlichkeiten angeben können. Das ist zutiefst beunruhigend. Risiken dagegen sind insofern weniger beängstigend und lange nicht so gefährlich, als wir die Wahrscheinlichkeit des Eintretens solcher Ereignisse berechnen können. Deshalb lebt es sich in einer Welt des Risikos komfortabler als in einer Welt der Unsicherheit. Gegen Risiken können wir uns versichern, gegen Unsicherheiten nicht. Sie sind *unknown unknowns*, Ereignisse, die wir nicht nur nicht kennen, sondern von denen wir noch nicht einmal wissen, dass wir sie nicht kennen. Das ist viel gefährlicher, als zu wissen, dass es eine bestimmte Gefahr geben könnte, die wir nur noch nicht kennen. Die Finanzkrise hat uns überwältigt als ein solches »Unknown unknown«. Und wir hatten uns eingebildet, wir würden die meisten Risiken beherrschen.

Für die Überführung von Unsicherheiten in berechenbare Risiken wurden zunehmend die Computer zuständig. Dass es Situationen geben könnte, mit denen diese Modelle nicht rechnen, sagt einem zwar der gesunde Menschenverstand, wird aber selten ausgesprochen. Schließlich ist es, sieht man von der einen oder anderen Volatilität ab, ja auch lange Zeit gut gegangen. Verschüttet war das Wissen der Alten, dass Wirtschaftskrisen im Kapitalismus offenbar zyklisch wiederkehren. Lohnt es sich, diese Instabilität auszuhalten? Und wenn ja, zu welchem Preis und wie oft? Solche Fragen sind neu. Der Markt muss nicht nur seinen Gerechtigkeitsanspruch, sondern auch seine Effizienzbehauptung unter Beweis stellen. Da kommt einiges auf die Deuter zu.

Die Wiederkehr sogenannter systemischer Krisen ist die anstößigste Überraschung dieses Crashs. Dass Banken mehr oder weniger reibungslos funktionieren, dass Kredite nur ausnahmsweise faulen, dass ein Immobilienmarkt eigentlich eine einfache Sache sei und dass die Notenbanken die Geldpolitik mehr oder weniger im Griff haben: Für all diese langweiligen Wahrheiten hätte man von Wirtschaftsjournalisten noch bis Mitte 2008 achselzuckende Zustimmung erhalten. Dann kam bekanntlich alles anders, und es entstand eine Ausnahmesituation, die bis heute nicht zu Ende ist. Schön wäre es, wenn wir wenigstens gewiss sein könnten, dass alle Krisen kathartisch wirken und einen reinigenden Einfluss in der Weltgeschichte entfalten. Aber noch nicht einmal das ist geschichtsphilosophisches Gesetz: An der großen Depression der dreißiger Jahre erkennen die Wirtschaftshistoriker heute nur destruktive Züge.

Dass die Welt, in der wir leben, nicht dazu in der Lage ist, Unsicherheit auch nur annähernd komplett in beherrschbare Risiken zu überführen, dass deswegen der Lauf der Wirtschaft regelmäßig von – zum Teil schweren – Krisen der Instabilität heimgesucht wird, ist für mich und meine Generation eine aufwühlend neue Erfahrung des Jahres 2008, die freilich für viele Intellektuelle des 19. und beginnenden 20. Jahrhunderts kaum überraschend gekommen wäre. Die Gegenwart hat uns auch deshalb überrascht, weil wir nicht die richtigen Bücher der Vergangenheit gelesen haben. *Money will not manage itself,* das Geld hat sich selbst nicht im Griff, ist eine dieser Weisheiten, die der große Walter Bagehot, Herausgeber des *Economist*, schon Mitte des 19. Jahrhunderts wusste. Die heutige Finanzindustrie wollte uns vom Gegenteil überzeugen.

Die neue Erfahrung, dass wir das Geld nicht im Griff haben, hat weit reichende Konsequenzen für unser Bild vom Menschen. Darüber wird in diesem Buch ausführlich geschrieben: *Animal spirits* nannte der Ökonom der Weltwirtschaftskrise, John Maynard Keynes, jene Instinkte der Übertreibung, die offenbar dafür verantwortlich sind, dass der Kreislauf von Gier und Geiz, von ungezügelter Risikoneigung und kleinlauter Angst keine Lernkurve kennt. Wir werden damit leben müssen. Das ist die bittere Lehre für alle jene modischen Besserwisser, die jetzt die Märkte unter Kuratel stellen wollen, damit »so etwas« künftig nicht mehr passiert. »Nur in totalitären kommunistischen Staaten gibt es keine Blasen, weil dort die Menschen so gegängelt wurden«, sagt Robert Shiller. Soll das die Lehre aus der Krise sein? Nicht wirklich.

Ich plädiere für die bescheidenere, aber auch humanere Einsicht, dass wir den nächsten Crash zwar nicht verhindern, uns aber besser darauf vorbereiten können. Wir werden an den Animal Spirits nichts ändern können, aber wir werden die Welt um uns herum ein wenig besser einrichten müssen und zum Beispiel ein paar alte Regeln wieder in ihr Recht setzen. Eine davon stammt von Walter Eucken, dem Altmeister des Freiburger Neoliberalismus, und heißt: »Wer den Nutzen hat, muss auch den Schaden tragen.«. Das soll sagen: Ein jeder soll gierig sein und mit seinem Geld spekulieren dürfen. Er soll aber auch für alles die Verantwortung übernehmen und für die Folgen seines Handelns haften müssen. Solche Verantwortlichkeit wurde in der Vergangenheit vielfältig verwischt oder geleugnet.

Absurd indessen wäre es, sich jetzt von der Idee des klassischen Liberalismus zu verabschieden, wonach es zur Schaffung und

Mehrung von Wohlstand nichts Besseres gibt als möglichst freie Märkte. Dass viele hoffnungsfrohe Apokalyptiker jetzt das Ende des Kapitalismus nahe sehen, überrascht nicht: »Der Kapitalismus ficht seinen Prozess vor Richtern aus, die das Todesurteil bereits in der Tasche haben«, wusste der Ökonom Joseph Schumpeter. Daran hat sich bis heute nichts geändert. Der Preis, den wir nach der Exekution dieses Todesurteils zu bezahlen hätten, wäre hoch, würde er doch nichts anderes bedeuten als die Verarmung vieler Millionen Menschen in den reichen Ländern und in den Schwellenländern. Mit der Entstehung des Finanzkapitalismus zu Beginn des 19. Jahrhunderts stieg nämlich auch die Produktivität in all jenen Ländern Europas, die bei der industriellen Revolution mitgemacht haben. Und sie stieg bald noch stärker in den Vereinigten Staaten. Produktivitätssteigerungen aber sind keine abstrakten Zahlenreihen, sie haben noch immer auch zu Lohnerhöhungen geführt und damit zu einer Verbesserung der Lebenssituationen aller Schichten. Das habe es den Menschen ermöglicht, sich aus langweiliger, ermüdender oder beschwerlicher Arbeit zu befreien und sich geistig anspruchsvollen Tätigkeiten zuzuwenden, betont zu Recht Edmund Phelps, Ökonomienobelpreisträger des Jahres 2006.

Eine Finanzkrise, und sei sie auch besonders schwer, ist deshalb kein zureichender Grund, gleich die Marktwirtschaft abzuschaffen, dem Staat wieder freie Bahn zu lassen oder die Ökonomie auf den Kopf zu stellen. Gewiss, der Kapitalismus schafft Zerrüttung und Ungewissheit. Aber er bringt auch ständig neue und aufregende Ideen hervor, von denen die Menschen nicht nur materiell profitieren, sondern die auch ihren Freiheitsraum bereichern. Die Neugier ist auch eine Art Gier: Diese Gier hat unser aller Leben reicher und vielfältiger werden lassen. »Zur Freiheit gehört auch die Krise der Freiheit«, sagt der Soziologe Ralf Dahrendorf. Krisen sind nicht das Ende der Welt; Kriege sind viel schlimmer.

Bis heute steht eine Theorie dieser großen Krise, die immer noch anhält, aus. Dieses Buch beansprucht nicht, eine solche Theorie zu liefern. Dazu fehlt der Abstand, habe ich mich doch entschlossen, über den »amerikanischen Virus« zu einem Zeitpunkt zu schreiben, an dem nicht absehbar ist, wen er noch alles infizieren könnte. Journalisten sind näher dran als Historiker; das hat Nachteile, aber auch Vorteile. Obgleich der Gegenstand meines Buches sich während seiner Abfassung leider extrem unberechenbar verhielt, bin ich doch davon überzeugt, dass die hier vorgestellten Gedanken Bestand haben: Denn es geht darum, verschüttetes Wissen über die Unberechenbarkeit der menschlichen Natur und die Instabilität wirtschaftlicher Zyklen freizulegen und dabei nicht aus dem Auge zu verlieren, welchen ungeheuren Gewinn an Freiheit und Wohlstand diese Zumutung des Kapitalismus für alle erbringt, die sich an ihm beteiligen.

Rainer Hank *Frankfurt, den 16. Januar 2009*

Kapitel I

DIE WELTORDNUNG – heute und im Jahr 2025

Nur eine Rezession – nur?

Leert jemand ein vollständig mit Wasser gefülltes 0,2-Liter-Glas vor den Augen einer Beobachtergruppe bis auf die Hälfte, sagt der überwiegende Teil derer, die den Vorgang beobachten, nun sei das Glas »halb leer«. Wenn dasselbe Glas zunächst leer ist, dann aber mit 0,1 Liter Wasser gefüllt wird, sagt dieselbe Gruppe wie aus einem Munde, jetzt sei das Glas »halb voll«.

Dass man ein Glas mit gleichem Recht als »halb voll« oder »halb leer« bezeichnen kann, ist trivial. Wovon es aber abhängt, welche Beschreibung wir mehrheitlich benutzen, ist schon weniger trivial. *Framing-Effekt* nennen Psychologen die Tatsache, dass es der Kontext – genau übersetzt: der Rahmen – ist, welcher die unterschiedliche Wahrnehmung desselben Sachverhalts bestimmt. Tatsächlich sind die Aussagen, wann wir von vollen oder leeren Gläsern reden, in Experimenten gut verbürgt. Es kommt auf den Kontext an.

Schlechte Zeiten verführen uns zu pessimistischer Beschreibung aller Ereignisse. Gute Zeiten lassen uns optimistische Worte wählen. Wenn die Aktienkurse nachgeben, sagen wir, sie fallen »ins Bodenlose« oder sie seien »im freien Fall«, auch wenn sie in Wirklichkeit »nur« ein Viertel ihres Werts verloren haben. Und wenn die Kurse steigen, sprechen wir gleich von einer Hausse, obwohl sie sich gerade nur um zehn Prozent gebessert haben. Offenbar ist die Bewegung (nach unten oder nach oben, leeren oder füllen) eine entscheidende Bezugsgröße unseres *Framings*.

Derzeit sind wahrlich schlechte Zeiten. In den reichen Ländern schrumpft die Wirtschaft – zum ersten Mal seit dem Zweiten Weltkrieg – in verschiedenen Regionen gleichzeitig. Und selbst in den Schwellenländern verlangsamt sich das Wachstum um ein Drittel, wenn nicht auf die Hälfte. Es ist eine Frage der Terminologie, ob wir lieber von Weltrezession oder gleich von einer Depression sprechen sollen; technisch gesprochen, wird aus einer Rezession (negatives Wachstum) eine Depression, wenn zu allem Elend noch eine Deflation (sinkende Preise) dazukommt. Die »Go-go-Jahre« zwischen 2003 und 2007 sind vorbei, schreibt die britische Wochenzeitschrift *Economist*: 2009 haben die »Go-slow-Jahre« begonnen.

Auch wenn die Prognosen der internationalen Organisationen – IWF, OECD oder Weltbank – für die Jahre 2009 und 2010 nicht deckungsgleich sind (es gibt gemäßigte Pessimisten und apokalyptische Pessimisten), so herrscht doch Konsens: In den sogenannten Hocheinkommensländern der Ersten Welt wird das Wachstum nachlassen; in den Entwicklungsländern wird es um ein Drittel bis um die Hälfte zurückgehen. Die Weltbank zum Beispiel sieht das Wachstum der Weltwirtschaft insgesamt in diesem Jahr bei 0,9 Prozent, nach 2,5 Prozent im – ohnehin schon krisengeschüttelten – Jahr 2008. In Deutschland sieht die Bundesregierung den Wohlstand gar um 2 Prozent schrumpfen: Es wird die schlimmste Rezession seit dem Bestehen der Bundesrepublik.

Zahlen sind das eine. Das andere ist, wie diese Zahlen sich anfühlen. Und da wird eines klar: Im laufenden Jahr werden sie sich ungemütlicher anfühlen. Um es deutlicher zu sagen: Es wird schmerzen. Wer in der Zeitung eine Meldung liest, dass die Banken einander kein Geld mehr leihen, mag sich sagen: »*So what?*

Was geht mich das an, solange ich monatlich weiter mein Gehalt auf dem Konto finde und kaufen kann, was ich brauche?« Erst wer selbst von Kurzarbeit oder Entlassung bedroht ist, spürt die Rezession. Es ist schlimm genug, das schrumpfende Vermögen im Depot zu gewärtigen, es ist aber um ein Vielfaches schlimmer, mit ansehen zu müssen, wie einem das Erwerbseinkommen wegbricht. Das eine Mal geht es um Buchverluste, das andere Mal geht es um reale Verluste: Wer die Arbeit verliert, verliert nicht nur Geld, sondern auch einen wichtigen Lebensinhalt. Und wird, allen Untersuchungen zufolge, sich so unglücklich fühlen wie nach einer Trennung oder dem Tod eines Partners.

Wie wir eine Wirtschaftskrise wahrnehmen, hängt davon ab, wie sie sich anfühlt. Und Krisen haben es an sich, dass sie sich, je länger sie dauern, umso mieser anfühlen. Denn der Arbeitsmarkt, sagen die Ökonomen in ihrer technischen Sprache, ist ein »nachlaufender« Indikator. Erst bekommen die Unternehmen weniger Aufträge. Dann entlassen sie ihre Leute.

Kein Wunder, dass man jetzt sagt, das Glas sei »halb leer«. Dass alles durchaus schlimmer hätte kommen können, gilt nicht einmal als schwacher Trost. Wer erinnert sich noch daran, dass im Sommer 2008 beinahe täglich der Ölpreis stieg und die Folgen auch an den Zapfsäulen beziehungsweise an der Kasse schmerzhaft zu spüren waren? Wer erinnert sich noch daran, dass auch die Lebensmittelpreise (Butter, Milch) stark anzogen und nicht nur den deutschen Konsumenten in den Supermärkten Sorgen bereiteten, sondern auch andernorts Ängste heraufbeschworen, die globalisierte Welt könnte von einer Hungerkrise erfasst werden? Der überbordenden weltweiten Nachfrage halte das Angebot nicht mehr stand, sagte man damals. Jetzt geht die Nachfrage rezessionsbedingt zurück, die Preise steigen nicht mehr so geschwind, aber niemand wird darüber so recht froh.

Dabei gäbe es einigen Anlass, sich über die Schwellenländer vor allem in Asien zu freuen. Leicht wird nämlich übersehen, dass gerade die asiatischen Volkswirtschaften am wenigsten von der Finanzkrise infiziert wurden. Oder hat jemand gehört, dass in China, Indien oder Taiwan eine große Bank zusammengebrochen wäre? Anders als deutsche Landesbanken haben die asiatischen Finanzinstitute nicht auf zweifelhafte Wertpapiere gesetzt. Anders als die Staaten Osteuropas haben die asiatischen Volkswirtschaften sich nicht in die Abhängigkeit ausländischer Kapitalgeber begeben. Und anders als die Konsumenten in Amerika hat Asien kein Problem privater Verschuldung. Die einzige Ausnahme ist Südkorea; kein Wunder, dass dieses Land von der Krise stärker erfasst wird als die übrigen Länder des Fernen Ostens.

Nur den Schwellenländern ist es zu danken, dass die Weltwirtschaft nicht stärker abstürzt, befinden sie sich doch in einer deutlich besseren Verfassung als die reichen Staaten. Gewiss, das langjährige Wachstum von 7,5 Prozent, das die asiatischen Schwellenländer zu Wohlstand brachte, wird nicht so schnell wiederholbar sein. Selbst große Pessimisten attestieren ihnen für 2009 immer noch eine Wachstumsrate von 4,5 bis 5 Prozent, zwar deutlich weniger als die 9 Prozent im Jahr 2007 – doch wo liegt das Problem? Verbessert sich der Lebensstandard bei 5 Prozent etwa nicht mehr? Ist ein verlangsamtes Wirtschaftswachstum nicht immer noch für viele Menschen der Ausweg aus der Armut?

Der auf Jahreswachstum (oder Schrumpfen!) fixierte Blick übersieht allzu leicht, wie reich die Welt ist, in der wir leben, und wie groß der Wohlstand ist, den wir geschaffen haben. Lassen wir also die Kirche im Dorf oder, um das Bild noch einmal zu bemühen, das Glas halb voll. Dann kann auch die schwerste Rezession der Nachkriegszeit die Wachstumsgeschichte der Menschheit nicht zurückdrehen. Das lässt sich schon an einem kleinen Beispiel deutlich machen: Wächst die Wirtschaft in zwei aufeinanderfolgenden Jahren um 1,5 Prozent – keine übertriebene Erwartung in reichen Ländern – und schrumpft sie im nächsten Jahr selbst um 2 Prozent – was dann die schlimmste Rezession in der Geschichte der Bundesrepublik wäre –, so sind die Menschen in diesem Land immer noch deutlich besser dran als zwei Jahre zuvor: Ihr Volkseinkommen ist um nominal ein Prozent gewachsen.

Aber alle sagen, man habe sich verschlechtert, und alle reden von einer großen Krise. Dabei würde nur ein flüchtiger Blick auf die viel beschworene Weltwirtschaftskrise nach 1929 den großen Unterschied deutlich machen: Damals ging das deutsche Bruttosozialprodukt um 35 Prozent zurück. Jeder zweite Deutsche war direkt oder indirekt von Arbeitslosigkeit betroffen, und es herrschte Massenelend.

Schlechte Zeiten werden offenbar selten als Folie des Vergleichs genommen. Stattdessen richtet sich der traurige Blick auf die unmittelbar vorausgegangenen guten Jahre – und wertet sie ab. Hatte man sich ursprünglich angewöhnt, die Phase zwischen 1980 und 2008, eine lange Phase von Wachstum und wirtschaftlicher Stabilität, als Zeit der »großen Mäßigung« (*great moderation*; vgl. Kapitel II) zu beschreiben, so wird dieselbe Zeit im Rückblick jetzt gern als *grand illusion* bezeichnet. So ändern sich die Weisen der Wahrnehmung und der sprachlichen Bearbeitung, obwohl sich an den Zahlen und Fakten nichts geändert hat. Eine Umwertung selbst der sprachlichen Einordnung, abhängig von den sich wandelnden Rahmenbedingungen.

Keine Frage: Der Crash hat die Welt verändert; ein Ereignis, wie es eine Generation (hoffentlich) nur einmal erlebt. Aber es ist wichtig, auch in der pessimistischen Umgebung den rechten Bezugspunkt zu wählen. Es mag sein, dass wir uns in der schlimmsten Rezession seit der Weltwirtschaftskrise befinden – mit Sicherheit kann man das erst im Nachhinein wissen; jedoch ist die Wende des Jahres 2008 nicht im Entferntesten gleichzusetzen mit dem dramatischen Einschnitt, den die Menschheit im Jahr 1914 erlebte: Damals war eine viel längere Phase eines von offenen Märkten getriebenen Wohlstandswachstums schockartig mit einem großen Krieg zu Ende gegangen. Die Wachstumsphase hatte im Grunde schon um 1800 mit der industriellen Revolution begonnen. Protektionismus und staatlicher Interventionismus verlangsamten das Wachstum deutlich. Die wirtschafts- und welthistorische Zäsur des Ersten Weltkriegs übertrifft an Dramatik auch bei Weitem den Einschnitt des Zweiten Weltkrieges. Eher schon könnte man sie in Beziehung setzen mit dem Ende des Römischen Reiches im sechsten Jahrhundert, als ebenfalls eine große Zeit der Globalisierung ihr Ende fand und die Welt bis ins Hochmittelalter fünfhundert Jahre lang in bitterste Armut zurückfiel. Es kann also wirklich noch schlimmer kommen, als wir es gegenwärtig erleben.

Vor dem Hintergrund solcher welthistorischer Einschnitte lohnt ein Blick auf die Wohlstandsentwicklung der Weltgeschichte. Dazu eignen sich am besten die Daten und Fakten von Angus Maddison, einem 83 Jahre alten Wissenschaftler, der zuletzt an der Universität Groningen in den Niederlanden lehrte, im Laufe seines langen Lebens aber zwischen England, Amerika und der OECD in Paris pendelte. Maddison ist ein besessener Sammler von wirtschaftshistorischen Daten. Vor ein paar Jahren hat er endlich sein Hauptwerk, eine wahre Fundgrube, vorgelegt: *Contours of the World Economy 1–2030*. Eine Fortschrittsgeschichte des menschlichen Wohlstands vom Jahre eins bis in das Jahr 2030. Sie zeigt, was Erfinder- und Unternehmergeist leisten können und welchen Segen an Wohlstand, Annehmlichkeiten und erweiterten Freiheitsoptionen wirtschaftliches Handeln ermöglicht. Das Pro-Kopf-Einkommen der Weltbürger betrug im Jahr 1000 n. Chr. umgerechnet 400 Dollar, am Vorabend des Ersten Weltkriegs 1500, heute indes liegt es bei 6500 Dollar. Wir wurden nicht nur immer reicher, wir wurden auch immer schneller reicher. Anfangs wurden nur einige wenige wohlhabend, später wurden es immer mehr. Mehr Wohlstand ging einher mit mehr Gleichheit.

Selbst wenn man nur auf die Früchte der industriellen Revolution blickt, einen relativ kurzen, aber auch relativ erfolgreichen Abschnitt der Menschheitsgeschichte, zeigt sich, dass der Wohlstand längst nicht nur materielle Erfolge bringt. Auch das durchschnittliche Bildungsniveau aller Menschen hat sich in den reichen Ländern seit 1800 mehr als verzehnfacht, ebenso ist ihre Gesundheit – ihr physiologisches Kapital – heute um ein Vielfaches stabiler als früher. Wir leben deutlich länger als unsere Vorfahren, und die Qualität des Lebens hat sich enorm gebessert.

Maddison scheut sich auch nicht, seine Datenreihen in die Zukunft auszuziehen. Danach würde das Pro-Kopf-Einkommen in Westeuropa von knapp 20 000 Dollar zur Jahrtausendwende auf gut 30 000 im Jahr 2030 anwachsen. In den USA, wo im Jahr 2000 bereits pro Kopf 28 000 Dollar erwirtschaftet wurden, wird jeder Bürger 44 000 Dollar zum Wohlstand beitragen. Und für China, wo das Einkommen im Jahr 2000 noch 3500 Dollar betrug, erwartet Maddison einen Wohlstandssprung auf über 11 000 Dollar, was angesichts der großen Bevölkerungszahl einem Wachstumsschub von 4,5 Billionen auf 16,5 Billionen entspricht. Damit hätte China also im Jahr 2030 das Bruttoinlandsprodukt (BIP) in den USA (15,8 Billionen Dollar) übertroffen.

Was ist also eine schwere Rezession gemessen an dieser Erfolgsgeschichte der Menschheit? Die Frage ist weniger zynisch, als sie sich anhört. Denn tatsächlich sind viele (wenn auch nicht alle) Ökonomen davon überzeugt, dass Rezessionen objektiv weniger schlimm sind, als sie sich subjektiv anfühlen. Mehr noch: Rezessionen haben auch ihr Gutes. Sie erzwingen zum Beispiel, wenn auch schmerzhaft, einen notwendigen Anpassungsprozess, der in den guten Zeiten nicht in Gang gekommen wäre, weil immer noch genügend Polster da war, ihn hinauszuzögern. Wenn Traditionsunternehmen untergehen – Automobilfirmen oder Banken, die seit über hundert Jahren als bekannte Marken existieren –, dann ist das gewiss schlimm, weil etwas Vertrautes verschwindet. Aber sie machen zugleich Platz für neue Unternehmer, neue Ideen, die womöglich besser die geänderten Bedürfnisse ihrer Kunden befriedigen als die alten Konzerne mit ihren verkrusteten Strukturen. »Erst bei Ebbe sieht man, wer nackt schwimmt«, pflegt der Investor Warren Buffet zu sagen. Rezessionen haben immer auch eine reinigende Wirkung.

Viele Ökonomen sind deshalb der Auffassung, dass Krisen der geschilderten Wachstums- und Erfolgsgeschichte der Menschheit letztlich nichts anhaben können. Einschlägig bekannt für diese provokante These ist der Chicago-Ökonom und spätere Nobelpreisträger Robert E. Lucas, der herausgefunden hat, dass die gesamtwirtschaftlichen Folgen einer Rezession so winzig sind, dass man sie getrost vernachlässigen kann. Der Grund ist einfach: Die in einem Abschwung verlorene Wirtschaftsleistung wird alsbald durch höheres Wachstum schlicht wieder kompensiert.

Lucas hat den Nutzen berechnet, den Menschen aus dem tatsächlich schwankenden Konsum seit der Nachkriegszeit zogen, und ihn verglichen mit dem Nutzen, den sie gehabt hätten, wenn es einen konstanten Konsumzuwachs ohne konjunkturelle Schwankungen gegeben hätte. Die Differenz ergibt die Kosten von Rezessionen, und sie sind, wie gesagt, kaum der Rede wert. Da Rezessionen aber, wie wir gesehen haben, viele unangenehme kurzfristige Nebenwirkungen (Arbeitslosigkeit, Einkommens- und Vermögensrückgang, womöglich soziale oder politische Unruhen, gar Kriege) und schlechte Gefühle auslösen, hat Lucas auch berechnet, wie viel Konsum die Menschen bereit wären zu opfern, gäbe es die Möglichkeit, sich gegen Rezessionen zu versichern: Gerade einmal 0,1 Prozent ihres Lebenskonsums würden sie als Prämie dafür zahlen, dass sie in einer weniger instabilen Welt leben könnten. Auch dieses Ergebnis relativiert das allgemeine und verständliche Lamento, das in Krisen allenthalben zu hören ist. Und selbst wenn Lucas neuerdings von ernst zu nehmenden Kritikern korrigiert und der Versuch unternommen wird, ihm nachzuweisen, er habe Rezessionsschaden und Prämienbereitschaft zu niedrig angesetzt, so bleibt doch aufs Ganze gesehen kein Zweifel: Rezessionen kommen und gehen, aber das langfristige Wachstum wird von ihnen nicht aufgehalten.

Die Weltordnung im Jahr 2025 – multipolar und verletzlich

Den Erwerbstrieb der Menschen hat noch keine Krise aufgehalten. Der Antikapitalismus war noch nie so stark, dass er die Marktkräfte ein für alle Mal hätte unterdrücken können. Das – historisch bislang nicht erschütterte – Vertrauen in die Kräfte des Marktes, aller Rhetorik zum Trotz, bedeutet freilich mitnichten, dass alles so bleibt, wie es war. Im Gegenteil: »Unsere Welt wird im Jahr 2025 nicht wiederzuerkennen sein«, heißt es im *Global Trend Report* des National Intelligence Councils der amerikanischen Regierung, vorgelegt im November 2008, als Wirtschafts- und Finanzkrise ihren vorläufigen Höhepunkt erreicht hatten.

»Das internationale System wird 2025 eine globale, aber multipolare Ordnung sein, welche ein historisch nie da gewesenes Zeitalter hoher Prosperität für viele Menschen auf der Welt bedeutet«, schreiben die Autoren des Trend Reports. Das ist die gute Nachricht. Doch dann ergänzen sie: »Der globale Wohlstand und die ökonomische Macht werden sich vom Westen in den Osten verschieben.« Der Einfluss des Westens auf das Geschehen der Welt schwindet, und die Macht der USA geht zurück, wenngleich die Vereinigten Staaten immer noch die wichtigste politische und wirtschaftliche Einzelmacht sein werden.

Es lohnt sich, die Ergebnisse dieses Global Trend Reports, an dessen Entstehen *thinktanks* auf der ganzen Welt beteiligt sind, ein wenig genauer zu betrachten. Denn seine Perspektive bietet eine wohltuende Korrektur zu den Stimmen jener Apokalyptiker und Kassandren, die seit Ausbruch der großen Finanz- und Wirtschaftskrise nicht müde werden zu prophezeien, das Zeitalter freier Märkte habe, weil unglaubwürdig, inzwischen sein Ende erreicht. So wird es nicht kommen. Die abenteuerliche Geschichte des menschlichen Ehrgeizes und der menschlichen Neugier, des Wohlstands- und Wettbewerbstriebs, ist noch lange nicht zu Ende. Im Gegenteil: Am Fortschritt werden künftig zunehmend Länder partizipieren, die bislang wenig entwickelt und arm waren. Wenn immer mehr Menschen ausreichend zu essen und anzuziehen haben, dann wird dic Welt auch immer gerechter.

Doch die mahnende Botschaft des Global Trend Reports folgt auf der Stelle: Multipolare Welten, die nicht auf ein einheitliches Zentrum ausgerichtet sind, werden politisch und wirtschaftlich beträchtlich instabiler sein als bipolare oder unipolare Ordnungen. Das duale Gleichgewicht des Schreckens im Kalten Krieg, so gefährlich es gewesen sein mag, oder auch das neue amerikanisch beherrschte Zeitalter seit 1990 – so konfliktreich auch diese Jahre nach dem 11. September 2001 waren – erweisen sich in der Nachbetrachtung trotz ihrer Fragilität als recht stabil, verglichen mit der Polyzentrik, deren wir künftig gewärtig sein müssen.

Polyzentrik meint aus Sicht der Trendforscher aus Washington, dass zu den alten Zentren Europa und Amerika jetzt ernst zu nehmende Mitspieler in Südostasien (China, Indien, Vietnam), Russland und der arabischen Region (allen voran Dubai und die Emirate) hinzutreten werden. Noch ist unabsehbar, wie sich die unterschiedlichen Regime langfristig politisch ausrichten werden. Dass sie alle ihren Anteil am globalen Wachstum beanspruchen, heißt, dass sie immer weniger bereit sein werden, einen amerikanischen Führungsanspruch zu akzeptieren. Marktwirtschaft hatte immer schon viele Spielarten, und der Kapitalismus war immer schon ein Plural. Doch diese Vielfalt der Kapitalismen wird in den kommenden Jahren noch einmal deutlich zunehmen. Und dieser Prozess ist langfristig entscheidender als die kurzfristigen Folgen der gegenwärtigen Wirtschafts- und Finanzkrise.

In vielen dieser polyzentrischen Regionen haben sich heute schon starke Mittelschichten herausgebildet, die zunehmend selbstbewusst in das politische und wirtschaftliche Geschehen eingreifen. Die Weltbank schätzt, dass diese Mittelschichten von heute weltweit 440 Millionen Menschen im Jahr 2025 auf 1,2 Milliarden anwachsen und dann 16,1 Prozent der Weltbevölkerung (heute: 7,6 Prozent) ausmachen werden.

Die Kehrseite dieser Entwicklung: Während die Ungleichheit zwischen den entwickelten Staaten und den Schwellenländern zurückgeht, nimmt sie unter den Menschen innerhalb eines Landes deutlich zu. Die einen schaffen es in die Computerindustrie nach Bangalore, die anderen bleiben immer arm in Kalkutta. Und auch die Armut wird, allen Wohlstandserfolgen zum Trotz, ein Stachel bleiben: Zwar wird es bis 2030 angesichts des Aufstiegs vieler

Menschen in die Mittelschichten Asiens 23 Prozent weniger Arme geben. Doch die Armen stellen immer noch zahlenmäßig die Mehrheit der Weltbevölkerung: 63 Prozent aller Menschen werden auch im Jahr 2025 relativ mittellos sein. Ganz und gar den Anschluss an die Wohlstandsentwicklung verloren haben dabei viele Staaten des afrikanischen Kontinents. Dort, wo die Globalisierung nie vorbeigekommen ist und Marktwirtschaft ein Fremdwort ist, bleibt das Leben schrecklich und der Hunger schreiend.

Rechnen muss die Welt zudem in zunehmendem Maße mit der globalen Wirtschaftsmacht neu hinzutretender staatlicher und nichtstaatlicher Akteure. Dazu zählen die Staatsfonds aus Arabien, Russland und Asien, die sich verhalten wie große Investoren und mit vielen Milliarden Dollar unterwegs sind, um ihre Devisenüberschüsse rentabel anzulegen. Die Sorge ist nicht ganz von der Hand zu weisen, sie könnten in Zeiten politischer und militärischer Krisen ihre finanzielle Macht ebenfalls zur Durchsetzung politischer Ziele einsetzen, auch wenn bislang die weitaus meisten Konzerne mit dem Geld ausländischer Staatsfonds nur gute Erfahrungen gemacht haben und sie in der ersten Phase der Finanzkrise sogar mit hohen Kapitalspritzen zur vorläufigen Stabilisierung beigetragen haben.

Zu den neuen nichtstaatlichen Akteuren zählen die Trendforscher aber auch so unterschiedliche Gruppen wie multinationale Konzerne, Nichtregierungsorganisationen mit politischer, moralischer oder ökologischer Zielrichtung, Volksstämme, die einander erbittert und grausam bekriegen, religiöse Großorganisationen, die zunehmend den Toleranzgedanken aufgeben, oder kriminelle und mafiöse Netze. Mit ihnen allen ist im neuen globalen Spiel zu rechnen. Sie tragen zu einer neuen Komplexität und zur Unübersichtlichkeit des internationalen politischen und wirtschaftlichen Systems bei.

Polyzentrik meint mehr als nur eine Erweiterung der Wirtschaftsgeografie. Der verheerende Anschlag auf Bombay/Mumbai im November 2008, einer Musterstadt der Polyzentrik, gab einen Vorgeschmack, wie es in dieser neuen und fragilen Welt zugehen könnte, wenn es besonders schlimm kommt. Bombay, ein multikulturelles, weltoffenes liberales Finanzzentrum der Globalisierung, das Besucher an den Schmelztiegel in Wien um 1900 erinnert, wurde gerade wegen dieser Eigenschaften Zielscheibe einer Terrorgruppe, deren Identität im Dunkeln bleibt, die aber ganz offensichtlich nicht bereit war, die Offenheit dieser Stadt zu ertragen. Der Anschlag von Bombay könnte womöglich für Historiker als eines der wichtigsten Daten des an historischen Ereignissen nicht armen Jahres 2008 gelten.

»Wir glauben nicht daran, dass das internationale System einen kompletten Zusammenbruch erleiden wird«, schreiben die Trendforscher sehr bestimmt: »Aber die nächsten zwanzig Jahre werden eine Zeit des Übergangs werden mit hohen Risiken für alle.« Fraglich ist nämlich, ob das globale Wachstum auch zu einer Demokratisierung heute noch autoritär regierter Regionen beitragen wird. Die Vorstellung scheint mehr und mehr verfrüht, dass einkommensstarke Mittelschichten in jedem Fall so viel Selbstbewusstsein entwickeln werden, dass sie sich von ihren autoritären Regimen befreien und mehr politische Mitbestimmung fordern werden. Gerade China zeigt, dass dort die Eliten – gar nicht zu Unrecht – der Meinung sind, dass sie ihren Wohlstand den autoritären kommunistischen Regierungen seit Deng Xiaoping und seiner dirigistischen Marktwirtschaft verdanken. Warum sollten sie sich dann gegen diesen staatlich beaufsichtigten Kapitalismus stemmen?

Erschwerend kommt hinzu, dass das westliche Modell nicht erst durch die Finanzkrise viel von seiner Glaubwürdigkeit verloren hat. Kapitalismus und Marktwirtschaft sind als Wohlstandsgeneratoren recht und billig. Aber sie vertragen sich erfolgreich mit autoritären Staatsformen, die – wie China – durchaus einen marktwirtschaftlichen Wettbewerb in den Grenzen dieses autoritären Regimes zulassen. Die Vorstellung, jede Marktwirtschaft führe über kurz oder lang zu freiheitlich-demokratischen politischen Systemen, ist offenbar allzu naiv und westzentriert. Die Weltgeschichte verläuft unberechenbar.

Auch die Vorstellung, entwickelte Marktwirtschaften drängten quasi naturwüchsig zu offenen Märkten mit mehr Privatisierung und Entstaatlichung, hat sich als Irrglaube erwiesen. Schon lange vor der völlig überraschenden Verstaatlichung von Banken im Jahr 2008 wurden rund um die Welt zum Beispiel die Energiegewinnung und -erzeugung, die noch bis in die frühen neunziger Jahre von multinationalen Ölkonzernen privat organisiert wurden, wieder verstaatlicht. Allenthalben ist ein Rollback des Staates als großer Unternehmer im Gang. *State-owned enterprises* (SOE) entstanden in Arabien, Russland und Südamerika, wo die Regierungen erkannt haben, welch wichtige staatliche Einnahmequellen Öl und Gas in Zeiten globalen Wachstums sein können. Gerade autoritäre Regime belohnen mit den Gewinnen aus Staatskonzernen den Gehorsam ihrer Bürger (Untertanen) und stabilisieren dadurch langfristig ihre Autorität. Der Kapitalismus schafft Wohlstand. Aber produziert nicht zwangsläufig mehr Freiheit.

Zumindest auf mittlere Sicht deutet nichts darauf hin, dass das westliche Modell von Liberalismus, Demokratie und Säkularisierung auch der Fluchtpunkt der Entwicklung in den neuen multipolaren Weltzentren sein werde. Im Gegenteil: Die rapide sich ändernde internationale Weltordnung erhöht in einer Zeit wachsender geopolitischer Herausforderungen die Wahrscheinlichkeit von Diskontinuitäten, Schocks und Überraschungen.

Mehr noch: Gerade die asiatischen Länder verdächtigen den Westen, er verschreibe ihnen Demokratie, raffiniert als Aufklärung getarnt, um in Wirklichkeit protektionistisch seine Vormachtstellung zu schützen: Umweltvorschriften, das Verbot von Kinderarbeit, liberale Eigentumsrechte und vieles mehr sind auch aus der Sicht renommierter Ökonomen in Südostasien nichts anderes als Kostenbürden im moralischen Gewande, die den Abstand des Westens gegenüber dem neuen Osten wahren sollen. Es gehe dem Westen in Wirklichkeit nicht um Entwicklung zur Ebenbürtigkeit, sondern nur um den Erhalt langfristiger Absatzmärkte, auf denen er seine Dominanz zu wahren suche, so lautet der Verdacht. Auch das gibt einen Vorgeschmack des Konfliktpotenzials, welches die polyzentrische Ordnung birgt.

Eine »gesunde« Mischung aus industriepolitisch gelenkter Planwirtschaft und dem freien Spiel von Angebot und Nachfrage ist jedenfalls für China jetzt schon einige Jahre lang Garantie eines schnellen Aufholprozesses. Ob dieses autoritäre Marktmodell freilich immer noch funktioniert, wenn statt billiger Imitation kreative Innovation verlangt wird, ist eine andere Frage. Einiges spricht dafür, dass Innovation ohne die Werte der europäischen Aufklärung – also ohne demokratische Freiheitsrechte – nicht möglich ist. Aber wir kennen langfristig bisher nur diesen europäischen Weg. Womöglich führt Asien den Beweis, dass es auch anders geht.

Auf der Suche nach einer neuen Balance der Weltwirtschaft

Kurz- und mittelfristig hängt jetzt freilich alles davon ab, wie die Welt sich aus der Wirtschaftskrise befreien wird. Entscheidend ist, ob es gelingt, die großen Ungleichgewichte zwischen den Staaten in den Griff zu bekommen, welche die Weltwirtschaft prägen. Besondere Sorgen bereitet das immer noch enorme Defizit der Kapitalbilanz (umgangssprachlich wird gerne von einem Zahlungsbilanzdefizit gesprochen) in den Vereinigten Staaten, die sich mit dem Kapital aus anderen Staaten vollgesogen haben, um ihren enormen Konsumanspruch zu finanzieren, selbst um den Preis eines gewaltigen Staatsdefizits und einer ungesund niedrigen Sparquote.

Man muss sich diesen Zustand als eine Art labiler Abhängigkeit in einer symbiotischen Beziehung vorstellen, von der beide Seiten lange Zeit profitiert haben. Viele Schwellenländer (allen voran China) weigern sich hartnäckig, ihre Währungen aufzuwerten, wodurch sie ihre Exportindustrie billig am Laufen halten. Solche Ungleichgewichte aber sind, vorsichtig gesprochen, wenig nachhaltig, drastisch gesprochen, sehr gefährlich. Dass im Durchschnitt sechs Prozent der amerikanischen Volkswirtschaft seit 2001 Jahr für Jahr von der Kapitalbildung anderer Staaten finanziert werden und die Vereinigten Staaten zwingen, sich beim Rest der Welt zu verschulden, könnte womöglich den Keim einer neuen Weltfinanz- und Weltwirtschaftskrise in sich tragen, vor deren noch schlimmeren Folgen man jetzt schon warnen muss.

Dabei hat China den Wechselkurs des Yuan seit vielen Jahren fest an den Dollar gebunden, und zwar auf einem Niveau, das den Yuan unter-, den Dollar überbewertet. Die Folge: Chinesische Produkte sind im Ausland vergleichsweise billig. Das kommt dem chinesischen Export zugute und dient letztlich dem Ziel, für das Heer an Arbeitssuchenden zusätzliche Arbeitsplätze zu schaffen. Auch für die amerikanischen Verbraucher hatte die Überbewertung des Dollar Vorteile: Sie profitierten von den billigen Importen aus China, verloren freilich zugleich Jobs, die nach Asien outgesourct wurden. Um den Yuan auf diesem niedrigen Niveau zu halten, hat die chinesische Notenbank in großem Stil Dollar und andere Devisen angekauft. Das hat die chinesischen Währungsreserven enorm wachsen lassen: Allein zwischen Ende 2002 und September 2008 stiegen diese Devisenreserven von 286 Milliarden Dollar auf 1,9 Billionen Dollar. Immer wieder gab es internationale Appelle – etwa auf den regelmäßigen Herbst- und Frühjahrstagungen des Internationalen Währungsfonds IWF und der Weltbank –, China möge doch seine Währung aufwerten. Doch es blieb bei Appellen, ohne dass etwas geschah.

Die Bereitwilligkeit des Rests der Welt, die großen Importüberschüsse Amerikas zu finanzieren, hat es den Amerikanern erlaubt, jahrelang mehr zu konsumieren, als sie produzierten. 2007 betrug das Leistungsbilanzdefizit 730 Milliarden Dollar, rund fünf Prozent des Bruttoinlandsprodukts. Dementsprechend hat die amerikanische Verschuldung gegenüber dem Ausland kräftig zugenommen. Die amerikanische Politik ist dadurch in eine gewisse Abhängigkeit vom Ausland geraten. Zum einen ist Amerika darauf angewiesen, fortlaufend ausländisches Kapital anzulocken. Zum anderen besteht das Risiko, dass Ausländer das Vertrauen in die Werthaltigkeit des Dollar verlieren und ihre Engagements in Amerika stark reduzieren.

Doch auch dazu ist es selbst in den schlimmsten Zeiten der Wirtschaftskrise nicht gekommen. Im Gegenteil: Zur Überraschung vieler erstarkte der Dollar im Herbst 2008 sogar wieder. Das kann nur bedeuten: Obwohl gerade Amerika international viel Vertrauen verspielt hatte, blieb das Vertrauen in seine Währung lange Zeit erhalten. Wie lange das so bleiben wird, ist freilich ungewiss. In dem Maße, in dem das Tempo wirtschaftlicher Aktivitäten dauerhaft zurückgeht, sinkt auch der Kapitalbedarf der USA, was wiederum den Dollar mittelfristig schwächen dürfte.

Tatsächlich sind diese Ungleichgewichte der Grund, warum von der Weltwirtschaftskrise auch Länder in Mitleidenschaft gezogen wurden, die völlig »unschuldig« sind – wie Japan und Deutschland. Denn mit einem gewissen Grund waren viele der Meinung, Amerika habe sich durch einen großen Konsumhunger, womit es jahrelang über seine Verhältnisse lebte, das ganze Desaster eingebrockt und müsse dafür nun eben büßen. Warum wurde dann aber auch die deutsche (und die japanische) Wirtschaft so schwer von der Krise getroffen, hat man hier doch sparsam gelebt und sich nicht dem übertriebenen Konsum hingegeben? Die scheinbare Ungerechtigkeit lässt sich einfach auflösen: Irgendjemand muss die für den übermäßigen Konsum der Amerikaner nötigen Schulden auch finanziert haben.

Und das waren bei Weitem nicht nur die Chinesen. Dass ein Land wie Deutschland, dem immer der Ehrentitel Exportweltmeister verliehen wird, dazu gehört, sollte nicht überraschen. Die Überschüsse der Kapitalbilanz in Deutschland sind nichts als die Kehrseite der negativen Kapitalbilanz in den Vereinigten Staaten. Oder einfacher gesagt: Die Amerikaner haben unsere Autos und Maschinen eingekauft. Sie wollten jene Weltmarktprodukte (»Druckmaschinen, Kaffeefilter und Kuscheltiere«, sagt Bundeskanzlerin Angela Merkel) haben, welche das Wachstum auch in Deutschland bis 2008 in Schwung gehalten haben und dazu beitrugen, die schwache Binnennachfrage zu kompensieren. Die Deutschen haben – anders als die Amerikaner – lieber gespart, anstatt ihr Geld auszugeben und sich das Wachstum von den Amerikanern finanzieren zu lassen. Dadurch haben sie auch an der Rezession teil. Böse und Gut scheidet die Außenhandelstheorie dieser Krise leider nicht.

Die Gefahr ist nicht von der Hand zu weisen, dass die Staaten jetzt mit Protektionismus auf die Krise reagieren. Wo Arbeitsplätze bedroht sind und Massen von Menschen ohne Job dastehen, lag es noch immer nahe, sich abzuschotten und einzuigeln. Dann, so die naive Hoffnung, werden die Menschen wieder heimische Produkte kaufen, und die Leute kehren an ihren Arbeitsplatz zurück. Schon die hohen Subventionen, die der amerikanische Staat und europäische Regierungen an von der Krise betroffene Branchen verteilen, sind nichts anderes als eine milde Form des Protektionismus, soll doch künstlich diesen Branchen ein Wettbewerbsvorteil gegenüber dem Ausland verschafft werden, unbeschadet der Frage, wie gesund und erfolgreich diese Unternehmen sind. Populär ist die Vorstellung, eine Wirtschaft, die mit Staatsgeld gestützt wird, dürfe nicht zulassen, dass davon ausländische Anbieter profitieren: Nationale Konjunkturpakete und Importbeschränkungen sind natürliche Geschwister. Auch die Politik vieler Länder, Leitzinsen und Wechselkurse künstlich niedrig zu halten, wird zunehmend von dem Ziel getrieben, die heimischen Waren zu privilegieren und vor ausländischen Gütern zu »schützen«. Ein unterbietender Zins- und Währungswettlauf ist in Gang gekommen, der darauf setzt, sich eigene wirtschaftliche Vorteile zulasten der Nachbarn zu sichern (*beggar thy neighbour*), von dem aber letztlich niemand Vorteile haben wird.

Manifest würde der Protektionismus, wenn tatsächlich wieder Einfuhrzölle auf den Import ausländischer Waren erhoben würden, eine Vorstellung, mit der viele Politiker ganz unverschämt liebäugeln. Der ins Stocken geratene Prozess einer weiteren Liberalisierung des Welthandels (Doha-Runde) deutet darauf hin, dass im Krisenreflex jetzt viele fälschlicherweise der Meinung sind, der freie Austausch der Waren – die Möglichkeit für Unternehmen und Banken, rund um den Globus das wirtschaftliche Glück zu suchen – sei der wahre Grund der Krise. Das Gegenteil ist richtig: Die Globalisierung ist der Grund des Wohlstands. Und das Wachstum der Jahre 1980 bis 2008 hat diesen Prozess beschleunigt. Dagegen hat, getrieben von denselben Ängsten wie damals, ein ökonomischer Isolationismus in den dreißiger Jahren dazu geführt, dass die Depression nur noch schlimmer wurde.

Alles hängt jetzt davon ab, ob es gelingt, die symbiotischen Abhängigkeiten innerhalb der Weltwirtschaft neu auszubalancieren, ohne die Märkte abzuriegeln und die Globalisierung zu stoppen. Wie das im Prinzip gehen müsste, ist nicht sehr schwer zu sehen. Die Amerikaner müssen weniger konsumieren und mehr sparen. Und der Rest der Welt muss stattdessen mehr konsumieren und weniger sparen. Doch das ist leichter gesagt als getan. Denn was würde passieren, wenn Amerika, wie gefordert, endlich zu sparen begönne? Dann würden viele Unternehmen und ihre Beschäftigten auf der ganzen Welt leiden – von den chinesischen T-Shirt-Produzenten und Computerbauern bis zu den deutschen Autoherstellern. Tatsächlich ist die Neigung der Amerikaner, viel Geld auszugeben, seit 1991 Jahr für Jahr größer geworden. Im Jahr 2009 werden die privaten Haushalte dort, sollten die Prognosen noch stimmen, insgesamt zehn Billionen Dollar ausgeben. Und man kann mit guten Gründen vermuten, dass sich bei Zinssätzen nahe null an der habituellen Konsumlust der Amerikaner nicht so schnell etwas ändern wird.

Doch wenn wegen der Krise die Beschäftigung auch in Amerika zurückgeht und die Arbeitslosigkeit wächst, wird sich das Konsumverhalten der Menschen ändern. Sie kaufen dann weniger Handys aus Finnland und weniger Computer aus Taiwan. Noch in den achtziger Jahren betrug die amerikanische Sparquote neun Prozent, in den neunziger Jahren ist sie auf fünf Prozent gefallen, um nach der Jahrtausendwende auf zwei Prozent und schließlich auf historisch niedrige 0,5 Prozent zu sinken. Zum Vergleich: Die Menschen in der Eurozone sparen Jahr für Jahr im Schnitt neun Prozent ihres Einkommens. Und die Deutschen – auch hier Europameister – haben 2008 sogar zwölf Prozent zurückgelegt.

Da muss sich also einiges ändern. Allerdings ist es nicht ganz unproblematisch, wenn die Amerikaner wieder zur alten Tugend zurückfänden. So bitter es ist: Tugend tut weh. Denn die Rückkehr zur Tugend geht nur über eine längere Rezession. Würde nämlich die Sparquote in diesem Jahr (2009) in Amerika auch nur auf fünf Prozent steigen, wäre dies ein Ausfall des Konsums von 500 Milliarden Dollar, wie der britische *Economist* errechnet hat. Im Klartext: Die Menschen in Amerika kaufen dann für 500 Milliarden Dollar weniger Waren und Dienstleistungen. Und auch die Exporteure aus Asien oder Deutschland verkaufen weniger Waren.

Die Sache ist vertrackt. Eine reiche Volkswirtschaft wie Amerika muss lernen, weniger zu konsumieren und mehr zu sparen. Sparen ist – wie wir später noch ausführlich sehen werden – nicht nur eine Tugend an sich, sondern stiftet auch einen hohen Nutzen. Ersparnisse sind in einer Volkswirtschaft nötig, denn sie sind die Voraussetzung von Investitionen, geben doch die Banken das gesparte Geld den Unternehmern, die damit ihre Geschäftsideen finanzieren. Doch zunächst fehlt das gesparte Geld dem Konsum. Es fehlt damit auch in den Auftragsbüchern der Unternehmen, denen die Gewinne wegbrechen, sodass sie Mitarbeiter entlassen müssen, die dann wiederum weniger Geld zur Verfügung haben, das sie ausgeben können.

Ein Teufelskreis! Wie kann man ihn vermeiden? Wahrscheinlich gar nicht. Noch weiß niemand, in welcher Zeit sich dieser Anpassungsprozess vollzieht. Je schockartiger, desto schlimmer. Je gedehnter, desto erträglicher. Ein allzu schlimmer Einbruch des Konsums in Amerika würde die Weltrezession noch verstärken. Ein langsamer Anpassungsprozess würde sie mildern, um den Preis einer verlängerten Krise. Wenn man zwischen Pest und Cholera wählen könne, solle man auf jeden Fall die Cholera nehmen, heißt es: Denn Cholera ist allemal heilbar.

Bedeutet das, dass wir Amerika abschreiben müssen? Nichts in der Geschichte deutet darauf hin. »Zügeln Sie Ihre Schadenfreude«, sagt der Publizist Clive Crook an die Adresse all jener auf der Welt, die Amerika jetzt den Abstieg in die Mittelmäßigkeit prophezeien. Meldungen über das Ableben des einstigen Helden seien verfrüht. »Natürlich werden sich die Vereinigten Staaten an das Erstarken neuer Industriemächte wie China, Indien, Brasilien und möglicherweise Russland gewöhnen müssen«, schreibt Crook, Autor des angesehenen *Atlantic Monthly*. Der Publizist Martin Wolf, Chefökonom der britischen *Financial Times*, hat folgenden Traum einer ironischen Entwicklung: »Manchmal stelle ich mir vor, Amerika stecke tief in einer Rezession und Europa denkt sich: Strafe muss sein, das geschieht denen gerade recht. Daraufhin unternimmt Amerika alles, um kraftvoll aus der Rezession herauszukommen, was wiederum die Voraussetzung ist, Europa hinter sich herzuziehen.«

Es ist nicht besonders riskant zu prophezeien, dass die USA trotz alledem noch eine ganze Weile die stärkste und innovativste Volkswirtschaft der Welt bleiben werden. Es wird das Land bleiben, das die besten, klügsten und ehrgeizigsten Köpfe aus aller Welt anlockt und sie an seine Unternehmen und Universitäten bindet. »Militärisch stärker als jede Macht in der Geschichte. Immer noch sehr stark in kultureller Hinsicht: von Harvard bis Hollywood. Aber als Finanzmacht deutlich schwächer als früher« attestiert Niall Ferguson, ein in Harvard Geschichte lehrender Schotte, den USA. Die Frage, ob Amerika die gestaltende Supermacht bleiben könne, bejaht er ohne einen Hauch des Zweifels.

Amerika zeigte sich in seiner bisherigen Geschichte noch immer in der Lage, auf neue Herausforderungen zu reagieren. Auch der Finanzcrash hat diese Vitalität nicht erstickt. Ohnehin sprechen die vergleichsweise sehr günstigen demografischen Aussichten der USA (höhere Fertilität als in Deutschland und bleibende Migrationsdynamik) dafür, dass Amerika ein junges Land bleiben wird.

»Hat der Wohlstand den Hunger nach Erfolg je stillen können?«, fragt Clive Crook und erteilt gleich selbst die Antwort. »Nein!« Die amerikanische Arbeitsmoral bleibt ungebrochen, ebenso das Selbstvertrauen und die Abenteuerlust. Die Menschen wollen im Leben vorankommen und verlangen, dass die Regierung die Bedingungen dafür schafft. Gerade deshalb ist mit Amerika weiter zu rechnen. Denn nirgendwo ist das Streben nach Erfolg so ungestüm; nirgendwo ist es so ungebrochen – gerade nach Demütigungen wie den Anschlägen vom 11. September 2001 oder der Krise der Finanzindustrie. Den *american exceptionalism* bringen solche Krisen nicht zu Fall. Im Gegenteil.

Zwischenruf (1)
Geld macht nicht glücklich, aber Geld verlieren macht unglücklich!

Klingt es inzwischen nicht wie ein Trost? Reiche Menschen sind auch keine glücklicheren Menschen. Was der Volksmund immer schon wusste, dass nämlich Geld nicht zufrieden macht, haben in den vergangenen Jahren Heere von Glücksforschern aus der Ökonomie, der Soziologie und der Psychologie bestätigt. 67 von 100 Supermillionären fühlen sich glücklich. In einer ganz und gar zufällig ausgewählten Hundertschaft sagen 62, sie seien glücklich. Den Unterschied kann man getrost vernachlässigen. Lottogewinner versinken nach einer kurzen Euphorie oft in Trübsinn, weil sie den Geldsegen noch nicht einmal der eigenen Leistung, sondern nur dem Zufall der Glück bringenden Fee zuschreiben können. Und das ist wenig wert.

Gewiss, wie alles im Leben sind die Forschungsergebnisse ein wenig komplizierter. Arme Menschen, die plötzlich reicher werden, sind schon auch zufriedener. Es wäre ja noch schöner, wenn wir uns nur getäuscht hätten, dass Armut unglücklich macht und in Wirklichkeit jene Romantiker recht hätten, die sich aus ihrer Überflussgesellschaft nach der einfachen Idylle sehnen. Der Punkt, an dem das wachsende Glücksgefühl bei wachsendem Vermögen vernachlässigbar erscheint, wird erst später erreicht. Ein bisschen Basiswohlstand braucht das Glück schon.

Woran es wohl liegt, dass mehr Geld nicht glücklicher macht? Die simple Antwort: Daran, dass es besser wird, gewöhnt man sich. Und zwar ziemlich schnell. *Habituation* nennen das die Psychologen. Die Ökonomen hatten dafür immer schon eine Erklärung, die sie das Gesetz vom »abnehmenden Grenznutzen« nennen. Das erste Bier zischt runter. Aber das fünfte? Das erste eigene Auto ist der Wahnsinn. Aber das zehnte? So macht offenbar auch die erste Million noch Freude, aber die fünfte schon weniger. Umverteilungstheoretiker leiten daraus sogar eine Gerechtigkeitsformel ab für die progressive Besteuerung der Bürger: Es schade wenig, wenn der Staat bei den Reicheren besonders zulangt. Denn sie hätten sich ja auch weniger gefreut, als sie das Geld erwarben.

Als die Aktienkurse in den Jahren 2002 bis 2008 mit ziemlicher Geschwindigkeit nach oben gingen, war kein Freudenschrei unter den deutschen Anlegern zu vernehmen. Habituation eben, alles, wie wir es gewohnt sind. Mehr zu haben macht uns wenig glücklich. Gleichwohl brennt in uns der Drang, mehr zu wollen. Seit die Kurse aber eingebrochen sind, klagen alle. Dabei halten sich die Kursverluste, gemessen an der Schwere der Finanzkrise, noch einigermaßen im Rahmen. Längst noch nicht wurde der Boden des Jahres 2002 berührt. Und wenn wir uns mit unseren Eltern oder Großeltern vergleichen, geht es uns wirklich gut. Aber Finanzjournalisten sagen, die Kurse befänden sich »im freien Fall« oder rutschten »ins Bodenlose«. Und Ökonomen sagen, die Märkte brechen ein. Das ist falsch; aber die Metaphern sind so schön.

An das wachsende Einkommen gewöhnen wir uns schnell. An schrumpfende Einkommen leider nie. Das schmerzt jedes Mal. Da gibt es keinen Habituationseffekt, auch wenn wir das ziemlich ungerecht finden mögen. Offenkundig halten es die Menschen schon biologisch für normal, dass sie immer mehr haben. Das Gegenteil scheint nicht vorgesehen zu sein. »Wenn ein Affe weniger bekommt als ein anderer, kann er ziemlich sauer werden«, sagt der Psychologe Daniel Kahneman, der den Ökonomienobelpreis für seine Forschungen über das neue Fach *Behavioral Economics* erhalten hat. Zufrieden mit sich sei der Mensch nur, wenn er mehr erreicht habe als andere, sagt Kahneman.

Verlustaversion wird die Erwartung des unguten Gefühls auch genannt, welches eintritt, wenn uns etwas fehlt. So ist es dann auch bei vielen Leuten gekommen – 2001, nach dem Platzen der Blase der New Economy, und 2008 während der Weltfinanzkrise. Man kann diese Ängste sehr schön in Experimenten nachweisen, wenn man Probanden fragt, welche Gewinne ihnen winken müssten, damit sie bereit wären, auch Verluste hinzunehmen. Also: Wie viel muss bei einem Münzwurf »Kopf« bringen, damit man bereit ist, bei »Zahl« etwas abzugeben. Das Ergebnis: Erst ein Gewinnversprechen von 200 Euro würde die Bereitschaft ergeben, im Fall von »Zahl« 100 Euro abzugeben. Verluste wiegen wir doppelt so schwer wie Gewinne.

»Was man hat, das hat man«, der Grundsatz gilt immer, weshalb die Verlustaversion auch *Endowment-Effekt* genannt wird. Unseren Besitz bewerten wir immer höher, selbst wenn wir ihn gar nicht gewollt haben. Die meisten Menschen hätten sich ihre Geburtstags- und Weihnachtsgeschenke selbst nicht geschenkt. Sind die Dinge aber einmal in unserem Besitz, würden wir sie nur zu überhöhten Preisen abgeben. Derselbe Gegenstand wird für uns wertvoller, nachdem er in unseren Besitz übergegangen ist, obwohl sich nichts an seinen äußeren Eigenschaften oder an seinem Marktkurs geändert hat. Das scheint ebenfalls mit archaischen Erfahrungen zusammenzuhängen, führt aber blöderweise bei Anlegern dazu, dass sie freiwillig nur sehr ungern bereit sind, Verluste zu realisieren. Stattdessen hoffen sie, durch Aussitzen wieder reicher zu werden. Und werden häufig nur noch ärmer.

Im Nachhinein bedauern viele, dass sie das im Depot verlorene Geld nicht rechtzeitig zu Cash gemacht und munter ausgegeben haben. Was hätte man nicht alles für das Geld kaufen können, das jetzt plötzlich nicht mehr da ist! Das mag sich rückblickend so darstellen. Doch zum Zeitpunkt des Verkaufs hätte man ja noch gar nicht gewusst, dass man jetzt gerade Geld ausgibt, das im kommenden Jahr von allein wegschmelzen sollte. Damals wäre der Gefühlspegel mit Sicherheit eher unglücklich ausgeschlagen, wie unser Freund uns immer wieder versichert, der »leider« einen Großteil seines Depots verkaufen musste, um sein Haus zu finanzieren. Damals war er traurig, weil er – Habituation – davon ausging, dass die Märkte nach oben gingen und er nun nicht mehr dabei sein dürfe. Heute freut er sich an seinem schönen Haus, für das ihm das Geld fehlen würde, hätte er sich anders entschieden.

Ohnehin sind die heutigen ökonomischen Glücksforscher zu Konsumkritikern geworden. Denn ihre Ergebnisse zeigen: Das Glücksversprechen des Konsumierens wird dramatisch überschätzt. Kaum hat man, was man haben wollte, zerrinnt auch schon die Freude darüber. Das wussten die linken Kritiker einer materialistischen Überflussgesellschaft schon früher. Und während sich die Freude am Konsum rasch verzehrt, stiften kommunikative Erfahrungen – das »gute Gespräch« mit Freund und Freundin – ein bleibendes Zufriedenheitsgefühl. Gleichgesinnte und Freunde sind fürs Lebensglück nicht zu überschätzen: »Wir sind biologisch als soziale Wesen angelegt, und Kontakte machen uns meistens glücklich«, sagt Kahneman. Auch das klingt nicht wirklich neu, fast schon kitschig, aber auch ziemlich tröstlich.

Kapitel II

DAS KAPITAL *oder* Warum der angelsächsische Kapitalismus stark und verletzlich ist

Ein goldenes Zeitalter

Paradiese sind gefährliche Orte. Adam und Eva können ein Lied davon singen. Es ist die größte Gefahr des paradiesischen Zustands, dass all jene, die in ihm leben, bald denken, es werde immer so bleiben. Der Garten Eden verleitet zu Unaufmerksamkeit und Sorglosigkeit und nährt das Gefühl falscher Sicherheit. Umso größer ist der Schrecken, wenn es vorbei ist. Könnte es nicht sogar sein, dass erst dieser Schrecken durch den Kontrast das Paradies als solches erkennbar macht, während die Gegenwart des goldenen Zeitalters bis dahin gar nicht recht gewürdigt wurde?

Seit Mitte der achtziger Jahre lebten die Menschen in einer Art irdischem Paradies, gewiss mit Schwächen und Ungerechtigkeiten. Aber zumindest in der reichen Welt Amerikas und Europas konnten sie der Meinung sein, ökonomische – und wohl auch politische – Katastrophen blieben ihnen erspart und ihr Wohlstand werde sich – wenngleich nicht immer zu ihrer vollsten Zufriedenheit und nicht für alle gleichmäßig – auf lange Sicht noch mehren.

Dann kam der Schock, als im Abstand von wenigen Wochen über Inflation, Rezession, Deflation und Depression gesprochen wurde. In rascher Abfolge wurde aus einer Finanzkrise eine Weltwirtschaftskrise, die aus Furcht vor Beschwörungsfolgen nur keiner so nennen wollte. Erst war unklar, ob das Geld noch sicher ist, dann machte sich die Sorge um die Jobs breit. Erst flehten die Banken um Geld vom Staat, dann bettelten die Autokonzerne um Rettung. Alles Unheil schien plötzlich irgendwie mit der Finanzkrise in Zusammenhang zu stehen. Schließlich kam der Markt als Ordnungsprinzip generell unter Verdacht. In größerer Unordnung hatte man die Welt selten gesehen. Lähmung und Mutlosigkeit ergriff die Menschen: Auch Depression kann anstecken. Und je mehr Menschen von ihr erfasst sind, umso schwieriger wird es, sich aus der Krise zu befreien – ein Teufelskreis sich selbst erfüllender negativer Erwartungen.

Nicht erst aus der Erfahrung des Schocks heraus hat man jene zwanzig Jahre davor die Zeit der »großen Mäßigung« (*great moderation*) genannt. Das mag jene überraschen, die gewohnt sind, der Dominanz von Wall Street Unmäßigkeit und Übertreibungssucht vorzuwerfen. Doch darum geht es hier nicht. Mit Great Moderation ist gemeint, dass die Ausschläge des Konjunkturzyklus gedämpft und die Erfahrung dauernden Wechsels zwischen wirtschaftlichem Auf- und Abschwung abgemildert, wenn nicht gar abgeschafft schienen. Allein die Tatsache, dass dies eine Welt ohne (oder allenfalls mit nur geringer) Inflation war, kann gar nicht überschätzt werden, wenngleich auch das Verschwinden der Inflation, wie so vieles, bald als etwas Selbstverständliches betrachtet wurde.

Zeiten der Inflation sind ungerechte und extrem unsichere Zeiten. War nicht die Generation der Babyboomer, welche um die Jahrtausendwende auf dem Höhepunkt ihrer Karrieren angekommen war, aufgewachsen mit den Erzählungen der Eltern, dass es einmal eine Zeit der Instabilität gegeben habe, als nicht sicher war, was das Geld am nächsten Tag noch wert sei? Wer fürchten muss, sein Geld habe spätestens übermorgen durch Teuerung, Abwertung oder Währungsreformen seinen Wert eingebüßt, verliert jeden Bezug zu künftigen Werten. Denn auf nichts ist mehr Verlass. Und alles ist eitel: Wer brav gespart hat, wird bestraft. Der Bürger kann mit seinen Ersparnissen weniger kaufen, und die positive Rendite der Geldanlage wird zur nominalen Illusion. Wer sich aber verschuldet hat, wird belohnt, muss er doch »real« weniger zurückzahlen. Es sind keine guten Zeiten für das Wachstum. Und zumindest ein wenig von dieser Verunsicherung hatte die Generation der Babyboomer in den siebziger Jahren noch miterlebt, als man von Stagflation sprach und damit meinte, dass Waren und Dienstleistungen ständig teurer wurden und zugleich die Menschen immer mehr Probleme hatten, einen Job zu finden.

Dic Jahrc dcr Grcat Modcration warcn sichcrc Zcitcn. Und gerade darin steckte ihre größte Gefahr. Denn Sicherheit verführt dazu, Risiken falsch einzuschätzen. Zumal dann, wenn alle anderen sich auch so fühlen. Das Wagnis hat einen zu geringen Preis, oder, anders formuliert: Der Einstiegskurs für riskante Unternehmungen (und Investitionen) ist zu niedrig. Ohnehin lehrt die *Behavioral Finance*, die ökonomische Verhaltenspsychologie, dass wir nach Gewinnen eine Art Kontrollverlust erleiden. Der aber wird sich später rächen. Doch wer wollte damals davon wissen?

Dass es zu dieser Verführung durch das große Geld kommen konnte, hat nicht zuletzt etwas mit der Kränkung der amerikanischen Mittelschichten durch die Globalisierung zu tun. Die Sicherheit der Great Moderation hatte, wie alles im Leben, neue Unsicherheiten provoziert: stagnierende Löhne und eine größere Ungleichheit der Einkommen und Vermögen. Das trifft vor allem die Mittelschichten. Sie müssen erleben, dass ihre Erwerbseinkommen seit Jahren stagnieren oder schrumpfen. Sie haben Angst, ihren Status nicht mehr dauerhaft aufrechterhalten zu können. Oder sie müssen befürchten, dass ihre Kinder unter jenes Lebensniveau sinken, das sie selbst schon erreicht haben. Denn die Globalisierung bedroht ja gerade die Mittelschichten, mehr als bestimmte (Dienstleistungs-)Sektoren der Unterschicht.

»Ihren Friseur können sie nicht nach Indien outsourcen«, pflegt der Handelsökonom Jagdish Bhagwati von der New Yorker Columbia-Universität zu sagen: IT-Ingenieure oder Automobilkonstrukteure können ihre Arbeit genauso gut in Bangalore ausüben. Was er damit meint? Niemand ist von der Globalisierung so sehr bedroht wie die Mittelschichten, die doch stolz auf ihren Status und ihr Bildungsniveau sind und meinen, beides schütze sie vor den Gefährdungen des globalen Wettbewerbs. Wo also die Anstrengung der eigenen Arbeit sich nicht mehr auszahlt, da wird der Gedanke mehr als verführerisch, auf andere Weise Reichtum zu schaffen, um gesellschaftlich mithalten zu können. Der Gang ins Kasino entspringt der Furcht vor dem sozialen Abstieg. Reich werden ohne Arbeit ist die Reaktion auf die Erfahrung, dass in Zeiten der Globalisierung mit Arbeit in den Mittelschichten Amerikas niemand mehr reich werden kann, mag er sich auch noch so sehr anstrengen.

Die Jahre der großen Mäßigung waren ein Zeitalter des Triumphs des amerikanischen Kapitalismus: Lassen wir diese Zeit, grob gesprochen, von Anfang der achtziger Jahre bis zum großen Crash im Jahre 2008 dauern. Hier hatten alle Segnungen vermeintlich risikolosen Fortschritts ihren Ursprung. Eine phasenweise solide Wirtschafts- und Finanzpolitik baute auf eine anfangs nachhaltige Geldpolitik, die zugleich im Einklang war mit einer Handelspolitik offener Märkte. Die Liberalisierung des Handels sorgte dafür, dass die Verbraucher aus der ganzen Welt Waren in stets verbesserter Qualität erhielten, die sich – angesichts hohen Wettbewerbsdrucks unter den Unternehmen – nicht verteuerten.

Aber zwei spekulativ überschießende Finanzzyklen haben in

diese scheinbar ruhigen Jahre der Great Moderation sehr viel Übermaß und Instabilität gebracht. Anfang des 21. Jahrhunderts platzte mit sehr viel Aplomb die Blase der New Economy an den Aktienmärkten. Wenige Jahre später wiederholte sich das Ganze noch einmal, als die Immobilienblase sich eruptiv entlud – mit weitaus schlimmeren Folgen für die Weltwirtschaft. In diesem Kapitel wird auch zu zeigen zu sein, wie und warum Great Moderation und »große Unmäßigkeit« zusammenhängen.

In all diesen Jahren der großen Mäßigung hatte die Globalisierung Schutz vor Inflation geboten. Weil aber von Inflation keine Gefahr ausging, konnten die Notenbanken sich erlauben, die Zinsen niedrig zu halten, was wiederum die Bereitschaft zu investieren erhöhte und das Wachstum antrieb: Das brachte die Aktien- und später die Immobilienmärkte in Schwung. Ein neuer Erfindergeist entdeckte Internet und Biotechnologie; auch hier war Amerika Vorreiter: Diese Erfindungen haben die Lebenschancen der Menschen revolutioniert (wer möchte heute noch auf das Internet verzichten?) und den Märkten einen zusätzlichen Wachstumsschub verliehen. Schließlich sorgten ein freier Kapitalverkehr und die Deregulierung einzelner Finanzprodukte dafür, dass die Ideen der Menschen auch schneller ihren Weg zu marktfähigen Unternehmungen und deren Kunden fanden. Denn natürlich setzt eine epochale technische Revolution einen gut funktionierenden Finanzmarkt voraus, welcher die nötigen Investitionen allererst ermöglicht.

Es waren die Früchte der Revolution Ronald Reagans und Margaret Thatchers, welche die Welt in den Jahren vor und nach der Jahrtausendwende erntete. Reagan – und sein genialer Notenbankchef Paul Volcker – befreiten die Welt von der Geißel der Inflation. Und ließen den Märkten freien Lauf, was einen neuen Schub großer wirtschaftlicher Dynamik auslöste. Noch 1980 waren die Preise in Amerika um elf Prozent gestiegen; 1982 war die Inflation auf unter vier Prozent gedrückt. Das gab es nur um den Preis von Blut, Schweiß und Tränen, geldpolitisch übersetzt: um den Preis einer kurzen, wenngleich heftigen Rezession Anfang der achtziger Jahre, ausgelöst durch eine von Zinserhöhungen gezeichnete, schockartige Verknappung des Geldangebotes und einer Beschneidung gewerkschaftlicher Tarifmacht. Fortan waren die Arbeitnehmer nicht mehr in der Lage, mit hohen Lohnabschlüssen die Teuerung nach oben zu treiben. Volcker hatte sich explizit ein Vorbild genommen an der Stabilitätspolitik der Deutschen Bundesbank, die damals als Garant einer starken Deutschen Mark galt. Einmal wurde ihm vorgeworfen, ein Imitator der Bundesbank zu sein. Er erwiderte, das klinge für ihn wie ein Kompliment.

Tatsächlich verabschiedete Reagan sich von der anmaßenden Hybris der sechziger und siebziger Jahre, als die Politik, geleitet von einem falsch verstandenen Keynesianismus, den Anspruch hatte, die Wirtschaft geld- und fiskalpolitisch zu steuern (*fine tuning*), und – gemäß einem berühmten Diktum von Helmut Schmidt – stolz darauf war, ein paar Prozentpunkte Inflation in Kauf zu nehmen, solange sich damit die Arbeitslosigkeit niedrig halten ließ (was immer weniger gelang).

Man muss sich den Ronald Reagan des Jahres 1980 als Außenseiter vorstellen, nicht anders wie es Barack Obama im Jahr 2008 erging. Reagan, ein kalifornischer Filmschauspieler, bekannt aus zweitklassigen Vorabendserien (*Death Valley Days*), der freie Märkte pries, wie man das zuletzt in den Jahren vor dem New Deal Franklin D. Roosevelts gehört hatte, und der herablassend sprach von den Träumen einer *mixed economy*, welche seit dem New Deal dem Staat die »Kommandobrücke« (Lenin) zur Beaufsichtigung der Wirtschaft überlassen hatte. »Wer, wenn nicht wir. Wann, wenn nicht jetzt« war das pathetische Motto für Reagans Wende.

It's time for a change, die Formel Obamas, hätte auch der Slogan Reagans sein können.

Nur die Vorzeichen waren umgekehrt: Reagan setzte auf Deregulierung staatlicher und ehemals natürlicher Monopole. Und er propagierte das Entmachtungsverfahren des Wettbewerbs: Der Bessere setzt sich durch. Er erinnerte an die Utopie des klassischen Liberalismus, wonach dem Bürger selbst überlassen werden soll, wozu er seinen wirtschaftlichen Erfolg einsetzt, und der Staat sich möglichst zurücknehmen solle. Aus diesen Grund hatte Reagan die Sätze der Einkommensteuer von 70 auf 28 Prozent drastisch gesenkt, freilich – gegen alle anderslautende Rhetorik – nicht auf den Anspruch eines starken Staates verzichtet, der sich zulasten der nachkommenden Generationen hoch verschuldete. Der Wachstumserfolg war freilich derart umwerfend, dass bereits Bill Clinton, ein demokratischer Nachfolger des konservativen Reagan, die Ernte einfahren konnte und in den späten neunziger Jahren Budgetüberschüsse erwirtschaftete – die ersten seit Jahrzehnten. Es war die Hoffnung, größtmögliches Wachstum (vor allem Produktivitätswachstum als Maß für Wohlstand), größtmögliche individuelle Freiheit und größtmögliche Sicherheit der Märkte zu vereinen.

Wirkliche Zäsuren ereignen sich in der Geschichte gar nicht so häufig. Es zeichnet große Männer aus, dass sie ihre Chance zu nutzen wissen und spüren, wenn der Zeitgeist sich dreht. Drei wirtschaftlich und politisch wichtige Zäsuren gibt es in der amerikanischen Geschichte seit dem frühen 20. Jahrhundert: Franklin D. Roosevelt rief 1933 den New Deal aus. Ronald Reagan befreite 1980 die Märkte von der Gängelung durch den Staat und leitete das Zeitalter der Great Moderation ein. Und 2008 trat Barack Obama an mit dem Versprechen einer Neuauflage des New Deal.

Von diesen drei Zäsuren, ihren Auswirkungen auf das Verhältnis von Markt und Staat, auf Wachstum und Sicherheit und von ihren

Folgen für das Gefühl von Maß und Ordnung handelt dieses Kapitel. Dabei zeigt sich: Alle drei Phasen sind Phasen des amerikanischen Kapitalismus, sind Ausprägungen des »angelsächsischen Modells«. Es gibt eben eine Vielzahl von Kapitalismen. Nicht genug, dass europäischer, asiatischer und amerikanischer Kapitalismus sich voneinander unterscheiden. Auch der amerikanische Kapitalismus kennt seit der Eroberung des Landes durch die Gründerväter eine Vielzahl unterschiedlicher Spielarten, den Markt zu ordnen, zu zähmen oder zu befreien. Es ist, als versuche Amerika sich selbst immer wieder von der Selbstinfizierung durch den amerikanischen Virus zu kurieren. Und es ist, als habe man immer genau jene Mittel als Therapie empfohlen, welche zuvor als Auslöser der Krankheit identifiziert worden waren.

Das makroökonomische Credo der reaganschen Revolution übersetzte sich direkt in ein Lebensgefühl der Menschen. Michael Douglas als Gordon Gekko (»Gier ist gut«) in *Wall Street* (1987) blieb zwar vielen ein zutiefst ambivalenter Charakter. Aber die Chance, an jenem spielerischen Umgang der Schönen und Reichen mit dem Leben zu partizipieren, wirkte verführerisch. Downtown Manhattan wurde zum Zentrum der Welt der Great Moderation. Damals hatte kaum jemand erkannt, dass diese Innovationen (der Internet- wie der Finanzrevolution) die Welt zugleich für Krisen anfälliger gemacht hatten. Der Virus war da, und alle ließen sich gern anstecken: In einem Zustand von Euphorie und Lebensfreude genossen die Investmentbanker ihre großzügigen und sündhaft teuren Apartments mit dem hübschen Blick über den Central Park.

»Was macht Papa?«, will Campbell von ihrer Mutter Judy McCoy in Tom Wolfes Roman *Fegefeuer der Eitelkeiten* wissen. Und die Mutter antwortet:

»Daddy baut keine Straßen oder Krankenhäuser, und er hilft

auch nicht, sie zu bauen, sondern er handelt mit den *Anleihen* für die Leute, die das Geld aufbringen.«

»Anleihen?«, [fragte Campbell.]

»Ja. Stell dir einfach vor, eine Anleihe ist ein Stück Kuchen, und du hast den Kuchen nicht gebacken, aber jedes Mal, wenn du jemandem ein Stück davon gibst, fällt ein kleines bisschen davon ab, wie kleine Krümel, und die kannst du behalten.« [...]

»Kleine Krümel«, sagte Campbell hoffnungsvoll.

» Ja«, sagte die Mutter. »Oder du musst dir kleine Krümel vorstellen, aber sehr *viele* kleine Krümel. Wenn du genügend Stücke Kuchen verteilst, dann hast du ziemlich bald genug Krümel, um einen *riesigen* Kuchen draus zu machen.«

The Roaring Nineties wurden die neunziger Jahre genannt, analog zu den *Roaring Twenties*, als wachsender Wohlstand und wachsende Lebensfreude Hand in Hand gingen. Und viele profitierten davon, nicht zuletzt die Theater und Museen Manhattans, welche Jahr für Jahr auf die großzügigen Gaben von Sponsoren hoffen durften, die ihren wirtschaftlichen Erfolg in kulturelles Prestige ummünzen wollten.

Vielen war es ohnehin recht, dass diese Finanzwelt sich wie eine Einladung zum Reichwerden darbot, machten sie doch die Erfahrung, dass ihre Arbeitseinkommen, aller individuellen Anstrengung zum Trotz, stagnierten. Denn die Zerschlagung der Gewerkschaftsmacht und die Deregulierung der Arbeitsmärkte hatten dazu geführt, dass größere Gehaltssprünge nur noch schwer durchzusetzen waren. An der Börse hingegen konnte man, quasi als sein eigener Kapitalist, Miteigentümer eines Unternehmens werden und satt gewinnen. Nie hat der Kapitalismus sein Versprechen, Garant von Eigentum und Privatvermögen zu sein, derart demokratisiert wie in den goldenen Jahren vor dem großen Crash.

Auch die Deutschen ließen sich im Jahr 2000 als ein »Volk der Aktionäre« feiern, mochten sie auch in ihrem Herzen noch so antikapitalistisch geblieben sein: In den deutschen Lehrerzimmern wurde damals mehr über Telekom- und Infineonaktien diskutiert als über Marx und Adorno. Normale Angestellte kauften Anlegermagazine, schauten Börsensendungen und sprachen von ihrem »Broker« so, als redeten sie über ihren Friseur. Das hielt hierzulande allerdings nur so lange an, bis die Blase der New Economy 2001 platzte.

Amerika aber träumte den Traum vom »Reichwerden ohne Arbeit« in den Jahren nach 2002 ein zweites Mal. Die Schmelze am Aktienmarkt wurde rasch kompensiert durch den Boom am Immobilienmarkt. Der Traum vom eigenen Haus war plötzlich für viele Menschen aus den unteren Mittelschichten wahr geworden, die früher nicht daran gedacht hatten, einmal in eigenen vier Wänden zu wohnen. Er wurde wahr ohne Ansehen von Herkunft, Stand und Reichtum. Es ist das alte amerikanische Ideal der Gleichheit als Chancengleichheit, das in den goldenen Jahren der Great Moderation verwirklicht werden sollte. »Die Idee der Eigentümergesellschaft«, schreibt Robert Shiller, »definierte den guten Staatsbürger durch Wohneigentum und Aktienbesitz.« Früher seien die Leute eher stolz gewesen auf ihre Arbeit als auf ihren Erfolg. Jetzt aber sei finanzieller Erfolg zum obersten Ziel geworden. »Um gesellschaftliche Anerkennung zu bekommen, reicht es nicht mehr, ein guter Mensch zu sein. Man muss auch erfolgreich sein.«

Mit diesem Versprechen des Wohneigentums für alle hat George W. Bush im Jahr 2004 noch einmal eine Wahl gewonnen, als er politisch wegen seines Irak-Abenteuers schon gefährdet war. Die Idee der Eigentümergesellschaft hat aber nicht nur Bush stabilisiert, sie hat auch die amerikanische Gesellschaft – und die Weltwirtschaft – in den Jahren des Traumas vom 11. September stabilisiert. Bis zum Crash.

Von dieser Überzeugung, in der besten aller Welten zu leben, waren viele begeistert; selbst die Zurückhaltenden konnten sich dem Bann nicht entziehen. Im Jahr 2004 jubelte Ben Bernanke, damals Ökonomieprofessor in Princeton: »Die zunehmende Verfeinerung der Finanzmärkte, die Deregulierung in vielen Branchen, der Wandel von der Industrie zur Dienstleistung, die größere Öffnung des Handels, die internationalen Kapitalflüsse und vieles mehr: Das alles sind Indizien für einen strukturellen Wandel, welcher die makroökonomische Flexibilität und Stabilität vergrößert.« Dass Flexibilität zugleich als Ausweis von Stabilität erscheinen konnte, hat sich im Nachhinein als die große Täuschung der Great Moderation erwiesen. Aber eben erst im Nachhinein. Den Zeitgenossen bot sich der Anblick einer wunderbaren Wirtschaftswelt, in der sie sich sicher fühlten und deshalb guten Gewissens große Risiken einzugehen wagten.

Ben Bernanke beschwor die Einheit von Flexibilität und Stabilität, ausgerechnet jener Bernanke, der – fast möchte man schreiben: zur Strafe – als Chef der amerikanischen Notenbank Fed die Folgen der Instabilität dieses Systems auszubaden hatte, als plötzlich allen klar geworden war, dass der Glaube an die ewige Stabilität eine Illusion war. Doch dem Charme des goldenen Zeitalters konnte sich damals niemand entziehen. Und alle stemmten sich lange Zeit gegen erste irritierende Indizien, dass das goldene Zeitalter nicht ewig währen würde. Als selbst in Europa Mitte des ersten Jahrzehnts nach der Jahrtausendwende die Zahlen am Arbeitsmarkt sich besserten, allem Globalisierungsdruck zum Trotz, ließ sich ökonomisch gegen die großartige Leistung dieser Zeit nur wenig noch einwenden.

Die Deutschen freilich nahmen dieses Mal viel weniger an der vom amerikanischen Virus ausgehenden Euphorie teil, als sie es noch in den neunziger Jahren getan hatten. Was sich zwischen 2001 und 2008 in Amerika (und den meisten anderen Ländern der Welt) abspielte, blieb ihnen fremd. Denn Deutschland erlebte keinen Boom der Immobilienpreise. Und die Deutschen sind viel weniger besessen von der Idee des eigenen Hauses als die Angelsachsen (*My home is my castle*). Allen Klischees von schwäbischen »Häuslebauern« zum Trotz wird hierzulande eher gemietet als gekauft – sechzig Prozent aller Privathaushalte in Deutschland wohnen zur Miete. Und wer ein Haus baut, der macht das für die Ewigkeit. Es geht ihm um ein schönes Heim und um Sachwerte für das Alter oder für die Nachkommen. Das Haus als Spekulationsobjekt ist den Deutschen eine zutiefst fremde Idee. Für uns war das Jahr 2001, als die Blase der New Economy platzte, der große Schock. Wir erwachten aus dem Traum eines Lebens als Rentier, der nur zuzuschauen braucht, wie sein Depot wächst. Die Hoffnung auf die neuen Volksaktien hatte getrogen, die Menschen waren traumatisiert, weshalb hierzulande nach der Jahrtausendwende viele den Aktienmärkten fernblieben. Erst als Mitte des Jahrzehnts die Kurse unübersehbar wieder gestiegen waren, wagte der eine oder andere sich an die Börse zurück – meist nicht direkt mit Aktien, sondern mit Fonds oder Zertifikaten (was sich später als noch riskanter erwies).

Aber dass die Deutschen sich je ganz und gar vom amerikanischen Virus hätten anstecken lassen, ist ein Mythos, was nicht zuletzt die Bundestagswahl von 2005 beweist. Damals war die CDU angetreten mit einem Programm gemäßigter wirtschaftlicher Liberalisierung und struktureller Reformen (eine deutliche Abschwächung ihre Beschlüsse vom Leipziger Parteitag), welches aber den Wählern so viel Angst machte, dass das Wahlergebnis zu einem Patt führte, das nur in einer Großen Koalition zur Regierungsmehrheit reichte: einer Koalition, die wenig unternahm, schon gar nicht die Amerikanisierung Deutschlands. Zu vorübergehender Stärke lief diese Große Koalition erst auf in den Gefahrenwochen vom Herbst 2008, um freilich rasch wieder in die gewohnte machtbewusste Zögerlichkeit zurückzufallen.

Moralisch und politisch gab es ohnehin hinreichend Einwände und Widerstand gegen den amerikanischen Virus. Denn die Great Moderation war nur um den Preis wachsender Ungleichheit zu bekommen. Vor allem die Mittelschichten klagten zunehmend über stagnierende Erwerbseinkommen. Abstiegsängste der Mitte und exzessive Gehaltssprünge der führenden Managerkaste trugen ihrerseits dazu bei, dass es um die Akzeptanz des Marktes auch in diesen goldenen Zeiten nie zum Besten stand. Dabei war die Skepsis gegenüber dem Markt in Kontinentaleuropa immer schon größer als in Amerika. Es darf nicht in Vergessenheit geraten, dass das antikapitalistische Misstrauen nicht erst in der Krise des Jahres 2008 sich bildete. Der Antikapitalismus ist in Deutschland (und Kontinentaleuropa) tief verwurzelt. In der Depression fühlte er sich bestätigt; er musste dafür nicht eigens erfunden werden.

Ein neuer New Deal

Es war ein bewegender Moment, als Barack Obama am Abend des 5. November 2008 sich im Grant Park in Chicago vor der Menge zeigte und seinen Sieg feierte. Und die ganze Welt nahm daran Anteil. Viele Deutsche erlebten das Spektakel als eine Zeitenwende. So, als hätten sie selbst gerade einen ungeliebten

Präsidenten abgewählt und sich für einen neuen, charismatischen Führer entschieden.

Amerika hörte diese Rede vor dem Hintergrund seiner eigenen Geschichte und registrierte die Anspielungen und indirekten Zitate. Die Einheit in der Vielfalt sei wichtiger als Individualismus und Egoismus, sagte Obama. Und er beschwor den »arbeitenden Menschen« (*working man*), dessen Werte wieder zu ihrem Recht kommen müssten. Mitten in der Krise, als Banken vor dem Bankrott standen und General Motors, Ford und Chrysler ins Taumeln gerieten, redete Obama von der »wahren Kraft unserer Nation, welche nicht aus der Macht unserer Waffen oder dem Grad unseres Reichtums kommt, sondern sich der anhaltenden Stärke unserer Ideale verdankt: Demokratie, Freiheit, Lebenschancen und nicht endende Hoffnung«.

Wir müssen wieder Geschichte schreiben, sagt Obama am Abend des 4. November 2008: »Einmal mehr hoffen wir auf bessere Zeiten.« Die »neue liberale Ordnung«, die Obama beschwört, ist zugleich die alte linksliberale Ordnung des großen Vorbildes Franklin D. Roosevelt. Eine wahre »Roosevelt-Mania« war in Amerika im Herbst 2008 plötzlich ausgebrochen. Das Erbe jenes 32. US-Präsidenten, so die Stimmung, sei nämlich nicht nur von den Reagan-Jahren des goldenen Zeitalters mit Füßen getreten worden, sondern auch von den linken Demokraten des Landes selbst.

Obamas Rede war eine Fundamentalkritik des wirtschaftsliberalen Konservatismus. Aber die Rede war auch eine Selbstkritik der Ostküstenliberalen, welche die hart arbeitende Mittelschicht in Detroit und anderswo vergessen und verraten hätten. Schon einmal, vierzig Jahre vor Obamas Wahlsieg, hatte es im Stadion von Chicago eine Massenveranstaltung der Demokraten gegeben: Damals, am 28. Oktober 1968, waren es die linken Studenten der Partei, die zu Zehntausenden gegen die Vietnampolitik der eigenen Parteifreunde unter Lyndon B. Johnson – ein Verehrer Roosevelts – protestierten. Die Demokraten wurden an jenem 28. Oktober 1968 zu Achtundsechzigern und überließen die Mittelschichten den Republikanern. Das waren nicht mehr die Leute Roosevelts. Liberal bedeutete plötzlich Protest der Straße, (sexuelle) Emanzipation und kulturelle Avantgarde, eine Art linker Bohèmeliberalismus, während der Schutz der Wirtschaft und der Arbeiter freiwillig den Konservativen überlassen wurde.

Dass die Garantie staatlicher Macht und die Aufsicht über die wirtschaftliche Ordnung einmal ein Projekt der Demokraten gebildet hatten, war in Vergessenheit geraten. Obama erinnerte seine Partei daran, dass sie auch einmal eine Law-and-Order-Partei gewesen war, und er hatte damit Erfolg. Er wandte sich ab von den Wall-Street-Spekulanten und Investmentbankern, und er wandte sich zugleich wieder dem »braven« Arbeiter zu, dessen Werte konservativ und zutiefst religiös geprägt sind und an dessen Spießigkeit die Ostküstenintellektuellen den Spaß verloren hatten.

Obamas Rede verweist damit auf ein weiteres Ereignis in der amerikanischen Geschichte, das sich ebenfalls in Chicago zutrug und die Massen bewegte. Es ist der 2. Juli 1932, als Franklin D. Roosevelt zum demokratischen Präsidentschaftskandidaten nominiert wurde. Im Frühjahr des Depressionsjahres 1932, zweieinhalb Jahre nach dem Zusammenbruch des Weltfinanzsystems, verzeichnete Amerika immer noch über 20 Prozent Massenarbeitslosigkeit. In Städten wie Detroit war ein Drittel der Arbeiter ohne Job. Jene, die noch Arbeit hatten, mussten sich mit drastischen Lohnkürzungen abfinden. Mitten in der großen Depression beschwor Roosevelt die Werte Amerikas als demokratische Werte: sprach von einer neuen Verteilung des nationalen Wohlstandes und davon, dass die alten Lebensverhältnisse der Arbeiter und Farmer nicht vergessen werden dürften. Und dann sagte Roosevelt jene berühmten Worte: »Ich verspreche euch, und ich verspreche mir selbst einen New Deal für das amerikanische Volk. Wir alle sollten uns, so wie wir hier versammelt sind, vereinen als Propheten einer neuen Ordnung von Kompetenz und Courage. Dies ist mehr als eine politische Kampagne. Dies ist ein Ruf zu den Waffen. Helfen Sie mir, nicht nur Wählerstimmen zu gewinnen, sondern diesen Kreuzzug zu gewinnen, um Amerika für sein eigenes Volk wiederherzustellen.« Wer zuhörte, sollte – nach den Roaring Twenties der ungezügelten Märkte, die Amerika in eine so tiefe Krise gestürzt und eine Massenarbeitslosigkeit herbeigeführt hatte – wieder glauben an die amerikanischen »Werte der Bescheidenheit und des Fairplay«. Der demokratische Politiker versprach dem »vergessenen Mann am unteren Ende der wirtschaftlichen Pyramide« nachdrückliche Hilfe. Während der amtierende Präsident Hoover nur »temporäre Rettung von oben« bringe, garantierte Roosevelt »permanente Hilfe von unten«.

Die historische Konvergenz ist verblüffend. Tatsächlich war den Wahlerfolgen Roosevelts wie Obamas jeweils eine liberale Phase des Wohlstands vorangegangen, welche abrupt in die Katastrophe geführt hatte. Und beide Male verstanden es die demokratischen Präsidentschaftskandidaten, die Krise als Strafe für eine Versündigung der amerikanischen Nation an ihren eigenen »konservativen« Werten zu interpretieren, sich selbst als Erneuerer des Erbes zu installieren und daraus politisch Kapital zu schlagen.

Im März 1933 wurde Roosevelt Präsident der Vereinigten Staaten. Alle verantwortungsbewussten Bürger sollten nun um der gemeinsamen Sache willen zusammenarbeiten, forderte der neue Präsident mit dem ihm eigenen Pathos: »Sie müssen ihren privaten Vorteil opfern und in wechselseitiger Selbstverleugnung den allgemeinen Vorteil suchen.« Da dem virtuellen Geld nicht mehr zu trauen sei, hieß die Devise auf den Plakaten des New Deal jetzt:

Work pays America. Ein Arbeiter und ein Farmer reichen einander die Hand, ein neuer Sozialvertrag war besiegelt. Die Finanzwelt kam nicht mehr vor.

Roosevelt ist der Erfinder des amerikanischen Wohlfahrtsstaates, so wie Bismarck den deutschen Sozialstaat sechzig Jahre früher erfunden hatte. Roosevelt, der New Deal und die stabilen Jahre der Nachkriegszeit mit starken Gewerkschaften und hohen Löhnen für die weißen Mittelschichten und geringer Ungleichheit auf der Einkommensskala bis Ende der sechziger Jahre sind der Beleg dafür, dass die verbreitete Rede vom amerikanischen Kasino-Kapitalismus korrigiert werden muss. Der amerikanische Kapitalismus kennt sehr unterschiedliche – jeweils wachstumsstarke – Spielarten: den liberalen Kapitalismus der Jahrhundertwende von 1890 bis in die zwanziger Jahre, den egalitären Wohlfahrtsstaat zwischen 1933 und 1970 und den dynamischen Wettbewerbsmarkt von 1980 bis 2008.

Roosevelt, den Thomas Mann in seinem Josephsroman als »Staats-Geschäftsmann von reichlicher Durchtriebenheit« beschreibt, verfocht eine klare Politik des staatlichen Interventionismus. Antizyklische Konjunkturprogramme à la Keynes kamen genauso in Mode wie eine staatliche Infrastrukturpolitik mit dem Ziel, das langfristige Wachstum zu stärken. Der Präsident schreckte weder vor staatlicher Preis- noch Lohnkontrolle zurück. Staatliche Aufsichtsorgane wie die National Recovery Administration (NRA) oder die Börsenaufsichtsbehörde (SEC) hatten dafür Sorge zu tragen, Angebot und Nachfrage auf den Güter- und Finanzmärkten ins Lot zu bringen.

Im Jahr 1938, auf dem Höhepunkt des New Deal, beschäftigte die staatliche Arbeitsbeschaffungsagentur Works Progress Administration (WPA) mehr als drei Millionen Menschen. Es wurden 80 000 Brücken und mehr als eine halbe Million Straßen gebaut, dazu jede Menge Schulen, Hospitäler und Konzerthallen. »Der New Deal hinterließ in jeder amerikanischen Stadt seine Spuren«, schreibt der Publizist Clive Crook: »Das war vermutlich das größte staatliche Arbeitsbeschaffungsprogramm außerhalb der Sowjetunion in der Geschichte.«

Gigantomanie war Trumpf. Berühmt wurde die Tennessee Valley Authority (TVA), ein Projekt für ein sieben Bundesstaaten umfassendes Gebiet mit einer Fläche von 100 000 Quadratkilometern, das Roosevelt bereits im Mai 1933 per Gesetz zur Entwicklungsregion neuen Typs hatte erklären lassen. Die TVA betrieb Staudämme, Wasserkraft- und Flussregulierungsanlagen entlang des Tennessee River und baute zahlreiche Kraftwerke. Angestrebt wurde eine ganz neue Synthese von Agrikultur und Technik, ohne dabei auf das seit dem Börsencrash verhasste Finanzkapital angewiesen zu sein. Ganze Täler wurden überflutet, deren Bewohner mussten woanders neu angesiedelt werden.

Der staatliche Machbarkeitswahn triumphierte: »Das ist die Geschichte einer großen Veränderung, wie aus einem einstmals ungezähmt launischen Fluss eine wunderschöne Seenkette wurde, die den Menschen zur Erholung und der Wirtschaft als verlässliche Verkehrsader dient«, jubelte ein Prospekt zehn Jahre nach Beginn der Bauarbeiten. Wie die wilde Natur, so sollte auch der ungezähmte Markt von der Politik domestiziert und verschönert werden. Das alles zeugt vom kraftvollen Zugriff des Staates gegenüber der Ungewissheit offener Märkte. Roosevelts Radioreden (*we must act and act quickly*) lieferten dafür die nötige rhetorische Munition.

Der primäre Zweck des New Deal war jedoch nicht die Naturbeherrschung, sondern die Arbeitsbeschaffung. Arbeiter erhielten einen garantierten »Sicherheitslohn«, für den sie Schulspeisungen kochen, Wände bemalen oder Konzerte geben durften. Schon die

Zeitgenossen verspotteten diesen Aktivismus als staatlich verordnete Beschäftigungstherapie: *Boondoggles* hieß die Wortprägung für solche Art Scheinbeschäftigung von Leuten, die auf Kosten des Steuerzahlers durchgefüttert wurden.

Weil der New Deal der unsichtbaren Hand des Marktes misstraute und eine *mixed economy* – also ein Nebeneinander von staatlichen und privaten Produktionsformen – bevorzugte, musste er in Kauf nehmen, was ursprünglich gar nicht beabsichtigt war: einen autoritären Staat, der mit anmaßendem Wissen die Wirtschaft steuerte und – trotz prinzipieller Achtung des Privateigentums – vor Enteignung nicht zurückschreckte. Der New Deal war »ein zusammengesetztes System von Staatswucher und fiskalischer Fürsorge, wie man es noch nicht erlebt hatte«, meinte Thomas Mann.

Ob der New Deal Amerika aus der Wirtschaftskrise befreit hat, ist hochgradig umstritten. Tatsächlich hat er zunächst einmal die wirtschaftliche Misere verlängert. Die Arbeitslosenquote fiel nie unter 13 Prozent und stieg gegen Ende der dreißiger Jahre sogar wieder. Das Einzige, was all die gigantischen Staatsprojekte bewirkten, war ein Klima der Unsicherheit, welches Unternehmer davon abhielt zu investieren. Geht es nach den heutigen Freunden von Roosevelt, wie dem Ökonomienobelpreisträger Paul Krugman, dann ist daran nicht der New Deal schuld, sondern die Tatsache, dass Roosevelt sein eigenes Programm nicht konsequent genug durchgezogen habe.

Nicht der Sozialkapitalismus der dreißiger Jahre, sondern der Zweite Weltkrieg brachte Amerika schließlich die wirtschaftliche Erholung. Dieser Krieg, von Amerika wahrlich nicht gewollt, war ökonomisch betrachtet, ein riesiges Nachfrageprogramm und bedeutete zugleich die konsequenteste Umsetzung der Philosophie des New Deal: ein gigantischer Stimulus, der in seiner von außen aufgenötigten Kraft von keinem Nachfragetheoretiker hätte erfunden werden können. »Denkt euch aus, mit welchen Maßnahmen ihr der Wirtschaft helfen wollt – und dann legt jeweils noch einmal fünfzig Prozent drauf.« So lautet Paul Krugmans Rat an die neue Obama-Administration. Das ist Keynes in Reinform. Und es ist eine Neuauflage des New Deal. Natürlich plädiert Krugman, der große Gegner des Irakkrieges, nicht für ein militärisches Ausgabenprogramm als Ausweg aus der Finanzkrise. Seine Lehre heißt: nicht kleckern, sondern klotzen. Amerika tut derzeit alles, diesen Rat umzusetzen.

Das angelsächsische Erbe

Bis zum Beginn der industriellen Revolution war Fortschritt in der Geschichte der Menschheit nicht vorgesehen. Die Menschen der frühen Neuzeit hatten objektiv im Schnitt nicht mehr Mittel zum Leben als die Menschen der Jungsteinzeit. Den Grund dafür sehen die Wirtschaftshistoriker in der Malthusianischen Falle, benannt nach Thomas Malthus, der 1798 in seinem Essay über das Gesetz der Bevölkerung feststellte: Wann immer eine Volkswirtschaft signifikant wuchs, wurden diese Wachstumserfolge sogleich von der steigenden Geburtenrate buchstäblich aufgezehrt. Bevölkerungswachstum schlägt Wirtschaftswachstum, lautet das Malthussche Gesetz.

Dass es uns heute so vorkommt, als ob es den Menschen im 18. Jahrhundert wirtschaftlich besser gegangen sei als deren Vorfahren 500 Jahre früher, liegt daran, dass der Blick der Kulturhistoriker (und auch der Wirtschaftshistoriker) in der Regel auf die aristokratischen Eliten gerichtet ist, deren zivilisatorische Lage sich tatsächlich gebessert hatte. Für das durchschnittliche Elend der Menschen bedeutete das wenig: Die Kluft zwischen den materiellen Lebensbedingungen der vielen Armen und der wenigen im Luxus schwelgenden Eliten hatte sich sogar noch vergrößert.

Dass sich das geändert hat und unser durchschnittlicher Wohlstand heute um ein Vielfaches höher ist als lange Jahrhunderte zuvor, liegt am angelsächsischen Kapitalismus: am industriellen Erfolg Englands im frühen 19. und an der wirtschaftlichen Dynamik Amerikas im späten 19. Jahrhundert. In England hatte sich nach 1800 die durchschnittliche Lebenserwartung von 24 auf 36 Jahre erhöht, während sie im Rest der Welt weiter stagnierte.

Die Segnungen des angelsächsischen Kapitalismus nach 1800 wirken bis heute: Wir leben länger und, im Vergleich zu früher, viel gesünder. Dic Optioncn, die das Leben für jeden Einzelnen bereithält, haben sich vervielfacht. Wir reisen in alle Winkel der Welt, üben Berufe aus, die uns körperlich viel weniger beanspruchen als früher, dafür aber intellektuell umso mehr erfüllen, und wir gehen abends nach einem Konzert eines kaukasischen Geigers essen in einem türkischen Lokal oder einer japanischen Sushi-Bar. Wir können das machen, wenn wir wollen. Wir müssen aber nicht.

Bekanntlich war es der von christlicher Haltung getragenen Klasse des europäischen Bürgertums im Laufe des 17. und 18. Jahrhunderts gelungen, mit ihren Werten die Aristokratie moralisch in die Enge zu treiben. Und weil die christlich-bürgerlichen Werte sparsamer Askese und nachhaltiger Arbeitsethik für die auf Humankapital angewiesene Logik des industriellen Kapitalismus besonders förderlich waren, brachte die »protestantische Ethik« den »Geist des Kapitalismus« zum Durchbruch.

Offenkundig hat dieser Geist des Kapitalismus bei den Gründervätern der Vereinigten Staaten – Auswanderer unter enormem Erfolgsdruck – besonders fruchtbar gewirkt. Er wirkt noch heute.

Die Dynamik des amerikanischen Kapitalismus blieb über Jahrhunderte erhalten und bewährte sich durch alle konjunkturellen Phasen und wirtschaftstheoretischen Moden von Roosevelt über Reagan bis Obama. Es ist kein Zufall, dass der amerikanische Politiker Benjamin Franklin für Max Weber auch der Prototyp des kapitalistischen Unternehmers ist: fleißig, sparsam, ein Mann mit tugendhaftem Leben, dem alle »kapitalistischen Exzesse« fremd sind. Diesem Typus des Kapitalisten geht es nicht um Reichtum, sondern darum, seiner Berufung gerecht zu werden. Das christliche Wertsystem wurde so als Ethos der Pflicht ein wesentliches Element des kapitalistischen Erfolgs.

Doch das ist bloß die calvinistische Wurzel des angelsächsischen Kapitalismus. Bei näherer Betrachtung zeigt sich noch ein zweiter Strang, der die kapitalistische Dynamik in Amerika fördert. Dieser ist von der asketischen Moral Max Weber'scher Provenienz ziemlich weit entfernt. Es geht um das *pursuit of happiness*, das ungestüme Streben nach Glück und Erfolg, eine Haltung jenseits des Triebverzichts, die dem asketischen Geist nur Grauen bereitet. Abenteuerlust, Risikofreude, ja Spekulationssinn zeichnen diese Haltung aus, die, obzwar häufig diskreditiert, ein großes Maß zur Profilierung des neuzeitlichen Unternehmers und seiner wirtschaftlichen Dynamik beigetragen hat. Risikofreude ist eine Haltung, die bei Max Weber keine Rolle spielt. Aber ohne Risikofreude – der Wette darauf, dass das unternehmerische Wagnis schon gut gehen wird – könnte der Kapitalismus einpacken. Das Risiko lebt vom Versprechen künftigen Glücks und Wohlstands.

Dafür hingegen ist Jefferson der Gewährsmann. Er verbriefte 1774 mit der Unabhängigkeitserklärung jedem Amerikaner das Recht, nach seinem Glück und nicht nur nach dem späteren Seelenheil streben zu dürfen. Denn er war davon überzeugt, dass die

Leute nach Amerika gekommen waren, um dort ihr Glück zu machen. Bereits im Gründungsakt des amerikanischen Kapitalismus zeigte sich, dass der Staatsbürger ein doppeltes Gesicht hat: Er ist der Auswanderer, der die Alte Welt aus religiösen Gründen verlassen hat und nur seinen Glauben in Freiheit leben will. Aber er ist als Einwanderer auch ein Abenteurer, ein Spieler (*gambler*), dem es in seiner Heimat zu langweilig war. Zumindest ist es ihm zum eigenen Nutzen gelungen, sein Schicksal in diesem Sinne umzudeuten.

Tatsächlich versteht man den amerikanischen Kapitalismus nur, wenn es gelingt, sich den Pilgervater zugleich als Spekulanten und den Asketen zugleich als wagemutigen Abenteurer vorzustellen. Schon die Entdeckungsreise von Kolumbus war für den amerikanischen Ökonomen George Gibson (1889) »die kolossalste Spekulation in den Annalen der menschlichen Unternehmungen«. »Man muss die Leute als aus dem Kredit geboren beschreiben« (*they might be described as born in credit*), schrieb ein anderer zeitgenössischer Ökonom. Denn der Kredit ist nötig, um das Wagnis zu finanzieren. Der Abenteurer braucht Kredit im doppelten Sinne des Wortes: Er muss sich Geld leihen, und er muss Vertrauen borgen. Das sind die Grundlagen seines Erfolgs. Die Subprime-Jahre, die Konsumgesellschaft und das Lebens auf Pump sind nicht wirklich neue Erfahrungen des 21. Jahrhunderts. Sie gehören von Anfang an zum amerikanischen Charakter dazu.

Risikofreude, Wagemut und Offenheit passen zu dem Land der unbegrenzten Möglichkeiten. Der Einwanderer liebt das Unbekannte. Das Land der leeren Räume – die Marlboro-Werbung hat es jahrelang gezeigt – wurde zum Land der vielfältigen unternehmerischen Chancen. »Wie Wettende beim Glücksspiel haben die Pioniere in diesem Land immer wieder darauf gesetzt, für nichts etwas zu bekommen«, schreibt John Findlay in seiner Geschichte des Geldspiels in Amerika: »Sie haben das freie Land für sich beansprucht, sich die Goldklumpen genommen und auf das Land im Westen spekuliert.« Harte Arbeit ist das eine – aus nichts Geld zu machen, ist das andere. Der Auswanderer, der eine entbehrungsreiche Flucht auf sich nahm, hat sich die religiösen Werte nicht nehmen lassen. Er wollte sie ja gerade bewahren. Aber er ist im Laufe seiner neuen Erfahrung in einem ganz und gar neuen Land zum Abenteurer und Spekulanten geworden. »Nutze deine Chance«, heißt der Wahlspruch des Spekulanten und des amerikanischen Pioniers zugleich. Der Wahlspruch hat sich tief in den kollektiven Charakter des amerikanischen Kapitalismus eingeschrieben. *When speculation ist dead, this country will be dead*, sagen sie.

Gleichwohl: Der calvinistische Asket und der abenteuerhungrige Spekulant kommen immer wieder miteinander in Konflikt. Wie könnte es auch anders sein. Der Kasinokapitalist und der »ehrliche Arbeiter« gaben zwar beide dem amerikanischen Kapitalismus sein Profil, doch sind sie einander nicht wirklich gut freund. Beide Typen finden sich in beiden Parteien: Die Konservativen haben den bibeltreuen Farmer und den steinreichen Ölmilliardär als ihren Wähler. Die Demokraten haben den Weltverbesserer und den reichen Ostküstenaristokraten. Mal hat der eine Oberwasser, mal der andere. Mal ist Roosevelt dran, mal Reagan und dann wieder Roosevelt-Obama.

Die Dynamik, welche das Wechselspiel von Askese und Spekulation hervorbringt, ist ansteckend, und sie ist anstrengend, weil sie nie zur Ruhe kommt. Sie glaubt an die unendliche Perfektibilität der Menschheit und deshalb zugleich an die Vorläufigkeit alles Tuns. »Ich treffe einen amerikanischen Matrosen und frage ihn, weshalb die Schiffe seines Landes nur für kurze Lebensdauer gebaut sind, und er antwortet mir, ohne zu zögern, die Kunst des

Schiffbaues mache täglich so rasche Fortschritte, dass das schönste Schiff bald wertlos wäre, wenn es länger als einige Jahre durchhielte.« Es ist der amerikanische Virus, den Alexis de Tocqueville an diesem Matrosen beschreibt. Wer für die Ewigkeit plant, bringt sich um die Chance des Fortschritts. Ein solches Land hat Andrew Carnegie und Bill Gates, John D. Rockefeller und Mark Zuckerberg, den 25 Jahre jungen Facebook-Gründer und Milliardär, möglich gemacht.

Kapitel III

DIE GIER *oder* Auf der Suche nach den Schuldigen

»Es kann passieren, was will: Es gibt immer einen, der es kommen gesehen hat«, sagte der französische Schauspieler Fernandel (*Don Camillo*) einmal. Auch nach dem Ausbruch der Finanzkrise gab es wieder viele Menschen, welche die Kreditkrise und ihr Überschwappen auf das Weltfinanz- und Weltwirtschaftssystem schon lange vorher hatten kommen sehen. Und einige – Nouriel Roubini zum Beispiel, ein Ökonom in New York, oder Robert Shiller in Yale – haben tatsächlich sehr früh sehr vieles vorhergesagt. Aber wer wollte es wissen?

Das ist kein Wunder, gehört es doch zum Wesen von Finanzkrisen, dass sie zwar mit Gewissheit eintreten, der Crash dann aber jeweils wie der Blitz aus heiterem Himmel einschlägt. So war es nach der Jahrtausendwende, als das Wunder der New Economy von heute auf morgen vorbei war – kurz nachdem die Deutschen gerade begonnen hatten, ein Volk der Aktionäre zu werden und Telekom-, Infineon- und (die ganz Mutigen) Biotech-Anteile zu kaufen. Und so hat es sich jetzt wiederholt – allerdings mit viel schlimmeren Folgen.

Der Crash kommt und überwältigt die Menschen (und Anleger) so plötzlich, dass er einer negativen Epiphanie gleicht. Während einige sich den ewigen Besserwissern anschließen, werden andere, die Mehrheit, vor allem böse: Warum habt ihr uns das nicht gesagt? Warum habt ihr uns nicht vor der Katastrophe gewarnt?, rufen sie in die Welt hinein, ohne dass klar würde, wer der Adressat ihres Vorwurfs ist. Wahrscheinlich alle, die überhaupt infrage kommen: die Bankmanager, die Wirtschaftsjournalisten, die Politiker, der Kapitalismus.

Spekulationsblasen gibt es, seit es den Kapitalismus gibt. Sie sind systemimmanente Unfälle. Oder handelt es sich schon um Regelfälle? Wahr ist vor allem eines: Niemandem ist es bislang gelungen, Blasen zu verhindern. Weder die Märkte mit ihren angeblichen Selbstheilungskräften noch die Politik mit ihrem »anmaßenden« und vorausplanenden Wissen haben das geschafft. Zum Wesen der Finanzmärkte gehört offenbar die Übertreibung; Mäßigung gelingt ihnen nur schwer: Scheinbar wundersamen und raschen Gewinnen folgen nicht minder wundersame und plötzliche Verluste.

Spekulationsblasen seien eine wichtige Triebkraft unserer Wirtschaft, hat Alan Greenspan lange Zeit behauptet. Der viel gescholtene ehemalige Präsident der amerikanischen Notenbank Fed hatte stets hinzugefügt: Ob ein Preisanstieg eine Blase sei, wisse man leider erst hinterher. Und: Die geldpolitischen Instanzen (Notenbanken, Finanzpolitik, Finanzaufsicht) seien unfähig, derartige Blasen zu steuern, zu moderieren oder gar zu verhindern.

Es war Alan Greenspan, der die Wirtschaft durch eine der längsten Boomzeiten ihrer Geschichte gesteuert hat. *Maestro* lautete der Titel der Biografie, die Bob Woodward – einer der beiden Journalisten, die den Watergate-Skandal aufdeckten – über Greenspan geschrieben hat: eine einzige Hymne. Doch als Greenspan, inzwischen ein 82 Jahre alter Mann, an jenem 23. Oktober 2008 zum Hearing im amerikanischen Kongress erschien, war der einstige Triumphator zum Angeklagten geworden: »Sie hätten die Autorität besessen, all die unverantwortlichen Praktiken der Kreditvergabe zu unterbinden«, schleuderte ihm Henry Waxman, der Chairman der Anhörung, entgegen. Und Greenspan entgegnete, für seine Verhältnisse ungewöhnlich kleinlaut: »Ja, es stimmt. Das moderne Risikomanagement hat jahrzehntelang funktioniert. Aber dann, im letzten Sommer, ist es kollabiert, weil die Risikomodelle nur mit Daten aus Zeiten der Euphorie gefüttert wurden.«

»Haben Sie sich also geirrt?«, fragte Waxman in scharfem Ton zurück. »Teilweise leider ja«, gab Greenspan zu. Und dann entfuhr es ihm noch: »Wir alle, mich eingerechnet, die wir geglaubt haben, die Banken hätten ein Eigeninteresse daran, das Vermögen ihrer Kunden zu erhalten, befinden uns in einem Zustand schockierter Ungläubigkeit.« Offenbar müsse man einsehen, dass Märkte zwar lernfähig seien, man somit aus Krisen durchaus seine Lehren ziehen könne, der »ewige Kreislauf zwischen Gier und Angst« aber keine Ausschläge auf der Lernkurve zeige.

Bemerkenswerte Sätze aus dem Munde eines Mannes, der einst vor Stolz und Selbstbewusstsein nur so strotzte. Sie geben dem Ökonomen John Maynard Keynes recht, der *animal spirits* am Werk sah, die dazu führen, dass die scheinbar so rationalen Märkte zwischen Gier und Angst schwanken. Keynes war der Ansicht, dass die meisten wirtschaftlichen Aktivitäten der Menschen rationalen Motiven entsprangen. Sie verfolgen ihre Ziele, sie suchen ihren Nutzen, und sie wägen die Kosten und die möglichen Alternativen ab. Aber sie sind dabei auch, weil sie Menschen aus Fleisch und Blut sind, ihren Trieben und Stimmungen unterworfen. Mal neigen sie zu Vertrauen, mal dominiert das Misstrauen. Mal werden sie neidisch, mal meldet sich ein altes Ressentiment. Und nie gibt es ein objektives Maß, welches anzeigen würde, wann eine Unternehmung zu riskant und wann eine Gewinnerwartung übertrieben ist.

Die Einschränkung unserer Rationalität führt dazu, dass wir, selbst gemessen an unseren eigenen Zielen, Fehler machen und das auch zugeben. Wir wissen, dass es vernünftig ist, fürs Alter zu sparen, und ziehen doch den gegenwärtigen Konsum vor. Wir wissen, dass es, gemessen an den Gewinnerwartungen, nicht sehr vernünftig ist, Lotto zu spielen, und geben doch Woche für Woche unseren Tippschein wieder ab.

Mehr noch: Menschen werden bei ihren Entscheidungen beeinflusst vom Kontext. Wenn alle anderen zu Vertrauen neigen, vertrauen wir auch. Aber wissen wir, wann aus gutem Vertrauen blindes Vertrauen geworden ist? Wir orientieren uns bei unseren Entscheidungen an den Geschichten (*stories*), die um uns herum erzählt werden. Sind es Wachstumsgeschichten, dann glauben wir, dass da auch für uns etwas drin sein müsste. Sind es Untergangsszenarien, dann lassen wir die Finger von riskanten Entscheidungen. Solche Geschichten kommen aus unterschiedlichen Quellen. Journalisten erzählen sie, am Stammtisch werden sie aufgegriffen. Sie können auch vom Anlageberater stammen, der sie seinem Verkaufsstrategen nacherzählt, oder von sogenannten Konjunkturforschern, die, einander imitierend, Prognosen nach oben oder nach unten korrigieren. Gier und Angst sind anthropologische Triebe, Konstanten unserer psychologischen Grundausstattung. Aber sie werden aktiviert vom Typus der Geschichten, die gerade im Schwange sind.

»Ideen sind ansteckend wie Gähnen«, schreibt Jason Zweig in seinem Buch über die Neuroökonomie der Gier. Solche Ideenkontexte können ihre ganze Umwelt infizieren. Nehmen wir Zweigs Beispiel: Sagen wir, Sie möchten am Flughafen ein Auto mieten. Vor Ihnen warten bereits zwei Leute am Schalter, wo ein Plakat mitteilt, es gebe zwei Hersteller zur Auswahl: Fiat oder Hyundai. Die erste Eingebung war es, einen Hyundai zu nehmen, aber ganz sicher sind Sie nicht. Ohne zu zögern, nimmt der Erste vor Ihnen einen Fiat. Er scheint zu wissen, was er will. Die zweite Person zögert ein wenig, entscheidet sich dann aber auch für einen Fiat.

Wetten wir, wie das Experiment ausgeht? Auch Sie nehmen schließlich einen Fiat, obwohl Sie sich ursprünglich anders entscheiden wollten und obwohl sich Ihre Sicherheit aus der Sicherheit des ersten Käufers und der imitierenden Unsicherheit des zweiten speiste. Entscheidungen können »überschwappen«, wie ein Virus von einem zum anderen sich fortpflanzen, je nach der Umgebung, in der wir uns gerade bewegen. Jason Zweig spricht von »Informationskaskaden«, die unsere Entscheidungen prägen.

Fragen wir noch einmal genauer: Was ist Gier? Darüber haben Philosophen, Moraltheologen und Dichter seit Jahrhunderten nachgedacht. »Die Habsucht der Reichen vernichtet die Staatsverfassung«, meinte schon Aristoteles. Seit dem frühen Christentum zählt man die Habgier (*avaritia*) zu den sieben Todsünden. »Das Verlangen zu besitzen ist die Ursache für die Gier«, analysiert eine Sammlung von Sentenzen aus dem 2. Jahrhundert nach Christus. Avaritia kann interessanterweise zugleich auch Geiz bedeuten. Offenbar handelt es sich beide Male, bei Gier wie bei Geiz, um einen den Menschen eigenen Hang zur Übertreibung, den sie nicht loswerden (wollen), obwohl er ihnen unheimlich vorkommt: Übertriebene Sparsamkeit wird Geiz, übertriebener Drang zum Besitz wird Gier.

Es sei die Maßlosigkeit, welche das Gemeinwohl bedrohe, behaupten die Moralisten. Mit Maßhalteappellen versuchen sie die menschliche Natur in Zaum zu halten. Die Politiker, vor allem die Politiker in Deutschland, lassen keine Gelegenheit aus, auf jedem Podium, auf dem noch ein Plätzchen frei ist, über »Maß und Mitte« zu philosophieren. Nur: Wo endet das Maß? Wo beginnt das Übermaß?

Ist »das Verlangen zu besitzen« nicht zugleich die Triebfeder unseres Wohlstands? Ist der Besitz – das Privateigentum – nicht zugleich Quelle unserer Sicherheit darüber, dass sich alle wirtschaftliche Anstrengung auch lohnt, weil wir später von unserer Freiheit Gebrauch machen und über unseren Erfolg verfügen können?

Mehr noch: Auch die »Neu-Gier«, Quelle aller wissenschaftlichen Erkenntnis und Garant menschlichen Fortschritts, der allen Wohlstand schafft, nennen wir eine Gier. Tatsächlich wurde die Neugier erst in der europäischen Neuzeit weitgehend positiv besetzt, während der Kirchenvater Augustinus die *curiositas* noch als gottvergessenes Laster, mithin eine Sünde, geißelte und als ignorante Aufmerksamkeit für ausschließlich irdische Angelegenheiten brandmarkte: eine betäubende Lust, »zu erfahren und zu erkennen« (*libido experiendi noscendique*). Dieser Kritik hat sich später noch der kulturkonservative Martin Heidegger angeschlossen, der der Neugier vorwarf, sie besorge ein »Wissen, aber lediglich, um gewusst zu haben«. Wissen um seiner selbst willen verfällt wie Geld um seiner selbst willen der moralischen Ächtung.

Es ist das Gute an der Marktwirtschaft, wusste bekanntlich Adam Smith, dass wir unserem »Verlangen zu besitzen« unbesorgt und ohne moralische Skrupel nachgehen können und gleichwohl die Bedürfnisse unserer Mitmenschen befriedigen werden. »Nicht vom Wohlwollen des Metzgers, Brauers und Bäckers erwarten wir das, was wir zum Essen brauchen, sondern davon, dass sie ihre eigenen Interessen wahrnehmen. Wir wenden uns nicht an ihre Menschen-, sondern an ihre Eigenliebe, und wir erwähnen nicht die eigenen Bedürfnisse, sondern sprechen von ihrem Vorteil«, lautet der klassische Topos bei Smith. Dass die Gier es zu weit getrieben hat, stellt sich immer erst nachträglich heraus.

Adam Smith, bekanntlich nicht nur Ökonom, sondern auch Moralphilosoph, lobte zwar das egoistische Profitinteresse, welches den Wohlstand der Menschen ermögliche, hütete sich aber davor, die Gier zu preisen. Smith und seine Nachfolger sind der Meinung, dass es eine dem Menschen »inhärente« Kraft zur Mäßigung gibt. Doch auch Smith muss man fragen: Wer gibt das Maß?

Womöglich ist es sinnvoll, hier das Risiko ins Spiel zu bringen. Könnte es sein, dass das Gewinnstreben dann in Gier umschlägt, wenn das Risiko, das all diese Strebungen begleitet, geleugnet wird? Oder wenn der Kontext und die langen ihn verstärkenden Informationskaskaden das Risiko so kleingeredet haben, dass das Gewinnstreben irgendwann selbst blind wird und den Preis des übermütigen Habenwollens leugnet?

Das wäre eine Definition der Gier, die den wütenden Moralismus der A-posteriori-Übertreibung vermiede. Mehr noch: Das Tragische an der Gier ist ihr Hang zur kollektiven Übertreibung. Immer zieht sie andere mit hinein. Es sind gerade kollektive Fehleinschätzungen, welche die Gier so gefährlich machen. Von »rationalem Glauben« spricht der Stanford-Ökonom Mordechai Kurz: Da alle glauben, dass die Preise steigen, steigen diese auch. Und die Erfüllung dieses Glaubens bestätigt ihn abermals und abermals. Es mag dieser Selbsterfüllungsmechanismus sein, den Greenspan gemeint hat, wenn er sagt, die Risikomodelle hätten versagt, weil ihnen nur die Daten der Euphorie zugrunde gelegen hätten. Dann, so muss man sagen, wurde unbewusst das Risikomanagement selbst zu einem Vehikel der Gier.

Das klingt wenig tröstlich. Aber es ist ehrlich, betrachtet man die Finanzgeschichte der Crashs. Nehmen wir zum Beispiel die berühmte Tulpenblase in Amsterdam im Jahre 1637. Damals waren Spekulanten bereit, für eine einzige Blumenzwiebel der Tulpensorte Semper Augustus 5500 Gulden zu zahlen, was, grob übertragen, heute einem Wert von 87 000 Euro entspräche. Warum es gerade die Tulpen waren, die die Begierde auslösten, weiß im Nachhinein niemand so genau zu sagen. Die Gründe dafür, welche Dinge die Menschen zu welcher Zeit besonders wertschätzen, sind gänzlich subjektiv. Hat freilich einmal der nachfragende Gefallen seinen Lauf genommen, ist die Suche nach den Gründen auch müßig. Da reicht die simple, aber nachhaltige Hoffnung auf Bereicherung angesichts stetig steigender Preise schon aus. Und der Spekulant erfreut sich nicht nur am Handel mit physischen Tulpenzwiebeln, sondern bereits an den Rechten an Blumenzwiebeln, ohne dass er je eine einzige Knolle erwerben müsste.

Das geht so lange gut – bis es nicht mehr gut geht. Bei irgendeiner beliebigen Auktion in Haarlem fand sich niemand mehr, der mitbieten wollte. Der Verkäufer blieb auf seinen Zwiebeln sitzen. Dieser Fehlschlag sprach sich herum wie ein Lauffeuer. Und bewirkte binnen Kurzem einen dramatischen Preisverfall der Tulpenzwiebeln. Am Ende waren sie nicht einmal mehr ein Hundertstel ihres Höchstpreises wert. Und der Jammer war groß. Nicht viel anders muss man sich wohl auch das Erschrecken der Menschen im Angesicht der großen finanziellen Jahrhundertkatastrophen 1873 und 1929 vorstellen.

Alle Blasen unterliegen ihren eigenen Gesetzmäßigkeiten. Idealtypisch hat sie der amerikanische Ökonom Hyman Minsky (1919–1996) beschrieben: Erst wagen die Menschen gar nichts und scheuen das Risiko. Dann entdeckt plötzlich einer irgendwo ein Geschäft (Häuser in Iowa, Tulpenzwiebeln in Amsterdam, Biotechaktien in Heidelberg), und ein anderer ist bereit, ihm Geld zu leihen, weil er selbst daran mitverdienen möchte. Plötzlich machen alle mit, weil niemand der Einzige sein will, der den großen Reibach verpasst hat.

Der Boom währt eine Weile. Doch dann bekommt ein wichtiger Spieler Angst und verweigert die Zahlung. Plötzlich ist das Vertrauen dahin, und die Blase platzt. Dann stehen viele dumm da, weil sie sich blenden und von der Euphorie haben anstecken lassen. Und die einen haben es immer schon gewusst, und die anderen sind böse, dass es niemand gewusst hat. Und alle versprechen sich, dass man in Zukunft besser aufpassen, mehr kontrollieren und nicht mehr so gierig sein dürfe. Und dann geht das Minsky-Spiel wieder von vorne los.

»Geldanleger verlieren wie Skifahrer allmählich die Risiken aus dem Blick«, sagt Myron Scholes, ein Ökonom, der selbst mitverantwortlich war für die spektakuläre Pleite des großen Hedgefonds LTCM im Jahr 1998. Spekulative Blasen, darin sind sich mittlerweile gerade die Ökonomen einig, sind vor allem ein psychologisches Problem. Der Ökonom Robert Shiller spricht von einem »Erwartungskoordinierungsproblem«. Die Menschen fällen ihre Entscheidungen aufgrund vager Erwartungen, was die Zukunft bringen mag. Wenn die Preise irgendwo steigen, dann sind viele rasch der Überzeugung, dass die Preise weiterhin steigen werden, auch in anderen Bereichen. Aus der Gegenwart extrapolieren wir auf die Zukunft. Ob es auch in Zukunft so bleiben wird, ist freilich ungewiss. Aber alles sieht danach aus.

Denn die Wahrnehmungen der Menschen speisen nicht nur bestimmte Erwartungen, sondern tragen ihrerseits dazu bei, dass diese Erwartungen sich auch erfüllen. Es ist eben ein »rationaler Glaube«. Koordinierte Erwartungen verstärken einander. Finanzblasen generieren lange Zeit ein sehr euphorisches Klima: Sie funktionieren als Feedback-Mechanismus sich selbst erfüllender Prophezeiungen. Weil alle glauben, dass es aufwärtsgeht, wird es auch aufwärtsgehen. Untergangspropheten, die davor warnen, dass die Kurve bald nach unten weisen wird, liegen in dieser Zeit grandios falsch und werden verspottet als professionelle Schwarzseher: Während alle anderen von steigenden Preisen profitieren, haben die Apokalyptiker das Nachsehen. Das ist, nebenbei gesagt, ein Grund dafür, warum es rational sein kann, sich der irrationalen Bewegung der Herde anzuschließen. Der Einzelgänger verdient nicht mit, hat aber auch nichts verloren, wenn der große Rausch verflogen ist. Die Mehrheit dagegen ist außerordentlich schwer dazu zu bewegen, sich umzustellen, auch wenn viele Signale schon darauf hindeuten, dass die Blase platzt und alle ihr Geld verlieren werden, sofern sie jetzt nicht verkaufen. Aber dann geht es ja immer noch weiter noch oben, und die anderen kaufen auch, und die Preise steigen weiter …

Gibt es also einen Punkt, an dem der die Gier treibende »rationale Glaube« das ganze System zum Kippen bringen kann? Der Physiker Stefan Bornholdt ist dieser Meinung. Er vergleicht die Märkte mit Magnetmodellen aus seiner Wissenschaft und meint, man könne einen Punkt ausfindig machen, an dem ein System in einen ganz anderen, ungewollten Modus rutschen kann: »So wie ein magnetisches Stück Eisen, das beim Erwärmen plötzlich bei einer ganz bestimmten Temperatur seine Magnetkraft verliert.« Wann genau dies passiert, könne ein einzelnes Atom nicht verstehen, weil dieser Verlust eine Systemeigenschaft des Zusammenwirkens aller Atome ist, sagt Bornholdt, weshalb er auch den Bankmanagern ihre Behauptung abnehme, dass sie den Zeitpunkt und die Heftigkeit der Krise nicht vorausgesehen hätten.

Der Gedanke des Naturwissenschaftlers ist reizvoll, kann er doch die individuelle Psycho-Logik der Animal Spirits mit der Möglichkeit des Ausbruchs einer systemischen Krise zusammenführen, welche die Animal Spirits transzendiert. Das ist ein Gedanke, den auch der späte und reuige Alan Greenspan andeutete: Er habe sich nicht vorstellen können, dass der vom Profit getriebene Ehrgeiz der Bankmanager die Möglichkeit des eigenen Untergangs habe zulassen können.

Das Verderben wäre demnach einfach nur ungewollt eingetreten? Man sollte den Vergleich mit der theoretischen Magnetlehre wohl doch nur mit allergrößter Vorsicht genießen. Denn der Magnetismus – nirgendwo wäre es auch für Laien anschaulicher – ist ein Zwangsmechanismus. Kein Atom kann sich gegen die Anziehungskraft eines Magnetfeldes wehren, genauso wenig wie es vermieden werden kann, dass der Magnet seine Anziehungskraft verliert. Aber Menschen können sich in Freiheit entscheiden, ein Sparkonto mit einem Zinssatz von sieben Prozent zu eröffnen oder nicht – allen Animal Spirits zum Trotz. Die durch neue Erwartungen plötzlich ausgelösten Entscheidungen, Häuser oder Aktien zu verkaufen, waren es gerade, die ganze Märkte zum Kippen brachten. Aus der Gier wurde Angst. Wer versucht, die Modelle der Physik in die Sozialwissenschaften zu übersetzen, landet bei der Metaphysik. Und die hat bekanntlich ihre Glaubwürdigkeit eingebüßt.

Damit sind wir aber wieder auf das Rätsel der Ausgangsfrage zurückgeworfen, bleibt es doch selbst für die kühnsten Analytiker bis heute schleierhaft, warum gerade der Kauf amerikanischer Häuser, sagen wir in Florida, Iowa oder auch Wisconsin, zu einer neuen Weltfinanzkrise geführt hat. Es waren noch nicht einmal die Häuserpreise in New York oder Boston – dort, wo die gierigen Finanzmanager leben –, die den rapiden Anstieg ausgelöst und getragen haben. Es waren die ganz normalen Häuser der ganz normalen Leute – und bald auch der armen Leute – *in the middle of nowhere*, die den Boom ausgelöst haben: Dort, in Iowa, Florida oder Wisconsin, stiegen die Häuserpreise zwischen 2002 und 2006 mit einer historisch ziemlich einmaligen, nämlich jährlich zweistelligen Rate.

Fast die gesamte Welt hat diesen Boom in den vier Jahren zwischen 2002 und 2006 mitgemacht: In Neuseeland sind die Preise für Wohnimmobilien um fast 70 Prozent gestiegen, in Spanien um über 50 Prozent. Amerika liegt dabei mit Raten von 45 Prozent sogar im Mittelfeld, noch hinter Frankreich und Dänemark. Nur zwei Ausnahmen gibt es in diesen Jahren, die dem weltweiten Trend entgegenliefen: Japan – und Deutschland. Dort waren die Häuserpreise im selben Zeitraum geschrumpft, in Deutschland um über 10, in Japan sogar um fast 20 Prozent. Das ist der entscheidende Grund, warum es für deutsche Beobachter bis heute um vieles schwerer ist, diese Finanzkrise zu verstehen. Denn hierzulande hat, anders als in der Zeit der New Economy, niemand an der Euphorie partizipiert. Niemand kann sich das Gefühl der Euphorie vorstellen, das dem Jammer vorausging. Niemand ist – zumindest direkt – Gewinner dieser Krise gewesen, auch nicht zwischen 2002 und 2006. Wir Deutschen wurden von der Krise überrascht, ohne dass wir je Mitspieler des Booms gewesen wären.

Umso wichtiger für das Verständnis ist es daher, noch einmal zum Ausgangspunkt der Krise zurückzugehen. Amerika, so muss man sich erinnern, war in den Jahren 2000 und 2001 von einem Doppelschlag getroffen: Erst platzte die Blase der New Economy, und die Roaring Nineties gingen abrupt zu Ende. Es folgte der Terrorangriff vom 11. September 2001. Kurz hintereinander erlebte die Nation eine ökonomische und eine politische Demütigung, die in ihrer Wirkung schon der späteren Kränkung durch das militärische Scheitern im Irak und durch die Finanzkrise mindestens vergleichbar waren.

In dieser prekären Phase 2001 ging in Amerika die Sorge vor Deflation und Rezession um. Für das Land wäre das der Super-GAU gewesen. Daher zielte jetzt alles Sinnen und Trachten der Finanz-, Wirtschafts- und Geldpolitik darauf, die drohende Verstärkung der Krise abzufedern. Sehr rasch senkte die Zentralbank ihre Zinsen auf den äußerst niedrigen Wert von einem Prozent. Das funktionierte vor allem deshalb, weil amerikanische Eigenheimbesitzer ihre Festzinshypotheken ohne Zahlung eines Strafzinses vorzeitig kündigen dürfen. Als der niedrige Zinssatz auch die Zinsen für langfristige Hypotheken sinken ließ, nutzten das Millionen Haushalte: Sie kündigten ihre alte Hypothek und refinanzierten sie zu niedrigerem Zins.

Die Folge: Die Haushalte hatten mehr Geld für den Konsum zur Verfügung, mit dem sie ihr Haus modernisieren oder neues Eigentum erwerben konnten, das sie wiederum mit den niedrigen Zinsen und in Erwartung entsprechender Wertsteigerungen zu finanzieren in der Lage waren. Denn das niedrige Zinsniveau ließ die Nachfrage nach Wohnimmobilien deutlich steigen. Das funktionierte in Amerika auch deshalb, weil das Risiko für die Bauherren überschaubar blieb. Die Haftung war auf das Haus beschränkt und erstreckte sich nicht wie in Deutschland auf das übrige Vermögen und das Arbeitseinkommen. Wer ein Haus per Kredit kaufte, konnte nur gewinnen, aber nicht verlieren.

Eine große Rolle spielte auch der erklärte politische Wille der amerikanischen Regierung, jedem Bürger den Traum vom eigenen Heim zu verwirklichen. Die beiden Immobilienfinanzierer Fannie Mae und Freddie Mac, halb staatliche Unternehmen aus den Zeiten des New Deal, welche die Hälfte aller Immobilienkredite verbrieften, hatten ausdrücklich den Auftrag, für die Umsetzung dieses Traumes zu arbeiten. Der von Präsident Jimmy Carter eingeführte und von Präsident Bill Clinton verschärfte *Community Reinvestment Act* verlangte von den Banken, dass sie vergünstigte Kredite bevorzugt in ihren *local communities* und zugunsten der »wirtschaftlich Benachteiligten« (*economically disadvantaged*) einsetzten. Gleichzeitig sorgte die Politik dafür, dass das Angebot an Immobilien knapp blieb. Politisch subventionierte Nachfrage und politisch beschränktes Angebot führten erst recht dazu, dass die Preise der Häuser schwindelerregend stiegen.

Nur um die Haftung für ihr Tun hatten sich beide Vertragspartner gedrückt. Die Hausbesitzer mussten im Falle des Zahlungsausfalls um ihr Haus, nicht aber um ihr restliches Vermögen bangen. Sie hatten sogar dann einen Kredit erhalten, wenn sie gar kein Vermögen vorweisen konnten. Und die Banken brauchten sich nicht darum zu kümmern, den Kredit einzutreiben. Denn sie hatten ihre Forderungen längst rund um die Welt an andere weiterverkauft. Alles in allem also ein risikoloses Geschäft, für alle Beteiligten. Scheinbar jedenfalls.

Tatsächlich wurde das Ziel der amerikanischen Regierung erreicht, den Absturz in der nationalen Krise zu vermeiden. Die Vereinigten Staaten schlitterten nach 2001 weder in eine Rezession noch in eine Deflation. Stattdessen zog der Immobilienboom auch die Aktienmärkte, nicht nur in Amerika, mit sich nach oben. Im Abstand von nur wenigen Jahren entwickelte sich ein rascher und stabiler Aufschwung. Der Immobilienboom des 21. Jahrhunderts (der in Deutschland vor allem als zweiter Aktienboom ankam) war sozusagen die Fortsetzung der Roaring Nineties mit andern Mitteln: Eine Party für viele, die zu Reichtum kamen, war es allemal. Weniger in Deutschland, wie gesagt, aber im Rest der Welt.

Und warum hat niemand bemerkt, dass die Gier es übertreibt? Warum haben uns nur so wenige vorab gewarnt, wenn es im Nachhinein für die meisten Experten so sonnenklar ist, dass es nicht gut gehen könnte? Die nachträgliche Rekonstruktion täuscht und verführt, denn sie verleiht dem Geschehen eine zwingende Logik, die alle Akteure ziemlich einfältig aussehen lässt. Warum wissen alle klugen Leute nachher, was alle klugen Leute vorher nicht gewusst haben?

Die Erklärung muss etwas differenzierter ausfallen. Tatsächlich gab es ja eine ganze Reihe von Warnungen, die schon damals ziemlich präzise die Entwicklung vorausgesagt haben. Doch Kassandra will bekanntlich niemand hören. Richard Posner, ein Jura-professor in Chicago, der zusammen mit dem Ökonomen Gary S. Becker einen berühmten Blog unterhält, zieht eine schlagende Parallele: Auch vor dem Überfall der Japaner auf Pearl Harbor fehlte es nicht an warnenden Stimmen und genauen Hinweisen. Doch sie wurden nicht nur überhört, sondern systematisch – und plausibel! – weginterpretiert: Die Japaner, hieß es zum Beispiel, seien viel zu schwach und selbst viel zu verwundbar, einen solchen Angriff zu wagen. Dass Japan verwundbar war, hat sich später bestätigt, doch die Abwiegler hatten unterschätzt, dass im japanischen kulturellen Kontext Ehre mehr zählte als das Überleben der Nation. Ähnliche Überlegungen könnte man gewiss auch zum 11. September anstellen.

Übertragen auf die Finanzkrise, heißt das: Es kommt immer darauf an, was in einer Welt als relevante Information angesehen wird. Richard Posner nennt das *signal-to-noise ratio*, also die Frage, was in all dem Rauschen, das uns täglich umgibt, ist eine »relevante Information«, die wir tunlichst ernst nehmen sollen. Irgendwie wichtig, gar wichtigtuerisch, kommen ja all diese Geräusche daher. Aber was ist ein Signal? Und was ist bloßes Rauschen? Diese Frage würde man im Hinblick auf den Finanzmarkt heute anders interpretieren als, sagen wir, im Sommer 2005.

Tatsächlich wäre es damals für jedermann gefährlich gewesen, den Boom anhalten zu wollen. Kaum einer hat das so klar formuliert wie Chuck Prince im Juli 2007 als Chairman der Citigroup: *»When the music stops, in terms of liquidity, things will be complicated. But as long as the music is playing, you've got to get up and dance. We're still dancing.«* Prince beschreibt präzise das Dilemma der Marktakteure: Weitsichtig nimmt er vorweg, was passieren wird, sobald die Blase geplatzt ist: Liquidität fehlt, Märkte trocknen aus, Banken werden insolvent. Deshalb muss die Musik weiterspielen, auch wenn die Sperrstunde schon überschritten ist. Das soll die Katastrophe verhindern und führt sie in Wirklichkeit nur noch unerbittlicher herbei.

Auch die Notenbank, die eigentlich auf Preissteigerungen äußerst sensibel reagieren müsste, sah sich nicht dazu in der Lage, die Musik abzusagen. Denn Inflation gab es für Alan Greenspan nur auf den Märkten für Verbraucherpreise. Steigende Vermögenspreise (*asset price inflation*) galt per definitionem nicht als Gefährdung der Stabilität, die eine Reaktion mit steigenden Leitzinsen durch die Notenbanken hätte nach sich ziehen müssen. Dahinter steckte auch die Angst, den Traum der Amerikaner – reich zu werden durch Aktien oder Häuser – per zentralbanklichen Eingriff abzuwürgen. Wer wollte sich dessen schuldig sprechen lassen?

Selbst als Mitte 2004 die amerikanische Notenbank tatsächlich begann, den Leitzins langsam anzuheben, haben sich die langfristigen Zinsen nicht verteuert. Und die Immobilienhausse setzte sich fort. Alan Greenspan hat diese Merkwürdigkeit damals mit einer berühmten Formulierung als *conundrum* – eine Art Scherzrätsel – bezeichnet. Dass die Zinspolitik ihre Wirkung verfehlte, liegt vor allem an Asien. Wir haben darüber schon im ersten Kapitel des Buches gehandelt. Denn nach der asiatischen Krise in den späten neunziger Jahren wollten diese Länder ihren Export, den Motor ihrer Volkswirtschaften, am Laufen halten. Die Strategie dazu lautete, die Währungen künstlich niedrig zu halten. Dafür kauften die Notenbanken Chinas und anderer Länder in großem Stil Dollars. Die asiatischen Volkswirtschaften legten die Dollars zumeist in amerikanischen Staatsanleihen an, wodurch, angesichts der großen Nachfrage, die Zinsen auch weiterhin niedrig gehalten wurden und die Leitzinserhöhungen wirkungslos verpufften. Mit anderen Worten: Die Amerikaner meinten, sich auch weiterhin ein Leben auf Pump leisten zu können.

Wo sind die Schuldigen? Die Kandidaten haben wir bereits alle kennengelernt, manche sogar mehrfach, manche freilich auch nur am Rande: zum Beispiel die Kreditindustrie, die Banken, Hedgefonds, Ratingagenturen und Zertifikateentwickler, welche nach Meinung vieler die größten Bösewichte sind, weil sie den Menschen komplexe Finanzprodukte verkauft haben, um sie damit in ihr Unglück zu stürzen. Wir werden uns mit dieser Gruppe, nennen wir sie die Banker, in den nächsten beiden Kapiteln befassen und haben sie deshalb hier vorerst geschont. Doch so viel ist jetzt schon klar: Eine »Mitschuld« gebührt im Schlussplädoyer auch ihnen. Wenn es freilich um den Ursprung der Krise geht, dann wird man auch daran erinnern dürfen, dass Hypothekenkredite keine sonderlich komplizierten Finanzprodukte sind. Die Finanzindustrie jetzt also zum Alleinschuldigen zu machen würde die Sache unzulässig vereinfachen.

Keine Frage: Der Kreis der Verantwortlichen muss deutlich über die Banken hinaus ausgeweitet werden. Gerade weil es üblich geworden ist, die Finanzkrise als spektakulären Fall von Marktversagen zu beschreiben, ist zunächst ein Blick auf den Staat angebracht. Billiges Geld von den Notenbanken bereitwillig zur Verfügung zu stellen war eine politische Entscheidung. Die Notenbanken in Amerika sind unabhängig, aber sie hatten eindeutig den politischen Auftrag, auf Krisen zu reagieren, um die günstige Refinanzierung einer immer mehr in die staatliche wie private Überschuldung geratenen Volkswirtschaft zu erleichtern. Das reale Produktionspotenzial der amerikanischen Volkswirtschaft gab das zwar nicht her, sodass das übermäßig billige Geld in die Überinvestitionen fließen musste: in die Blase der Vermögenspreisinflation – zunächst bei den Aktien der New Economy, anschließend in die Immobilienpreise.

Dabei gibt es einen gewichtigen Unterschied zwischen New

Economy und Häuser-*Bubble*: Der New Economy lag eine technologische Revolution zugrunde, wie sie in einem Jahrhundert nur ganz selten vorkommt. Das Internet hat das Leben aller Menschen auf der ganzen Welt fundamental verändert. Die Internetrevolution ist deshalb vergleichbar der Erfindung der Eisenbahn in der zweiten Hälfte des 19. Jahrhunderts. In Zeiten solcher technologischen Umwälzungen wollen viele dabei sein: Unternehmensgründungen häufen sich; sie alle brauchen Geld, das sie sich an der Börse beschaffen wollen. Wer sich durchsetzt, weiß man noch nicht, solange die Revolution sich entwickelt. Es ist ein Spiel von Versuch und Irrtum. Erst einige Jahre später zeigen sich die Sieger: Sie heißen Google, eBay oder Amazon. Viele andere Unternehmen der späten neunziger Jahre sind längst untergegangen. Und viele Spieler dieses Trial-and-Error-Spiels haben viel Geld verloren. Aber eines bleibt: die neue Welt des Internets.

Dem Häuserboom lag keine technologische Innovation zugrunde, allenfalls eine Finanzinnovation: Aber das ist umstritten. Häuser, vor allem die vielen Einfamilienhäuser der amerikanischen Vorstädte, sind nicht besonders innovativ. Dem Häuserboom lag kein technologisches, sondern ein sozialpolitisches Programm zugrunde: Es war der politische Wille der amerikanischen Regierung, jedermann den Traum vom eigenen Heim auf eine angenehme und risikoarme Weise zu erfüllen. Dazu gab es staatliche Unterstützung (Fannie und Freddie). Während es also für die Krise der New Economy nur ein geldpolitisches Verschulden (*asset price inflation*) gab, liegt für die Finanzkrise des beginnenden 21. Jahrhunderts auch ein wirtschafts- und sozialpolitisches Verschulden vor: Der amerikanische Staat hat eingebrockt, was die Staaten der Welt hinterher auslöffeln mussten.

Das Ausmaß des Niedergangs steht dabei in krassem Missverhältnis zu den positiven Folgen. Die Subprime-Krise hat nichts dem Internet Vergleichbares, was sie der Weltgeschichte hinterlassen hätte. Gewiss, einige sind reich geworden und haben ihren Reichtum rechtzeitig in Sicherheit gebracht. Aber eine neue Seite im Geschichtsbuch der menschlichen Fortschritte wurde dadurch nicht aufgeschlagen. Der amerikanische Traum vom eigenen Heim für alle, vor allem für die Ärmsten, ist vorerst geplatzt. Viele Bürger mussten ihr Haus verkaufen, weil sie den Kredit nicht mehr tilgen können. Diese Krise hat zwar der Welt eine wichtige Erfahrung beschert. Aber hat sie dafür auch etwas geboten? Das ist – noch? – nicht zu erkennen. Nur eines ist gewiss: Diese Krise wurde viel stärker als frühere Krisen auch von der Politik ausgelöst. Umso größer der Schaden. Umso größer die Notwendigkeit staatlicher Rettung.

Mehr noch: Ist es eigentlich Markt- oder Staatsversagen, wenn es dem Käufer eines Hauses erspart bleibt, im Falle der Zahlungsunfähigkeit mit dem Vermögen zu haften? Ist es Markt- oder Staatsversagen, wenn Banken nicht für ihre Kredite haften müssen und nicht verpflichtet sind, zumindest einen Teil dieses Kredits selbst einzutreiben? Fehlende Haftung, mit der alle Akteure sich aus der Verantwortung stehlen konnten, ist eine der ganz wesentlichen Ursachen der Krise. Für ausreichende Haftung der Marktakteure zu sorgen ist aber eine zentrale Aufgabe des Staates. Er hat versagt. Und die Akteure des Marktes haben das nach Kräften und mit freudigen Renditehoffnungen für sich ausgenutzt. Auch sie haben versagt.

Letztlich ist es also wie in Agatha Christies Roman *Mord im Orientexpress*: Es gibt nie nur einen Bösewicht. Es ist vor allem nicht so einfach, alles auf die Alternative Markt- oder Staatsversagen zu beziehen. Viele Schuldige haben wir gefunden: die Geldpolitik, die Wirtschafts- und Sozialpolitik, die Kreditindustrie der Banken, die Währungspolitik der Asiaten. Und all jene, die Kassandra wieder einmal keine Chance gaben. Aber auch einen Virus, nennen wir ihn Gier, der viele erfasst hat und der, gerade weil er so viele erfasst hat, so schwer zu erkennen war. Das menschliche Gewinnstreben hat es übertrieben, als es meinte, die Risiken ausblenden zu können. Wir werden uns daran gewöhnen müssen, die Gier als der menschlichen Natur inhärent anerkennen zu müssen – so unlieb uns das sein mag, so störend, aber auch so anspornend, sich das auswirken kann.

Zwischenruf (2)
Kümmere dich selbst um deinen Anlageberater!

»Würden Sie von diesem Mann einen Gebrauchtwagen kaufen?«, heißt die gängige Testfrage des Vertrauens. Viele hätten ihren Bankberatern zwar nie und nimmer ein altes Auto abgenommen. Dafür haben wir aber bedenkenlos GS US Small Cap CrEq 8 oder einen DWS Euro Strategie Rentenfonds bei ihm gekauft.

Woher die Sorglosigkeit bei der Geldanlage? Dafür lassen sich drei Gründe finden.

1. Der Bankberater heißt ja Berater und kann – schon aus Eigeninteresse – nicht daran interessiert sein, uns etwas Schlechtes aufzuschwatzen.
2. Finanzprodukte, so haben wir uns eingeprägt, sind eben schwer zu verstehen. Aber mein Berater arbeitet ja bei der Dresdner Bank, er wird diese komplizierten Anlageformen schon verstehen, sonst hätte die Bank ihn ja nicht eingestellt.
3. So haben es alle gemacht und damit ihr Geld gemehrt. Wer wollte so doof sein und auf Rendite verzichten, nur weil die Produkte eigenartige Namen haben und wenig transparent sind.

Darüber sich heute noch lustig zu machen (Stichwort: Lehman-Zertifikate!) ist wohlfeil und trägt allenfalls dazu bei, die eigenen Wunden zu lecken. Aber welche Lehren sollen wir daraus ziehen? »Kaufe nur, was du auch verstehst«, raten jetzt viele. Aber ist das ein guter Rat? Wer kein ausgemachter Autonarr ist, wird nicht von sich behaupten können, er habe den Motor seines Autos verstanden. Das ist auch nicht nötig. Nun gibt es zwischen dem Kauf eines Autos und der Geldanlage ein paar gravierende Unterschiede. Denn ein Auto kann jeder kaufen, ohne Vorkenntnisse im Automobilbau. Weist das Auto einen Fehler auf, wird der Käufer ihn auch später noch bemerken. Er kann den Schaden reklamieren, hat vielleicht Anspruch auf Gewährleistung und zumindest einiges Drohpotenzial in der Hand, den Ruf des Händlers gründlich zu ruinieren (wenn er das Auto nicht bei ganz dubiosen Kerlen gekauft hat, die längst über alle Berge sind). Man sieht sich immer zweimal, heißt das Argument. Das nächste Mal geht man eben woandershin.

Beim Autokauf lernt der Kunde aus Erfahrung und kann mit Erfahrungswissen drohen, weshalb die Ökonomen auch von einem *Erfahrungsgut* sprechen. Bei der Geldanlage aber steht mehr auf dem Spiel. Sie ist eher mit der Suche nach dem richtigen Arzt zu vergleichen. Wenn es schiefgeht, kann es zu spät sein, und der Rat »Geh das nächste Mal zu einem anderen« ist nur noch der blanke Zynismus. Auch hier gilt: Niemand muss, um das Risiko einer Blinddarmoperation einschätzen zu können, vorher erst einmal Medizin im Schnellkurs studieren. Er braucht nur einen guten Chirurgen. Und dafür haben wir auch ein paar Faustregeln zur Hand: Der Rat von Freunden ist nützlich. Wenn sie den Eingriff gut überstanden haben, könnte die Operation auch bei mir funktionieren. Eine Hausregel sagt zudem: »Geh lieber zum Oberarzt und nicht zum Chefarzt!« Zwar hört Chefarzt sich wichtiger an als Oberarzt. Bei einem Chirurgen, einem Handwerker, zählt aber vor allem die Praxis, und da ist der Patient in der Regel mit dem routinierten Oberarzt besser bedient.

Geldanlagen oder Operationen nennen wir *Vertrauensgüter*. Wir selbst brauchen kein Fachwissen, müssen uns aber auf die Kunst und die Expertise der Akteure verlassen können. Gleichwohl wird es etwas zu bedeuten haben, dass Chirurgen und Anlageberater sich neuerdings mit einer Menge Kleingedrucktem absichern, worin der Patient respektive Kunde versichert, er sei über Risiken und Nebenwirkungen informiert worden. Das aber ist nicht dazu angetan, das Vertrauen zu stärken. Im Gegenteil.

Auch nach dem Kauf eines Finanzprodukts hat der Kunde lange Zeit keine Ahnung, ob er für sein Geld etwas Gutes bekommen hat. Dass es sich mehrt, muss kein gutes Zeichen sein. Es kann sogar ein schlechtes Signal sein. Denn womöglich haben wir ein hochriskantes Produkt gekauft, das genauso schnell wieder an Wert verliert, wie sein Kurs steigt.

Umso wichtiger ist das Vertrauen in den Berater. Wie aber kommt Vertrauen zustande (siehe Kapitel VI)? Dass es bisher noch immer gut gegangen ist, eine Kette von Erfahrungswerten also, mag notwendig, aber nicht hinreichend sein. Die Finanzkrise zeigt gerade, dass es lange gut gehen kann und plötzlich doch alles zusammenkracht. Wohl dem, der dann nicht alles auf eine Karte gesetzt hat. Weshalb auch nach wie vor die sogenannte Portfoliotheorie der Geldanlage nichts von ihrer Wahrheit verloren hat, die, in der Börsenmetaphorik, dazu rät, nicht alle Eier in einen Korb zu legen und unterschiedliche Assets aus unterschiedlichen Risikoklassen zu kaufen.

Mindestens so entscheidend aber ist, sagen Finanzwissenschaftler, dass den Bankberatern endlich ihr Nimbus genommen wird, sie seien »Berater«, die nur das Wohl der Kunden im Blick haben. In Wirklichkeit sind sie Verkäufer und haben vor allem das Wohl der Bank und ihre eigene Provision im Blick. Beim Autoverkäufer finden wir das nicht schlimm. Den Bankberater aber halten wir gerne für eine Art persönlichen Hausbankier – nur bezahlen wollen wir ihn für diese Dienste nicht.

Besser als zur Bank zu gehen wäre es also, sich einen unabhängigen Berater zu nehmen und ihm für seinen Rat ein Honorar zu zahlen. Das geht zwar von der Rendite meines Finanzproduktes ab, was aber verkraftbar sein sollte, wenn das Anlageprodukt gut und sicher ist. Der neutrale Berater wird uns auch – anders als der Bankverkäufer – über jene impliziten und expliziten Kosten eines Produkts aufklären, die der Bankmensch in der Regel verschweigt. Er kann zugleich Anlageprodukte empfehlen, welche die üblichen Finanzverkäufer nicht anbieten, weil sie daran nicht verdienen. Dazu zählen zum Beispiel die Exchange Traded Funds (ETF), die gängige Börsenindizes nachbilden, ohne den Anspruch zu erheben, aktiv den Markt zu schlagen. Dann muss man aber nicht teure Fondsmanager bezahlen, die für ihr Geld dem Anleger keine Zusatzrendite bringen.

Das zeigt freilich: Das Risiko ist aus der Geldanlage ebenso wenig herauszublasen wie aus der Inanspruchnahme der medizinischen Heilkunst. Wenn alle Märkte abstürzen, nützt auch der beste ETF nichts. Es hätte nur genützt, das Geld unter das eigene Kopfkissen zu legen – dann wäre es zwar nicht mehr geworden, doch wäre es auch nicht verschwunden, solange kein Einbrecher unterwegs gewesen wäre. Aber sind die Depots in der Krise ganz verschwunden? Gewiss, sie sind ordentlich geschrumpft, aber das Geld ist nicht gänzlich weg.

Komplizierter wird alles dadurch, dass Risiken zu unterschiedlichen Zeiten unterschiedlich eingeschätzt werden. Noch vor drei Jahren wäre eine versprochene feste Rendite von drei Prozent mager erschienen, und Leute, die sich nicht als Hasardeure bezeichnen, hätten sechs oder sieben Prozent jährlichen Wachstums des Depots als angemessen, realistisch, moderat oder vernünftig bezeichnet. Nach dem Crash musste man sich dafür als übermäßig gierig denunzieren lassen.

Mit anderen Worten: Die Risikoneigung ist nicht nur eine Frage des Charakters oder der Entscheidung. Es gibt Menschen, die gern ein Risiko eingehen, und es gibt Menschen, die das Risiko lieber meiden. So müssen wir uns auch von den Bankverkäufern einteilen lassen. Und wenn wir reife Entscheidungen treffen, dann wissen wir, dass mehr Sicherheit einen höheren Preis hat und dass ein höheres Risiko nicht nur höhere Renditen, sondern auch größere Verluste mit sich bringen kann. Das ist schön und recht. Aber ob eine Anlageentscheidung als hoch riskant oder moderat eingeschätzt wird, sieht offenbar zu unterschiedlichen Zeiten unterschiedlich aus. In Zeiten der Hausse ist auch die Risikobereitschaft höher als in Zeiten der Baisse oder gar der Depression. Im Nachhinein sehen wir darin den Grund aller Fehlentwicklungen. Eben. Im Nachhinein.

Kapitel IV

DER KREDIT *oder* Was beim Geld alles falsch laufen kann

Der Kredit als Entmachtungsinstrument und als Renditehebel

Sajeda Begum ist eine junge Mutter in dem kleinen Dorf Jobra in Bangladesch. Frau Begum lebt davon, dass sie Hocker und kleine Stühle aus Bambus herstellt. Für die Materialien eines solchen Stuhls muss sie 22 Cent bezahlen. Da sie aber arm und ohne finanzielle Mittel ist, leiht sie sich das Geld bei einem Zwischenhändler, der Frau Begum dazu nötigt, ihm ihren Stuhl zu 24 Cent zu verkaufen. Mit anderen Worten: Frau Begum verbleibt als Frucht ihrer Arbeit ein Gewinn von gerade einmal zwei Cent.

Die Geschichte Sajeda Begums verdanken wir Muhammad Yunus, der sie in seiner Autobiografie *Für eine Welt ohne Armut* erzählt. »Ich sah ihre kleinen braunen Hände, mit denen sie den Bambus glättete und ich stellte mir vor, dass sie das tagaus, tagein so macht. Wie können ihre Kinder den Teufelskreis der Armut brechen? Wie können diese Kinder je zur Schule gehen, wenn das Einkommen von Sajeda Begum noch nicht einmal reicht, sie zu ernähren?«, fragt Yunus. Weil Frau Begum noch nicht einmal 22 Cent übrig hat, ist sie dem Zwischenhändler auf Gedeih und Verderb ausgeliefert.

Hätte Frau Begum Geld, mit dem sie die Fertigung ihrer Stühle finanzieren könnte, wäre sie aus der Abhängigkeit von ihrem Zwischenhändler befreit. Frau Begum braucht Kredit. Der Zwischenhändler wird alles daransetzen, dies zu verhindern. Yunus' Idee, für die er später zu Recht den Friedensnobelpreis bekam, war geboren: die Gründung der Grameen Bank, die es sich zur Aufgabe gemacht hat, den Armen Geld zu leihen, wozu die Banken nicht bereit waren, weil sie dafür keine Sicherheit bekamen. Dass sie nirgends Kredit hat, hält Frau Begum in Armut. Wer keinen Kredit hat, ist arm dran.

Am Schicksal der Ärmsten macht Yunus die humane Wirkung des Kredits klar. Trotz fehlenden Eigenkapitals kann Frau Begum ihr Gewerbe ausüben. Mit dem Kredit der Grameen Bank ist sie frei, ihre Stühle auf den Märkten Bangladeschs zu verkaufen – zu einem Preis, der durch Angebot und Nachfrage bestimmt wird und nicht mehr durch das Diktat des Zwischenhändlers. Aus einer abhängigen Arbeiterin wird eine Unternehmerin.

Kredit heißt nichts anderes als Vertrauen. »Der hat bei mir Kredit«, sagt man umgangssprachlich und meint: Dem vertraue ich so sehr, dass ich ihm sogar mein Geld überlasse, weil ich gewiss bin, dass er mich nicht enttäuschen wird. Nicht Misstrauen, sondern Vertrauen ist der Ausgangspunkt des Kredits. Der Vorschuss von Vertrauen gegenüber den mittellosen Armen ist die große Leistung der Grameen Bank: Weil die Bank Vertrauen zeigt, wo andere Banken nur misstrauisch waren, wurde ihr Vertrauen auch nicht enttäuscht. Auch Yunus forderte für seinen Kredit Sicherheiten, die freilich – gemessen an banküblichen Usancen – etwas ungewöhnlich ausfielen. Frauen, zum Beispiel, gelten der Grameen Bank als Sicherheitsgarantie, Männer nicht. »Sobald Frauen auch nur die allerbescheidenste Möglichkeit erkennen, sich aus der Armut zu befreien, erweisen sie sich als kämpferischer als Männer«, sagt Muhammad Yunus. Sie machen es sich zugleich zu einer Aufgabe ihrer Ehre, den Kredit zurückzuzahlen, und handeln deshalb unternehmerisch, wohingegen Männer dazu tendieren, das Geld zu konsumieren.

Daran zu erinnern, dass der Bankkredit eine humane Möglichkeit der Befreiung aus Armut ist, ist nicht trivial, seit im Gefolge der Subprime-Krise der Kredit insgesamt in Verruf gekommen ist. »Bedenkenloses Schuldenmachen«, meint der Publizist Gustav Seibt, sei »moralisch durchaus fragwürdig«. Mehr als fragwürdig sei auch die »Heerschar der Kreditverkäufer«, die andere Menschen zur Verschuldung verführt habe. Ganz besonders verwerflich sei es, so hat man sich seit dem Crash zu sagen angewöhnt, Menschen ohne Eigenkapital Kredit zu geben. Wer intellektuell minderbemittelte Häuserbauer in Iowa dazu verführe, ohne einen Cent Eigenkapital einen Kredit zu kaufen, brauche sich nicht zu wundern, wenn der Kredit faul werde und das Geld im Nichts versickere, sagt man.

Yunus macht genau das: Er stellt den Mittellosen Geld zur Verfügung. Gerade die Armen brauchen Kredit. »Aus westlichem Blickwinkel betrachtet, ist unser Sektor der Sub-Subprime-Sektor«, hat er in einem Interview gesagt, als die Finanzkrise gerade ihrem Höhepunkt zustrebte: »Jenen Amerikanern, die sich eigentlich nichts leisten konnten, Häuserkredite zu geben, war riskant. Was wir machen, ist – wenn es nach der Kreditwürdigkeit der Leute geht – ungleich riskanter.« Das Konzept der Grameen Bank ist mittlerweile derart erfolgreich, dass auch professionelle For-Profit-Banken jetzt in das Geschäft drängen und der Grameen Bank und vergleichbaren Pionieren des Mikrokreditgeschäfts ordentlich Konkurrenz machen. Und das Fach Mikrokredit wird längst als eigene Disziplin an den finanzwissenschaftlichen Fakultäten gelehrt.

Ist es also verwerflich, Menschen einen Kredit zu geben dafür, dass sie sich ein Haus bauen können? Wohl kaum. Denn der Kauf eines Hauses ist, technisch gesprochen, zugleich eine konsumtive und eine investive Ausgabe. Solange die Immobilienpreise steigen, wird Vermögen gemehrt und werden zugleich die Lebensbedingungen der Menschen konkret verbessert. Der Traum vom eigenen Haus, der amerikanische Traum, heute allerorts geschmäht, ist ein zutiefst menschlicher Traum. Ihn »materialistisch« zu nennen, ist korrekt. Aber was heißt das? Dass Menschen die Freiheit erhalten, ihren täglichen Lebensraum – das Heim – gemäß ihren eigenen Bedürfnissen zu gestalten. Das ist die Wahrheit an der Versicherung des ehemaligen amerikanischen Notenbankpräsidenten Alan Greenspan, der Subprime-Boom schaffe Wohlstand für alle, aber ganz besonders für die Armen. Denn auch sie erhielten Zugang zu Geld (»Kredit«), ohne Ansehen ihrer Einkommens- und Vermögenssituation. Zu Recht hat man von der »Demokratisierung des Kredits« gesprochen.

Eine Welt, in der jede Investition und aller Konsum ausschließlich mit dem Eigenkapital bezahlt werden müssten, wäre nicht nur eine ärmere Welt als unsere. Sie wäre vor allem auch eine Welt der festen Klassenunterschiede: eine Welt ohne soziale Mobilität. Denn nur die reichen Erben hätten genügend Geld, um ihre Ideen zu finanzieren und im Luxus zu leben. Die Armen müssten immer arm bleiben. Die ganze Welt ähnelte dem Leben der Sajeda Begum in Bangladesch. Die Erfindung des Kredits dagegen gibt den Armen ein Entmachtungsinstrument in die Hand, mit dem sie mit den Reichen und Etablierten auf dem Markt konkurrieren können. Wie das geht, hat der britische Essayist und Gründer des *Economist,* Walter Bagehot, bereits vor über hundert Jahren sehr eindrucksvoll beschrieben: Nehmen wir einen Händler oder Unternehmer mit einem Eigenkapital von 50 000 Pfund Sterling. Er setzt sich eine Rendite von zehn Prozent zum Ziel und muss deshalb jährlich 5000 Pfund verdienen. Dieses Ziel wird den Preis bestimmen, den der Unternehmer am Markt durchsetzen muss.

Nehmen wir nun einen ärmeren Zeitgenossen, der nur ein

Eigenkapital von 10 000 Pfund zur Verfügung hat. Weitere 40 000 Pfund borgt er sich zu einem angenommenen Zins von fünf Prozent bei seiner Bank. Um seinen Kredit zu bedienen, muss er also 2000 Pfund im Jahr bezahlen. Nehmen wir an, er erwirtschaftet auf seinen gesamten Einsatz ebenfalls eine Rendite von insgesamt 5000 Pfund, so verbleiben ihm nach Zinsen 3000 Pfund übrig, die aber, bezogen auf sein Eigenkapital von nur 10 000 Pfund, eine Rendite von 30 Prozent bedeuten. Jetzt kann unser Kaufmann sich fragen, ob er nicht auch mit einer geringeren Rendite zufrieden wäre, was bei 30 Prozent durchaus zumutbar wäre und ihm die Möglichkeit gäbe, seine Waren oder Dienstleistungen zu einem geringeren Preis als sein Konkurrent am Markt anzubieten. Mit anderen Worten: Der Kredit verschafft ihm die Chance, über den Preis »die Reichen« – jene mit viel Eigenkapital – aus dem Markt zu drängen. Kein Wunder, dass dem modernen Kapitalismus eine stetige Tendenz innewohnt, mit geborgtem Kapital zu wirtschaften.

Der Kredit, so würde man heute sagen, verschafft dem Eigenkapital einen Hebel, mit dem sich die Rendite beträchtlich steigern lässt. Diesen Hebel – *leverage* – nutzt heute jeder Investor. Der Leverage verspricht ihm eine hohe Rendite auf einen überschaubaren Kapitaleinsatz. Das funktioniert freilich nur, wenn der Kaufmann seinen Kredit bedienen kann. Dafür muss er den Wert seiner Investition derart steigern (sein Unternehmen »fit« machen), dass er es später zu einem höheren Preis wieder verkaufen kann, um den Kredit zu tilgen und seine Renditeansprüche zu befriedigen. Hier zeigt sich eine weitere wichtige Funktion des Kredits: Fremdkapital diszipliniert. Es erzwingt effizientes und kreatives Wirtschaften, denn dem Unternehmer sitzt ständig sein Gläubiger im Nacken, der für die Überantwortung seines Geldes einen Preis – den Zins – verlangt.

Als die »höchste Form menschlicher Rationalität« hat Max Weber den Zins bezeichnet. Auch ein Kredit ist Geld, denn er gibt dem Schuldner Investitionsmöglichkeiten auf Zeit, wofür der Zins der angemessene Preis ist. Seine Kreditwürdigkeit aber hat der Schuldner mit Fleiß zu belegen. »Der Schlag deines Hammers, den dein Gläubiger um fünf Uhr morgens oder um acht Uhr abends vernimmt, stellt ihn auf sechs Monate zufrieden; sieht er dich aber am Billardtisch oder hört er deine Stimme im Wirtshause, wenn du bei der Arbeit sein solltest, so lässt er dich am nächsten Morgen die Zahlung mahnen, und fordert sein Geld, bevor du es zur Verfügung hast«, schrieb Benjamin Franklin. Der Kredit ist die Peitsche für den Unternehmer; er bewahrt ihn vor Säumigkeit und verhindert, dass sein Arbeitsethos erlahmt.

Nehmen wir noch ein anderes Beispiel, diesmal aus einem der Welt von Sajeda Begum entgegengesetzten Erfahrungsraum: der New Economy in den neunziger Jahren des vergangenen Jahrhunderts. Kevin Taweel hatte sich gerade auf seinen Abschluss an der Business School in Stanford vorbereitet und, wie viele seiner Arbeitsgenossen, ziemlich wenig Lust, als Angestellter bei einem Traditionsunternehmen zu versauern. Sein eigenes Unternehmen wollte er haben. Bloß dass er noch gar keine Idee hatte, was für ein Unternehmen es sein sollte; auch fehlte ihm das nötige Kleingeld, um eine Firma zu kaufen.

Da machte Kevin Taweel die Bekanntschaft mit einem »Suchfonds«. Dahinter verbirgt sich ein Finanzinvestor, der es sich zum Ziel gesetzt hat, nach übernahmewilligen Unternehmen zu fahnden: Ein Suchfonds hat Geld und setzt es ein als Scout, um gute und verkaufsbereite Unternehmen zu identifizieren. Ist erst einmal ein Übernahmeziel gefunden, verhandelt der Fonds den Kauf und regelt die Finanzierung. Im Gegenzug für ihr Investment erhalten die Anleger des Suchfonds das Recht, in die auf diese Weise gefundene Gesellschaft auch zu besonders attraktiven Bedingungen zu investieren. Sie hoffen darauf, dass Kevin Taweel das Unternehmen gut führen wird und es bald selbst zu einem guten Preis wieder verkaufen kann.

Der Suchfonds setzt fremdes Geld ein, nicht um eine Idee zu finanzieren, sondern um eine finanzierungswürdige Idee überhaupt erst einmal zu finden. Damit gibt er Menschen ohne Kapital, aber mit intellektuellen Ressourcen die Chance, finanziell erfolgreich zu sein – wenn sie es gut machen und die Umstände ihnen gewogen sind. Die längste Zeit in der Geschichte hatte nur eine privilegierte Schicht von Menschen Zugang zu Kapital. Die Idee des Suchfonds ermöglicht jedermann die Teilhabe.

Im Fall von Kevin ist die Rechnung aufgegangen. Im Dezember 1993 hat der junge Mann 250 000 Dollar aufgetrieben für einen Scout. Die Suche war nicht einfach: Erst anderthalb Jahre später fand man ein Übernahmeziel, »Road Rescue«, ein Erste-Hilfe-Unternehmen im Straßenverkehr. Der Eigentümer verlangte dafür 8,5 Millionen Dollar, eine Summe, die Kevin sich von Banken und individuellen Geldgebern (das waren zu großen Teilen die Investoren des Suchfonds) lieh. Unter Kevins Management wuchs die Gesellschaft rasch und erfolgreich; der Umsatz steigerte sich zwischen 1995 und 2001 von ursprünglich 6 auf 200 Millionen Dollar. Auch die Investoren konnten höchst zufrieden sein: Sie hatten die Aktien zu einem Preis von 3 Dollar gekauft und konnten sie 2001, wenn sie klug waren, für 115 Dollar verkaufen.

Wir verdanken den fundamentalen Gedanken über die humane Funktion des Kredits und dessen zentrale Rolle für die wirtschaftliche Entwicklung und Erneuerung dem österreichischen Wirtschaftstheoretiker Joseph Schumpeter. In seinem Frühwerk über die *Theorie der wirtschaftlichen Entwicklung* betont Schumpeter, der Kredit mache den Einzelnen »unabhängig vom ererbten Besitz«. Und dann folgt ein wunderschöner Satz, der so ganz und gar aus Schumpeters Welt der k.-k.-Monarchie in die heutige Welt des Finanzkapitalismus hinüberspringt, dass nämlich das Talent »auf seinen Schulden zum Erfolg reite«. Schulden machen, ist nicht der Niedergang, sondern die Quelle des wirtschaftlichen Erfolgs für all jene, die viele Ideen haben, aber wenig Geld. Und die an ihre Ideen glauben. Kein Wunder, dass noch alle Revolutionäre, nachdem sie ihre Banker der Guillotine ausliefern wollten, im rechten Moment davor zurückschreckten oder aber im Stillen Sorge trugen, sie nicht alle einen Kopf kürzer zu machen. Wer dem Ancien Régime seine Privilegien nehmen will, braucht dafür nicht zuletzt gute Banker.

Bangladesch und die Bay Area in Kalifornien: Beide Beispiele zeigen, warum der Kredit unabdingbar ist für unser aller Wohlstand. Und beide Beispiele zeigen zugleich, dass der Kredit die Klassenschranken überwindet, mithin ein Instrument für »linke«, an Chancengleichheit interessierte Kapitalisten darstellt. Der Kredit verändert die konservative Welt, in der vor allem Herkunft, Erbe, Status und überkommenes Ansehen herrschen. Geliehenes Geld verändert bestehende Machtverhältnisse. Sajeda Begum und Kevin Taweel waren beide Habenichtse. Was ihren Erfolg ausmacht, sind ihre Ideen, ihre Arbeit – und die Chance, bei anderen so viel Vertrauen zu gewinnen, dass diese bereit sind, ihnen Kredit zu geben. Geht die Rechnung auf, profitieren alle. Und der Kredit entfaltet seinen großen Renditehebel auch bei vergleichsweise geringem Einsatz.

Das klingt wie die schöne Welt des alten Finanzkapitalismus. Seit dem Ausbruch der Krise ist es anrüchig, solche Erfolgsgeschichten überhaupt noch zu erzählen. Wir haben bisher noch nicht darüber gesprochen, welches Risiko solchen Geschäften innewohnt. Was wäre geschehen, wenn Kevin kein Übernahmeziel gefunden hätte? Dann hätten die Investoren und Kreditgeber ihr

Geld in den Sand gesetzt. Oder er hätte ein Übernahmeziel gefunden, als Manager aber versagt. Dann wären abermals die Investoren und Kreditgeber angeschmiert gewesen. Und Sajeda Begums Rohmaterial, der Bambus, hätte von der nächsten Überschwemmung mitgerissen werden können. Dann hätte sie einen weiteren Kredit nehmen müssen, um neues Material zu kaufen, ohne dass sie den alten Kredit schon hätte tilgen können. Das ist der Preis des Risikos; Scheitern ist nicht ausgeschlossen.

Mit einem Kredit kaufen wir uns Investitionszeit. Das war immer schon sein Zweck. Nach Eugen von Böhm-Bawerk, dem großen Ökonomen der österreichischen Schule, entsteht grundsätzlich ein Mehrertrag, wenn man sein Geld investiert, statt es unmittelbar für den Konsum auszugeben. Robinson wird mehr Fische fangen, sobald er erst einmal Netze angefertigt hat. Das wird ihn als Unternehmer erfolgreich sein lassen; zugleich müssen er und Freitag bei besseren Erträgen auch weniger hungern. Während Robinson sein Netz fertigt, kann er aber nicht fischen und muss deshalb von seinem Ersparten leben. Hat er nichts gespart, kann er sich die Investitionszeit über einen Kredit finanzieren lassen.

Der Zins ist der Preis für die gekaufte Zeit. Finanziert wird er mit den Ersparnissen anderer. Aus den Ersparnissen werden Investitionen: ein wichtiger Motor der Wirtschaft. Damit jemand überhaupt spart, er also auf den gegenwärtigen Genuss zu verzichten bereit ist, muss ihm jemand für den Konsumverzicht Geld bezahlen: ein Aufgeld, ein Agio, den Zins. Dass die Menschen den gegenwärtigen Konsum einem späteren Konsum vorziehen, ist eine Einsicht, welche die heutige Behavioral Finance mannigfach belegt. Deshalb lassen sie sich den Konsumverzicht entgelten. Dieser Gedanke liegt bereits der Zinstheorie Böhm-Bawerks zugrunde. Entscheidend ist, wofür die überlassene Zeit verwendet wird: zum Aufbau einer Produktionsstruktur, die künftige Güterströme erzeugt, oder zum Vorziehen künftigen Konsums – »genieße jetzt, zahle später« –, woraus sich das Problem des Bedienens und des Tilgens der Schuld ergibt.

Woher stammt das Geld, welches die Kreditnehmer (wir nennen sie auch Schuldner) sich borgen? Prinzipiell kann es von überallher kommen: Ein guter Freund oder ein Familienmitglied springt ein. Eine Anleihe wird am Kapitalmarkt gegeben, mit einem für die Gläubiger garantierten Zinssatz.

Oder aber das Geld kommt von der Bank. Banken sammeln Geld von vielen Sparern ein und leiten es weiter an Investoren oder Konsumenten. Banken leihen sich also Geld (von den Sparern), und was sie sich geborgt haben, leihen sie ihrerseits an andere aus. Man kann die Geschichte, wenn man will, auch andersherum erzählen und sie mit dem Kreditnehmer beginnen lassen: Banken verleihen zu einem bestimmten Zinssatz Geld, mit dem sich der Schuldner etwas kaufen kann, was wiederum beim Verkäufer ein Einkommen generiert, das dieser zu einem bestimmten Zins der Bank leihen kann – als Ersparnis.

Banken, so könnte man sagen, sind Spezialisten fürs Geldleihen und -verleihen. Das ist ihr Geschäftsmodell. Bis heute. Und sie machen ihr Geschäft gut, wenn sie für die Depots ihrer Sparer (die Menschen, die ihnen das Geld leihen) weniger zahlen müssen, als sie von ihren Schuldnern bekommen. Und: Wenn sie sicher sein können, dass die Schuldner ihnen ihren Kredit (samt Zins) zurückzahlen, damit sie ihre Gläubiger (die Sparer) bedienen können.

Macht man sich diesen – relativ einfachen – Mechanismus klar, so ergibt sich sofort, dass das Kreditvolumen der Banken stets um ein Vielfaches höher ist als ihr Eigenkapital (der Wert ihrer eigenen Aktien oder der ihnen gehörenden Gebäude). Denn aus dem Geld der Sparer wird ja immer das Geld der Investoren (oder umgekehrt). Die Bank arbeitet mit dem Geld, wie man gerne sagt. Denn aus dieser Arbeit ergibt sich ihr Profit. Tatsächlich werden dabei häufig langfristige Kredite durch kurzfristige Schulden finanziert, die die Banken bei Sparern, aber auch bei anderen Banken machen. Wer ihnen vorwirft, ihr Eigenkapital sei deutlich geringer als ihre Bilanzsumme (das Volumen der Einlagen oder Kredite), hat das Geschäftsmodell nicht verstanden. Würden die Banken ihr gesamtes Kreditvolumen mit Eigenkapital unterlegen, müssten sie Pleite machen – nicht in der Krise, sondern in ganz normalen Zeiten.

Tatsächlich haben die Banken kein Monopol auf das Leihen und Verleihen von Geld. Unternehmen können sich Geld auch am Kapitalmarkt besorgen, als Aktien oder als Anleihen. Dass die Kreditnehmer bereit sind, der Bank einen höheren Zins zu zahlen, als sie ihn als Sparer erhalten, kann deshalb nur daran liegen, dass die Banken einen Dienst für Märkte erweisen, den nur sie leisten können (oder den sie zumindest besonders gut leisten können). Dann wäre die Zinsdifferenz so etwas wie der Lohn für ihre Arbeit. So verringern Banken zum Beispiel das Risiko für die Anleger, indem sie einerseits riskante Kredite vergeben, andererseits dem Sparer das Recht gewähren, jederzeit sein Geld abzuziehen. Dabei würde dann die Zinsdifferenz das unterschiedliche Risiko spiegeln, getreu der Devise: Je höher das Risiko ist, umso teurer muss es bezahlt werden.

Die wichtigste Funktion der Banken ist die Informationsbeschaffung. Banken leiten nicht nur Geld dorthin, wo gute Ideen vermutet werden. Sie wissen zugleich, wie kreditwürdig ein Schuldner ist. Wenn jemand über längere Zeit immer wieder mit der gleichen Bank Geschäfte macht, bilden sich enge Beziehungen. Die Bank wird zur Hausbank. Und das ist gut: Denn es entsteht ein Vertrauensverhältnis zwischen der Bank und ihren Schuldnern. Und es entsteht ein vertrauliches Informationsbündnis, das gerade nicht öffentlich transparent gemacht werden muss, während die Kapitalbeschaffung über Aktien hohe Transparenz erfordert, damit jedermann sich ein Bild machen kann, wohin er sein Geld gibt. Banken leben vom Bankgeheimnis: Das ist ihr Vertrauenskapital.

Doch vollkommene Sicherheit gibt es nicht. Und das Bankgeschäft ist alles andere als *business as usual.* Es ist eine hoch riskante Angelegenheit. Dass Kredite nicht zurückgezahlt werden, liegt ja in den seltensten Fällen an der Bosheit der Schuldner. Der Normalfall ist, dass Geschäfte scheitern, die Konjunktur sich dreht oder der Wettbewerber besser war, mithin das Risiko von allen Akteuren falsch eingeschätzt wurde. Umso wichtiger ist es, dass die Bank nicht gleich beim ersten Kreditausfall in Schwierigkeiten gerät. Dabei gilt: Je geringer das Eigenkapital einer Bank ist, desto geringer ist ihr Schutz gegen das Risiko ausfallender Kredite. Nehmen wir an, das Kapital unserer (Kleinst-)Bank beträgt 10 Euro, und die Bank borgt sich 100 und leiht 100 Euro, und sie bekommt vom Schuldner nur 90 Euro zurück, dann fällt der Wert der Bank auf null (10 – ihr Kapital – plus 90 – der Wert der schlechten Kredite – minus 100 – der Wert der Sparguthaben, macht: null).

Auch wenn der Wert unserer fiktiven Bank gleich null ist, ist die Welt noch in Ordnung. Denn die Sparer bekommen ihr Geld zurück, und niemand anders muss für den ausgefallenen Kreditanteil einspringen oder bürgen. Daher brauchen Banken eine Eigenkapitaldecke, um sich gegen Risiken abzusichern. Und in allen Staaten der Welt gibt es strikte Regeln, welches Eigenkapital die Banken zur Unterlegung ihrer Kredite, also der von ihnen eingegangenen Risiken, bilden müssen. So hat das sogenannte Basler Abkommen von 1988 (Basel I) – es heißt Basel, weil dort die Bank für Internationalen Zahlungsausgleich BIZ ihren Sitz hat – die Geldinstitute dazu verpflichtet, ein Eigenkapital in Höhe von mindestens acht Prozent ihrer Außenstände zu halten. Ist dieser Rahmen ausgeschöpft, dürfen die Banken keine neuen Kredite ausgeben.

Das seit 2006 geltende verschärfte Basel-II-Abkommen besteht darüber hinaus darauf, die Eigenkapitalanforderungen stärker zu differenzieren und von der Höhe des eingegangenen Risikos abhängig zu machen. Geben Banken also vorzugsweise Kredite an schlechte Schuldner, wird eine höhere Eigenkapitalunterlegung von ihnen verlangt. Basel II, ein Abkommen, das, obwohl von ihnen angeregt, die Amerikaner nie unterschrieben haben, war dazu gedacht, »eine Stärkung der Solidität als Ganzer zu garantieren«, wie die Deutsche Bundesbank in ihren Erläuterungen schreibt. Da muss dann wohl irgendetwas schiefgegangen sein.

Die schöne neue Welt der Finanzalchimie

Worüber wir bislang gesprochen haben, ist die Welt des traditionellen Kreditgeschäfts. Diese Welt war weder besonders gut noch besonders schlecht. Sie war schon gar nicht vor Krisen gefeit, wie manche in der Aufregung der Finanzkrise suggerieren wollten. Im Gegenteil: Eine Bank, die besonders stark von einem Schuldner oder einer Branche abhängig war, drohte unterzugehen, wenn dieses Unternehmen oder diese Branche in die Krise gerieten.

Seit geraumer Zeit haben die Banken das Verhältnis zwischen Kreditvolumen und Eigenkapital beträchtlich ausgeweitet. Zu Beginn des 20. Jahrhunderts befanden sich die Eigenkapitalanteile, gemessen an der Bilanzsumme, bei etwa einem Drittel, Anfang der neunziger Jahre noch bei zehn Prozent, vor Ausbruch der Krise etwa bei vielen Schweizer Großbanken etwa nur noch bei zwei oder drei Prozent: Das Eigenkapital hatte sich im Lauf der Zeit aus den Bankbilanzen verflüchtigt. Dadurch wurde das Bankgeschäft lukrativer für die Eigentümer (Aktionäre) wie für die Manager, die mit hohen Boni am Erfolg profitierten, hat aber verständlicherweise auch die Risiken beträchtlich erhöht, ohne dass das so richtig aufgefallen wäre. Oder besser: Die Manager waren der Meinung, der mathematische und IT-Fortschritt habe sie instand gesetzt, höhere Risiken jetzt besser kontrollieren zu können.

Da zugleich die Bankenregulierung den Kreditinstituten Mindestkapitalanforderungen vorschrieb, sannen diese nach Mitteln und Wegen, ihr Geschäft auszuweiten und das Risiko der Hebelwirkung zu minimieren. Die Lösung lautete: Die Kredite werden an andere Akteure auf dem Markt (andere Banken, Fonds, Anleger) weiterverkauft. Für die Bank verwandeln sich die Kredite in Wertpapiere. Das sind die *mortgage backed securities* (ABS), also Wertpapiere, die durch Hypotheken (*mortgage*) gedeckt sind und die auf allen Finanzmärkten frei handelbar waren. Auf diese Weise kann ein Hypothekenkredit an eine andere Bank weiterverkauft werden, während die ursprünglich kreditgebende Bank im Gegenzug ein Wertpapier erhält. Sie ist den Kredit losgeworden und fühlt sich frei, jetzt wieder fröhlich neue und höhere Kredite zu verkaufen.

»Verbriefung« – *securitisation* – heißt dieser Vorgang: Es ist das Zauberwort dieser neuen Finanzwelt. Die Banken bekommen die Kredite aus ihren Büchern, indem sie sie je nach Risiko bündeln und weiterverkaufen. Alles konnte auf diese Weise verpackt und in unterschiedliche Risikoklassen gesteckt und verschoben werden, von den Immobilienkrediten bis zu den Autokrediten. Das neue System der Verbriefung entwickelte sich während der letzten drei Jahrzehnte, besonders rapide freilich in den Jahren nach der Jahrtausendwende. Das muss man sich als ein riesiges globales Geschäft des Finanzhandels vorstellen. Gemäß der Bank für Internationalen Zahlungsausgleich betrug das Volumen all solcher Kontrakte Ende 2007 den unvorstellbaren Wert von 600 Billionen (»trillions«) Dollar; zehn Jahre zuvor waren es »nur« 75 Billionen Dollar gewesen.

Besonders stark wuchsen dabei die sogenannten *credit default swaps (CDS)*, die dem Investor eine Versicherung gegen einen Zahlungsausfall bieten. Rechtlich handelt es sich also um eine ganz normale Versicherung, ökonomisch werden aber auch die CDS genutzt als Finanzinstrumente für umfangreiche Spekulationen. Sie unterliegen nicht der Versicherungsaufsicht und können frei zwischen Banken, Hedgefonds oder Versicherern gehandelt werden. Versichert wurden Forderungen gegen dritte Unternehmen für den Fall, dass diese ihre Schulden nicht mehr bezahlen konnten. Dafür erhielt der Sicherungsgeber eine Prämie. Tatsächlich sind sie ein sinnvolles Instrument im Risikomanagement einer komplex gewordenen Finanzwelt. Auch dieser neue Markt sogenannter Kreditderivate hat sich allein zwischen dem Jahr 2004 und 2006 von 5 auf 26 Billionen Dollar vergrößert. Als dann die Forderungsausfälle im Zuge der Hypothekenkrise in großem Umfang bekannt wurden, waren freilich auch die CDS nichts mehr wert.

Der Investor Warren Buffet nannte die CDS eine moderne Form von Massenvernichtungswaffen. Aber es sollte nicht vergessen werden, dass es Ziel dieser neuen Produkte war, sich mit den Mitteln der modernen Finanzmathematik gegen Risiken besser zu versichern. Man geht ein Wagnis ein und zahlt zugleich eine Versicherungsprämie für das Risiko, dass unerwartete Umstände die Erwartungen enttäuschen. Dann ist man im Falle eines Falles weniger stark getroffen als die anderen; man musste sich das Wagnis aber mehr kosten lassen (die Prämie). Wie bei jeder Versicherung gibt es auch hier ein Problem des *moral hazard*: der Erlaubnis zu riskanterem Verhalten, da man für den Schadensfall ja abgesichert ist und eine Prämie bezahlt hat. Einfach gesagt: Wer eine Brandschutzversicherung hat, geht laxer mit der Feuergefahr um; wer eine Haftpflichtversicherung hat, grämt sich weniger, wenn der Fußball das Fenster des Nachbarn zertrümmert.

Keine Frage: Dass diese neue und komplexe Welt des Kredits möglich wurde, verdankt sie vor allem vier Entwicklungen:

- der Deregulierung (häufig auch der Umgehung von Regulierung) in der Bankenwelt
- der neuen Technologie der Finanzinnovationen (vor allem IT)
- den Erfolgen der Finanzmathematik und
- der wachsenden internationalen Mobilität des Geldes.

Hinter dieser komplizierten Mechanik der Verbriefung, die viele Kritiker längst als Alchimie bezeichnen, stecken rationale Ziele. Die Risiken der Kredite sollten breit gestreut werden, und sie sollten von einzelnen Banken auf den Markt verteilt werden. Banken, so hatten gerade die klügsten Risikostrategen immer behauptet, können in dieser neuen Welt verbriefter Risiken nicht mehr (oder mit deutlich reduzierter Wahrscheinlichkeit) zusammenbrechen. Denn, so die Logik der Verbriefung, sie haben ihre Risiken breit gestreut. Wenn ein Schuldner (oder eine ganze Region oder eine ganze Branche) zahlungsunfähig wird, sitzen die Gläubiger über die ganze Welt verteilt und halten alle nur einen winzigen Teil der Forderungen. Der Schaden selbst einer großen Zahlungsunfähigkeit hält sich in Grenzen. Denn die Verluste sind verkraftbar. Das war die Überzeugung vieler.

Lange Zeit ging das gut. Selbst in der ersten Phase der amerikanischen Hypothekenkrise – von 2007 bis zum Frühjahr 2008 – konnte sich die Hoffnung der Risikostreuung noch bewähren. Was ist schon der Zusammenbruch einer kleinen Bank (IKB in Düsseldorf) oder der Forderungsausfall für ein paar Wertpapierbesitzer gegenüber dem Einbruch des gesamten amerikanischen Immobilienmarktes. »Die Tatsache, dass Kreditausfälle in Cleveland Bankverluste in Deutschland zur Folge hatten, war kein Systemversagen, sondern vom System gewollt«, schrieb der britische *Economist* noch im Herbst 2008.

Eine schwere Krise wird durch den globalen Weltfinanzmarkt neutralisiert, während sie zuvor auf einzelne Akteure konzentriert war, so lautete das Versprechen. Deregulierte Finanzmärkte gelten deshalb als besonders effizient: Denn sie bewirken, dass das Geld auf die schnellste Weise dorthin fließt, wo es auch am besten rentiert, mithin den größten ökonomischen Nutzen entfaltet. An dieser Überzeugung braucht nicht gerüttelt zu werden (wir werden im letzten Kapitel dieses Buches darauf zurückkommen). Aber dann kam der große Crash.

Der große Crash

Seit dem Herbst 2008 ist alles anders. Eine große Hoffnung ist zusammengebrochen: die Hoffnung, dass die komplizierte Finanzalchimie der Verbriefung die Akteure der Banken vor dem Zusammenbruch bewahren könne, weil die Risiken des Kreditgeschäftes an den Markt (also an vielfältige Anleger auf der ganzen Welt, die für die Risiken haften) delegiert werden konnten.

Wie konnte das passieren? Kommen wir noch einmal zurück auf die bereits beschriebene Umwandlung von Krediten in Wertpapiere. Eine raffinierte Idee, mit dem sich die Banken von den Risiken entlasteten. Freilich hängt der Wert der Wertpapiere, die sie im Gegenzug für die Forderungspakete übernahmen, vom Wert der Kredite ab, der ihnen gerade abgekauft wurde. Sollten diese Kredite in großem Stil faulen, weil die Chance ihrer Tilgung schrumpft, fällt auch der Wert der Wertpapiere – und damit der Wert des Eigenkapitals der Bank. Denn der Gegenwert des Wertpapiers ist der Kredit – und der hängt an der Zahlungsfähigkeit des Schuldners. Kommt es zur Krise, werden also viele Schuldner gleichzeitig zahlungsunfähig, schrumpft auf der Stelle auch das Eigenkapital aller Banken, die *asset backed securities* auf den Markt gebracht haben.

Mit anderen Worten: Die Erweiterung des Kreditvolumens hat den Banken (und allen Investoren und Konsumenten) mehr Geschäfte ermöglicht als zuvor. Aber sie hat auch das Risiko ihres Handelns enorm verstärkt. Oder noch drastischer gesagt: Es ist gerade nicht gelungen, das Risiko von den Banken fernzuhalten. Offenbar hatten zu viele Banken zu viele der innovativ verpackten Wertpapiere gekauft, was nach der These der Risikostreuung eigentlich gar nicht hätte passieren dürfen. Entstanden war ein »opakes Netz wechselseitiger Verpflichtungen« (Markus Brunnermeier). Spätestens im Herbst 2008 zeigte sich somit, dass das Prinzip der Securitisation pervertiert worden war. Statt den Bankenzusammenbruch (ein für alle Mal!) zu verhindern, brachen die Banken (und zwar die größten und einstmals stabilsten) reihenweise zusammen. Ein großes Versprechen erwies sich als haltlos gerade dann, als es darauf angekommen wäre, dass es sich bewährt hätte. Systemische Krisen waren plötzlich wieder da.

Als die Kredite anfingen, allenthalben zu faulen, weil die Zinsen stiegen und der Immobilienmarkt zusammenbrach, schrumpfte zugleich der entsprechende Wertpapierbestand der Banken, mithin ihr Kapital. Abschreibungen in großem Stil waren die notwendige Folge. Mehr noch: Es zeigte sich plötzlich, dass die Banken ein Grundprinzip ihres Geschäfts übertrieben hatten, die sogenannte Fristentransformation: Damit ist zunächst nur der normale Vorgang gemeint, dass Banken ihren Kreditkunden das Geld langfristig zur Verfügung stellen, während sie sich dafür kurzfristig refinanzieren. »Aus kurz mach lang« wird dieses Prinzip genannt: Die Differenz zwischen Einlagen- und Kreditzins ist der Gewinn des Bankers. Banken reiten auf der Zinskurve, heißt es: Das ist ihr Geschäft.

Doch in den Jahren seit 2000 war es üblich geworden, dass die Banken solche Fristentransformation in ungeahntem Ausmaß praktizierten. Dazu gründeten sie sogenannte Zweckgesellschaften, welche die *asset backed securities* hielten. Diese Gesellschaften hatten praktisch kein Eigenkapital und finanzierten sich sehr kurzfristig am Geldmarkt. Ihre Anlagen aber bestanden aus Wertpapieren mit Laufzeiten von fünf Jahren und mehr. Als plötzlich die kurzfristige Refinanzierung über den Geldmarkt nicht mehr funktionierte, brach das Finanzierungsmodell zusammen. Der Ökonom Martin Hellwig, Direktor am Bonner Max-Planck-Institut für Gemeinschaftsgüter, vertritt die Ansicht, dass dieser übertriebenen Fristentransformation, also der Diskrepanz zwischen Laufzeiten von Anlagen und Verbindlichkeiten, ein entscheidender Anteil an der systemischen Krise zukommt.

Erschwerend kam hinzu, dass der genaue Wert der plötzlich unsicher gewordenen Wertpapiere nur schwer beziffert werden konnte, weil die Bank ja den direkten Kontakt zu ihrem Schuldner durch die Verbriefung der Kredite abgegeben hat. Das Vertrauensverhältnis wurde neutralisiert; umso schneller konnte Vertrauen zusammenbrechen. Und da ein modernes Bilanzrecht die Banken dazu verpflichtet, ihre *assets* (Einlagen) immer zum aktuellen

Marktwert zu bilanzieren (*mark to market*) – eine an sich gute Einrichtung, die verhindert, dass Banken sich reicher rechnen, als sie faktisch zum aktuellen Zeitpunkt sind –, resultierte daraus auch ein ständig zu aktualisierender Abschreibungsbedarf, was die Krise seinerseits prozyklisch noch beschleunigte.

Hier zeigt sich im Nachhinein das größte Manko der neuen Finanzalchimie: Der Zusammenhang von Risiko und Haftung wurde aufgelöst. Banken konnten Kredite vergeben, ohne dass sie selbst noch eine Verpflichtung hatten, diese Kredite zurückzuordern. Gläubiger und Schuldner sind Zwillinge. Und dies aus gutem Grund. Um das Risiko der Kreditvergabe zu neutralisieren, haben die Banken auf die Verpflichtung verzichtet, ihre Schulden einzutreiben – mithin die Haftung ausgesetzt. Noch nicht einmal einen Teil der Forderungen wollten sie auf ihren Büchern behalten (und sie waren auch gesetzlich nicht dazu verpflichtet). Das rächte sich: Die Risiken kamen wieder auf sie zurück, mit nie gekannter Wucht und mit abgründigen Folgen für das gesamte Weltfinanzsystem.

Weil nämlich der Wert der Wertpapiere, in denen die Kreditforderungen verbrieft wurden, nicht mehr feststellbar war, brach auch der Handel mit diesen Papieren zusammen. Denn niemand wollte solche Papiere noch kaufen. Wo ein Markt nicht mehr funktioniert, gibt es auch keinen Marktpreis mehr. Banken, die üblicherweise ihre langfristigen Verpflichtungen finanzieren, indem sie sich kurzfristig bei anderen Banken Geld leihen, konnten plötzlich diese Verpflichtung nicht mehr erfüllen. Das ließ sie taumeln – und selbst einstürzen.

Schlimmer noch: Weil der Wert der riskanten Papiere nicht mehr festgestellt werden konnte, ist auch nicht mehr gut zu sehen gewesen, was eine Bank wert war. Aus diesem Grund hörten die Banken auf, sich untereinander Geld zu leihen. Das Risiko konnte nicht mehr eingeschätzt werden, die nötige Risikoprämie (also der Zins) war nicht mehr zu kalkulieren. Plötzlich gab es am sogenannten Interbankenmarkt kein Geld mehr, oder besser gesagt: Geld nur noch zu schwindelerregend hohen Preisen. Indikator dafür war der Libor (*London Interbank Offered Rate*), das ist der Preis, den Banken bezahlen müssen, wenn sie sich von anderen Banken Geld leihen, und der Angebot und Nachfrage auf dem Geldmarkt misst: Je weniger Geld fließt, umso teurer wird es. Indirekt bestimmt der Libor auch den Preis, den Private und Unternehmen für einen Kredit zahlen müssen. Wenn die Kreditklemme auch die Realwirtschaft erreicht, wird es für Unternehmen schwierig zu investieren.

Die Kreditkrise war mit einem Schlag zugleich zu einer Liquiditätskrise und einer Solvenzkrise der Banken geworden. Danach hat es nur noch eine Weile gedauert, bis daraus auch eine Krise der realen Wirtschaft wurde, wie sie – nicht – im Lehrbuch steht. Liquidität war nicht mehr zu bekommen, nachdem die Banken einander nicht mehr trauten, weil sie ihren Wert und das einzugehende Risiko nicht mehr benennen konnten. Zugleich schrumpfte aber, freilich nicht präzise bezifferbar, das Kapital der Banken auf Furcht erregende Weise. Das ist deshalb Furcht erregend, weil, wie wir gesehen haben, ein entsprechendes Eigenkapital die Voraussetzung dafür ist, dass das Geschäft der Banken funktioniert. Mit anderen Worten: Es ging darum, Liquidität bereitzustellen und die Eigenkapitalbasis der Banken zu stärken. Die Banken waren nicht mehr in der Lage, sich selbst aus dieser Falle zu befreien.

Nachdem der Hebel der Kreditgeschäfte im Boom zu groß geworden war, hieß nun plötzlich »Abhebeln« das Gebot der Stunde: *Deleveraging* lautet dafür das Stichwort. Wenn der Hebel, wie wir gesehen haben, das Instrument ist, die Machtausübung eines Investors zu vergrößern, dann bedeutet Deleveraging eine Rückkehr zur Bescheidenheit und eine Reduktion des Machtvermögens. Wenn Geld knapp und teuer wird (und nicht mehr reichlich vorhanden und billig ist), müssen alle ihren Schuldenstand zurückfahren. Das trifft nicht nur die Banken, die sich übernommen haben, sondern auch die Hedgefonds und Private-Equity-Gesellschaften, die in den guten Zeiten ihre Unternehmenskäufe mit sehr viel Fremdkapital finanziert haben. Die Banken sollen ihre Kredite wieder gegen Eigenkapital tauschen.

Bis heute hängt die ganze Unsicherheit immer noch am Ausgangspunkt der Krise – bei den amerikanischen Hypothekenkrediten: Diese Unsicherheit währt so lange, bis endgültig klar ist, wie viele Schuldner ihre Kredite nicht mehr bedienen können und welche Sicherheiten letztlich für die Gläubiger noch verwertbar sind. Und solange dieser Prozess nicht zum Stillstand gekommen ist, kann die Krise noch nicht zur Erforschung an die Zunft der Historiker übergeben werden. Bei Abschluss des Manuskripts zu diesem Buch Ende Dezember 2008 war das nicht der Fall.

Die Rettung

In der Panik geht auf den Märkten nichts mehr. Denn, so Walter Bagehot, eine Panik ist eine Art der Massenpsychose. Bagehot hat sein berühmtes Buch *Lombard Street* 1873 veröffentlicht, sieben Jahre nach dem Zusammenbruch von Overend, Gurney & Co., einer Bank, die auf einen Schlag elf Millionen Pfund verlor. Die Investoren fielen in Panik, sie forderten ihre Einlagen zurück: Es kam zum »Bank run«. Weder gab es jemanden, der den Banken kurzfristig Geld zur Verfügung stellte, damit sie wieder liquide wurden. Noch gab es jemanden, der ihnen langfristig Kapital gab, damit sie nicht insolvent wurden. In solch einer Situation braucht man einen Retter, wusste Bagehot, einen *lender of last resort*. Der Fall von Overend, Gurney & Co. wurde für Bagehot »die Modellinstanz alles Bösen in der Wirtschaft« *(the model instance of all evil in business)*. Die Briten hat der Vorfall derart traumatisiert, dass es bis zum nächsten Bank run 141 Jahre dauerte, bis zum Sommer 2007, als Northern Rock zusammenbrach.

In der Panik herrscht blanke Angst. Und die Rettung kann nur bringen, wer Vertrauen genießt. So wie im Jahr 1866 in London, als Overend, Gurney & Co. zusammenbrach, war es jetzt plötzlich überall auf der Welt. Zum Garanten des Vertrauens wurde in der Krise des Jahres 2008 der Staat. Nicht, dass er sich aufgedrängt hätte, er wurde in der Not von den Banken geradezu herbeigefleht. Wo jeder bangt, ob er selbst überleben kann, kommt Hoffnung nur von jenen, die vermeintlich nicht untergehen können. Staaten sind die »wahren Milliardäre«; sagt Peter Sloterdijk. Denn sie haben scheinbar unbegrenzte Macht, Steuern von ihren Bürgern einzutreiben.

Und wenn sie sich nicht trauen, sie jetzt zu besteuern, dann machen sie Schulden, was freilich auf das Gleiche hinausläuft: Denn Staatsschulden sind die Steuern von morgen. Es sind die Steuern der Kinder jener Bürger (oder einiger von ihnen), welche die Krise zu verantworten haben. Immer geht das auch nicht gut. Auch Staaten können bankrottgehen.

Ob die Rettungsaktionen richtig waren, ob es gar nicht andere und bessere Wege der Rettung gegeben hätten, das ist eine Frage, die eines Tages die Historiker beschäftigen wird. Der Harvard-Ökonom Martin Feldstein hatte zum Beispiel alternativ oder zusätzlich vorgeschlagen, das Übel doch gleich an der Wurzel zu packen und den zwölf Millionen amerikanischen Hauseignern, deren Hypothekenschulden den Marktwert ihrer Häuser übersteigen, finanziell spürbar unter die Arme zu greifen. Das hätte dann den Anreiz erhöht, die Kredite zu tilgen, und womöglich den anhaltenden Verfall der Immobilienpreise gestoppt, was doch die entscheidende Voraussetzung dafür ist, dass die faulen Papiere wieder einen Wert bekommen. Aber auch dieses Manöver wäre riskant gewesen.

Gigantische Summen (als Bürgschaft oder als Cash) wurden von den Notenbanken und den Finanzministern der Staaten bereitgestellt, um Liquidität und neues Eigenkapital der gefährdeten Banken zu garantieren. Dabei geht es um zweierlei: Für Liquidität kann nur die Notenbank sorgen, die zu guten Konditionen den privaten Banken Geld zur Verfügung stellte und sich bereiterklärte, im Gegenzug und als Sicherheit dafür auch schlecht besicherte Wertpapiere zu akzeptieren. Darüberhinaus musste aber vor allem die Eigenkapitalbasis der Banken verbessert werden: Mit Geld von Staaten, die sich quasi als Aktionäre am Kapital der Banken beteiligten, indem künstlich ein Preis gebildet wurde, zu dem die Staaten bereit waren, Aktien der Banken zu kaufen (was private Unternehmen oder Staatsfonds anderer Länder zu tun nicht mehr bereit waren).

In England und Großbritannien wurden die Banken von der Politik regelrecht genötigt, das Geld anzunehmen, auch solche Institute, die der Meinung waren, sie hätten dieses Geld gar nicht nötigt. Warum griff der Staat zu dieser Form der Zwangsbeglückung? Um die Eigenkapitalbasis auf deutlich über zehn Prozent zu drücken, sie damit zu nötigen, diese höheren Kapitalkosten durch verstärkte Kreditvergabe auch zu verdienen, allen Kunden aber zugleich zu signalisieren, dass sie sich dieser Bank getrost anvertrauen könnten. Mit anderen Worten: um das für die wirtschaftliche Dynamik so entscheidende Kreditgeschäft wieder anzuschieben.

Was wird das die Steuerzahler kosten? Von 1,4 Billionen Dollar war im Herbst 2008 einmal die Rede. Doch was dabei letztlich auf die Steuerzahler an Verpflichtungen zukommt, wird man erst in ein paar Jahren sagen können. Denn es hängt davon ab, zu welchem Preis die Staaten ihre Kapitalbeteiligung an Banken wieder loswerden, wenn einmal die Folgen der Krise überstanden sind.

Dass es so weit kommen konnte, ist gewiss auch Folge ganz spezifischer Konstellationen und globaler Fehler politischer und privater Akteure in der ersten Hälfte des 21. Jahrhunderts. Aber – man weiß nicht, ob es die Sache besser oder schlimmer macht – der Zusammenbruch offenbart zugleich die hässliche Seite des Kreditsystems. Im Klartext: Finanzkrisen (oder Kreditkrisen) hat es immer schon in der Geschichte des Kapitalismus gegeben. Die Finanzkrise des Jahres 2008 ist gewiss eine Folge des falschen Designs der neuen Finanzindustrie. Aber es ist noch schlimmer: Sie ist Ausdruck der Fragilität eines jeden Finanzsystems im Kapitalismus.

»Die größte Stärke des Bankensystems ist zugleich seine größte Gefahr«, schrieb hellsichtig Walter Bagehot schon im Jahr 1873: Wir können das System mit seinen Vorteilen nur haben, wenn wir auch bereit sind, seine Nachteile in Kauf zu nehmen. Unsere Vertrautheit mit dem System habe uns blind für die Gefahren gemacht. Und die meisten Geschäftsleute denken: Es ist noch immer gut gegangen und wird deshalb bis in alle Ewigkeit gut gehen. »Aber, wenn wir genau hinschauen, so lange geht das alles noch gar nicht gut«, schreibt Bagehot. Und dann fährt er folgendermaßen fort: »Es gab noch nie so viel geliehenes Geld wie heute in London. Und von den vielen geliehenen Millionen in Lombard Street wird der größte Teil von den Banken gehalten, deren Kunden jederzeit auf Zuruf ihre Einlagen zurückfordern können. Denn sie sind die Eigentümer des Geldes, die sich in ihrer Panik alles zurückholen dürfen. Sollte je passieren, dass ein Großteil des Geldes zurückgefordert würde, wäre nicht nur unser Banksystem, sondern die ganze Industrie in der allergrößten Gefahr.«

Money will not manage itself, wusste Bagehot. Deshalb braucht es eine Instanz im System, die absolutes Vertrauen genießt und in der Lage ist, plötzliche und unerwartete Nachfragen derer, die den Banken Geld geliehen haben, zu befriedigen. Es braucht einen sogenannten *lender of last resort* – einen Kreditgeber der letzten Instanz –, jemanden, der immer und ganz schnell mit Kapital zur Stelle ist.

Das muss nicht zwingend der Staat sein. Entscheidend ist nur, dass dem Retter »kindliches« Vertrauen entgegengebracht wird. Tatsächlich war dieser Lender of last Resort für Großbritannien über lange Jahrhunderte eine private Bank in der Form einer börsennotierten Aktiengesellschaft gewesen, die entsprechende Reserven hatte und immer einsprang, wenn eine Krise ausbrach: die Bank of England. Während die Banque de France, die französische Nationalbank, immer schon ein Staatsinstitut war, blieb die Bank of England bis 1946 ein privates Haus, erfüllte aber ihre Aufgaben genauso gut (manche sagen: besser) wie die französische Nationalbank. Das heißt: Es geht bei der Institution des Lender of last Resort, der das Geld in der Krise managt, um Vertrauen, aber nicht um den Gegensatz staatlich oder privat. Solange Menschen den Staaten trauen, sind es die Staaten, die einspringen können, wenn Märkte kollabieren oder stagnieren. Sollte sich aber die Angst vergrößern, dass auch Staaten vor dem Schicksal der Pleite nicht bewahrt sind, könnte dieses Vertrauen rasch schwinden.

Damit endet dieses Kapitel dort, wo es begonnen hat: beim Kredit, also beim Vertrauen. »*Credit in business is like loyalty in government*«, schreibt Bagehot. Es gibt keine natürliche Überlegenheit des Staates als Vertrauensgarant gegenüber dem Markt.

Loyalitäten sind langfristige Beziehungen der Verlässlichkeit. Das ist, ein letztes Mal Bagehot, bei der privaten Aktiengesellschaft der Bank of England nicht anders als bei der Monarchie und der Loyalität zu Queen Victoria. Die Königin ist ein Mensch wie jeder andere. Dass sie eine Institution ist, die Vertrauen sichert, anders als jeder andere, liegt nicht an der Monarchie als solcher, sondern am über Jahrhunderte gewachsenen Glauben der Bürger (der »Untertanen«) an ihre das Vertrauen garantierende Macht. So ist es auch mit der Bank of England. Die Bank of England und Queen Victoria sind historisch zufällig, aber sie sind die Instanzen des Vertrauens. Die Menschen haben gute Erfahrungen mit ihnen gemacht. Man sollte keine von beiden abschaffen. Kein Zufall, dass die riskantesten Abenteuer der Finanzwelt – unabdingbar für den Fortschritt der Menschheit – angewiesen sind auf Institutionen der historisch gewachsenen Loyalität und durch sie abgesichert werden müssen.

Kapitel V

DIE SPEKULATION *oder* Was ein Thrill anrichten kann

Im frühen 19. Jahrhundert gab es in England Leute, die, weil sie sich den Besuch einer Kneipe nicht leisten konnten, stattdessen mit kleinen Eimern (*buckets*) von Pub zu Pub zogen. Sie sammelten die abgestandenen Bierreste aus Gläsern, um diese schließlich gemeinsam zu trinken. *Bucketshops* nannte man jene Trinkgelage, ein Vergnügen des kleinen Mannes, das man sich nicht besonders appetitlich vorstellen darf.

Ende des 19. Jahrhunderts entstand in Amerika eine andere Art von Vergnügen, das auch Bucketshops genannt wurde. Hier kam der kleine Mann mit seinesgleichen zusammen, um mit überschaubaren Geldbeträgen auf die Kursentwicklung an der Börse zu wetten. Es konnten sogar fiktiv Aktien gekauft werden, ohne dass eine reale Transaktion an der Börse stattfand. »Weil man an den Bucketshops auch mit kleinsten Einsätzen spekulieren konnte, waren sie besonders bei Gelegenheitsspekulanten und Anfängern sehr beliebt«, schreibt der Soziologe Urs Stäheli in *Spektakuläre Spekulation*, einer anregenden Geschichte der Spekulationen. Solche Wettbüros gab es nicht nur in amerikanischen Großstädten, sondern in fast jeder Kleinstadt. Von 1000 Bucketshops sprechen seriöse Quellen; die Gegner dieser Ausschweifungen wollen gar 5000 Läden gesichtet haben: Ein Fieber schien die Menschen allerorts ergriffen zu haben. Heute bezeichnet der Begriff Bucketshop übrigens in Amerika eine windige Firma und in England einen unseriösen Makler.

Diese Episode verrät einiges über das Wesen der Spekulation. Spekulanten gab es in allen Zeiten. Sie sind gewiss älter als der Kapitalismus. Und schon vor über hundert Jahren haben die Menschen *fiktiv* den Kapitalmarkt nachgebildet, aber *real* darauf gewettet. Was damals im Bucketshop passierte, hat Ende des 20. Jahrhunderts die Zertifikateindustrie in großem Stil imitiert: Sie hat versprochen, mit ihren synthetischen Finanzprodukten könne der kleine Mann partizipieren an den Gewinnchancen der großen Profis. Der kleine Mann hat mitgemacht. Wie damals in Chicago. Zocken mit Derivaten hätte man heute genannt, was die Männer damals in ihren Bucketshops gemacht haben.

Vom Fieber der Spekulation kann offenbar jedermann ergriffen werden. Es geht nicht nur um die Reichen – den Philanthropen George Soros, der die Bank of England bezwang, oder den tragisch endenden Ratiopharm-Chef Adolf Merckle, der bei einer Wette gegen VW enorme Geldsummen verlor –, auch Otto Normalverbraucher hat offenbar großen Spaß am Wetteinsatz. Er geht zum Buchmacher und hofft auf den Sieg seines Lieblingspferdes. Oder er gibt Woche für Woche seinen Lottozettel am Kiosk an der Ecke ab und wartet darauf, dass die richtige Zahlenkombination ihn eines Tages Millionär werden lässt. Er macht das, nebenbei bemerkt, selbst dann, wenn er weiß, dass die Gewinnchancen eher gering sind. Oder er kauft eben ein Zertifikat bei seiner Bank, eine Schuldverschreibung, die ihm das Anrecht gibt, an bestimmten Gewinnchancen bestimmter Märkte zu partizipieren.

Die Wettlust, die Hoffnung, mit einem geringen Einsatz – ohne Arbeit oder vorausgehendes Studium – sein Glück zu machen, kann jeden Menschen ergreifen. *Thrill* nennt Urs Stäheli das dazugehörige Gefühl, ein schwer übersetzbares Wort, welches eine Art Nervenkitzel, einen Kick meint, der die Emotionen hochfährt und das Gemüt in Spannung und Wallung versetzt. Es geht gar nicht einmal um die Vorwegnahme des großen finanziellen Glücks, das man zu erlangen erhofft: Es geht vielmehr um den Genuss jenes magischen Moments, in dem man nicht weiß, was die Zukunft bringen wird. Der Reiz des Risikos treibt uns in eine ambivalente Situation, einen außergewöhnlichen Zustand der Angstlust. Der Thrill des Spekulanten kommt einer Art Rauschzustand gleich; kein Wunder, dass Glücksspiele süchtig machen können.

Die Hoffnung auf ein Vermögen reizt Menschen wesentlich stärker als realer Besitz. Dafür sind sie auch bereit, Risiken einzugehen. »Risiken halten Menschen nicht vom Pokern ab«, sagt die Psychologin Barbara Mellers von der University of California in Berkeley. Im Gegenteil: Der Nervenkitzel mache das Spiel mit dem Geld sogar noch attraktiver. Der Reiz der Ungewissheit, gepaart mit der intuitiven Lust auf mehr, bewirkt nach Angaben der Experten einen unstillbaren Hunger.

Neurowissenschaftler der Stanford University in Kalifornien haben versucht, den neuronalen Wurzeln des Thrills auf den Grund zu gehen. Ergebnis: In allen Experimenten reagierten Probanden besonders stark auf einen erwarteten finanziellen Gewinn. Geldbeträge, die sie tatsächlich besaßen, hatten dagegen einen wesentlich geringeren Effekt auf das Belohnungssystem im Gehirn, das für Glücksgefühle zuständig ist.

Kein Wunder, dass solche Reizzustände spekulativer Lust den Menschen immer schon suspekt waren und regelmäßig Versuche unternommen wurden, sie einzudämmen oder gar zu verbieten, wenngleich mit mäßigem Erfolg. Die Spekulation hat den Beigeschmack des Unsittlichen, ja des Verruchten. Daher gab es immer auch die Regulierer, die den Thrill wenigstens kontrollieren wollten. Spielkasinos sind hierzulande staatliche Einrichtungen, bei denen der Staat eine Doppelmoral vorlebt: In paternalistischer Manier beansprucht er die Aufsicht über den Spekulationstrieb und verdient dabei großzügig mit.

Einen besonders schlechten Beigeschmack hat der Begriff des Spekulanten in Deutschland, wo er neuerdings gern durch den des Zockers ersetzt wird. Wenn einer sich *verzockt* hat, dann kommt darin sprachlich die Schadenfreude jener zum Ausdruck, die brav und bieder geblieben sind. In den Vereinigten Staaten, wo das Risiko viel positiver bewertet wird, genießt auch der Spekulant ein höheres Ansehen: Schon der Begriff Spekulation hat eine höhere Würde als der des Zockers. Schließlich ist Spekulation auch ein philosophischer Begriff, der die begreifende Tätigkeit der menschlichen Vernunft beschreibt, ein Akt des reinen Denkens, das sich ebenso wenig um die reale Welt scheren muss wie die finanzielle Spekulation.

Es ist, als ob im Spekulanten die Menschen sich selbst zum Rätsel würden. Anstößig ist insbesondere die Tatsache, dass es nur und ausschließlich ums Geld geht. Wer einen Kredit aufnimmt, damit seine Geschäftsidee finanziert wird, und hofft, dass diese Wette aufgeht, der hinterlässt etwas: Er hat Autos oder Computer gebaut, Arbeitsplätze geschaffen und somit der Menschheit einen Dienst erwiesen. Aber der Spekulant? Es ist seine Entfernung zu Produktion oder Dienstleistung, die dem Spekulanten zum Vorwurf gemacht wird. Er schafft für sich Gewinne, gibt aber an die Gesellschaft nichts zurück: Er ist einfach nur reich geworden. Und wenn er arm wird, dann umso schlimmer. Denn dann hat er gar noch andere mit in den Abgrund gerissen, weil er womöglich sein Unternehmen verkaufen musste, um seine Spielverluste auszugleichen.

Offenbar geht von der Spekulation gleichermaßen eine Verführung durch den Nervenkitzel wie auch eine Bedrohung aus. Urs Stäheli zählt fünf zentrale Einwände auf, die den Spekulanten im Laufe der Finanzgeschichte immer wieder entgegenschlugen:

Da ist zunächst der Einwand größter *Irrationalität* (1). Der Spekulant ist das Gegenteil des ehrbaren Kaufmanns, der mit höchster wirtschaftlicher Rationalität handelt. Wer aber im Zustand der Erregung – die Behavioral Finance spricht von Kontrollverlust und selektiver Wahrnehmung – sein Geld ausgibt, der zeigt doch offenkundig, dass er nicht vernünftig lebt, sondern sich von seinen Gefühlswallungen leiten lässt.

Hinzu kommt der Vorwurf der *Sucht* (2), was einer Steigerung des Vorwurfs der Irrationalität gleichkommt. Wer süchtig ist, wird abhängig von dunklen seelischen Mächten und Gewalten. Er kann gar nicht rational handeln, wettet er doch einfach nur deshalb, weil er wetten muss. Der Spekulant, soll damit wohl gesagt werden, gehört in die Psychiatrie und nicht in die Ökonomie.

Schließlich gilt der Spekulant als *Parasit* (3), er ist ein Schmarotzer an der Volkswirtschaft, weil er sich ohne Leistung bereichert, noch nicht einmal legitimiert durch den Erfolg seiner Vorfahren, die ihm ein Erbe hinterlassen haben. Damit untergräbt er eine wirtschaftliche Ordnung, die auf Leistung und Äquivalenz, Gabe und Gegengabe beruht. Er ist der Antiheld zu den aus der Haltung des calvinistischen Ethos heraus handelnden Wirtschaftsakteuren. Wer nicht produziert, soll auch nicht reich werden dürfen. Es überrascht nicht, dass der Spekulationsvorwurf regelmäßig eine zentrale Rolle im antisemitischen Diskurs spielte. Der »jüdische« Spekulant ist Inbegriff des bösen Finanzkapitalisten.

Übel nimmt man dem Spekulanten zudem, dass er sein Geld für *nicht ökonomische Zwecke* (4) ausgibt. Das ist deshalb verwerflich, weil dem Geld nach der herrschenden Meinung nur eine dienende Funktion zukommt, zugelassen nur als Tauschmittel, um den Handel mit Gütern und Dienstleistungen zu befördern. Ein *gambler* aber, so sehr er auch dem Gelde anhängen mag, ist einer, der das Geld missachtet, weil er dessen »eigentliche« Aufgabe negiert. Es ist, als würde sich hier die Abwehr gegen die Verführung durch die Spekulation moralisch eine Bahn brechen.

Letztens gelten Spekulanten als *Hasardeure* (5), die den Zufall in den Mittelpunkt ihres Sinnens und Trachtens legen. Wer das Leben als Spiel gestaltet, hat dessen Ernst nicht richtig begriffen. Und wer Gewinner und Verlierer auswürfeln lässt, der hat sich vom Ethos der Arbeit und des Unternehmertums verabschiedet, welches der Ansicht ist, dass Leistung sich auszahlt und sie allein wirtschaftlichen Erfolg rechtfertigt. Wo das große Geld sich dem Zufall und dem puren Glück verdankt, da muss man an der Welt verzweifeln oder aber diesen Erfolg als Sünde wider das ökonomische Ethos brandmarken.

Summa summarum: Spekulanten sind Fremdkörper, die es auszugrenzen gilt, weil man offenbar eine eigene bedrohliche Verführbarkeit ausgrenzen möchte. Alle Vorwürfe, so moralisch sie auch immer formuliert sein mögen, zielen darauf ab, die Spekulation als das Anti-Ökonomische zu überführen. Sollte das gelingen, hätte Spekulation im Kapitalismus – gar in der Marktwirtschaft – keinen Platz. Denn der Markt soll doch ein rationaler Ort sein, wo die unsichtbare Hand, nicht aber der blinde Zufall regiert. Spekulation ist vielen nicht nur unerträglich, weil sie den Neid herausfordert, der anderen den Zufallsgewinn nicht gönnen mag. Spekulation ist auch unerträglich, weil sie scheinbar alle Anstrengungen zunichtemacht, die Wirtschaft als rationale und moralische Ordnung zu bestimmen. Von diesem Standpunkt aus betrachtet, müsste also die Spekulation aus der Welt der Wirtschaft verbannt werden.

Wer ist überhaupt ein Spekulant? Betriebswirte definieren Spekulation als den Versuch, einen finanziellen Vorteil durch die künftige Realisierung einer Markteinschätzung zu erzielen. Das klingt komplizierter, als es in Wirklichkeit ist, und funktioniert ungefähr so: Unser Mann im Bucketshop setzt darauf, dass die Aktien seines Lieblingseisenbahnunternehmens steigen. Wenn er recht hat mit seiner Markteinschätzung, erzielt er einen Gewinn. Denn irgendjemand wird dagegen wetten oder aber »auf das falsche Pferd setzen«, wie man sagt. Nebenbei zeigt sich hier, dass der Versuch, Spekulation (Wetten auf Marktentwicklungen) und Glücksspiel (reine Geldwetten) sauber voneinander zu trennen, zum Scheitern verurteilt ist. Denn unseren Spielern im Bucketshop mögen die Unternehmen, auf die sie künstlich setzen, völlig einerlei sein. Aber ihr Glücksspiel ist strikt auf den Markt bezogen: Sie müssen sich über die »reale Welt« informieren, Erwartungen über deren Geschäftsverlauf äußern, auch wenn es ihnen nur und um nichts als das Geld geht. Die Motive des Spekulanten zu sezieren und zwischen guten und bösen Spekulanten zu unterscheiden ist ein ebenso eitles wie aussichtsloses Unterfangen. Spekulanten sind Spekulanten.

Worauf es der Spekulant aber abgesehen hat, ist einzig die Differenz zwischen Kaufpreis und Verkaufspreis: Sie definiert seinen Gewinn oder seinen Verlust. Was gekauft und verkauft wird, ist einerlei. Alles kommt infrage: Schweinebäuche, Automobilaktien, alte Schallplatten oder Öl. Spekulanten handeln mit Wertpapieren, Devisen, Grundstücken oder Rohstoffen. Und sie versuchen, durch Kauf oder Verkauf zum richtigen Zeitpunkt ihr Geld zu verdienen.

Das zeigt auch: Spekulanten sitzen auf beiden Seiten des Tisches. Die einen gehen mit der Herde und hoffen, am Zahltag dabei zu sein. Denn selbst, wenn die Herde sich irrational verhält, könnte es unklug sein, sich von ihr abzuwenden: Das Verhalten der Herde trägt ja dazu bei, dass das, was sie glaubt, auch eintritt. Solange alle auf steigende Häuserpreise setzen, steigen die Häuserpreise, auch wenn die Preise »irrational« explodieren. Die anderen sind die Außenseiter, die gegen den Zeitgeist spekulieren. Gelingt es ihnen, »den Markt zu schlagen« (*to beat the market*), wird ihr Profit um ein Vielfaches höher sein.

Kein Wunder, dass immer wieder Versuche unternommen wurden, die Spekulation auf die »Börsengebildeten« einzuschränken, weil nicht hinnehmbar sei, dass die einfachen Leute ins Unglück stürzen, wenn sie sich »verzockt« haben. Schon Max Weber meinte in seinem Klassiker *Die Börse* (1894): »Der kleine Spekulant, welcher in kleinen Preisdifferenzen zu verdienen sucht und die Börse zu einem Ort macht, auf welchem er ein Vermögen, welches er nicht besitzt, erst erjagen möchte, erfüllt gar keinen volkswirtschaftlichen Zweck; das was für ihn als Verdienst abfällt, zahlt die Volkswirtschaft ganz unnötigerweise an einen überflüssigen Schmarotzer.«

Anlegerschützer könnten Max Webers Studie heute an ihre Kunden verteilen, zumal der Vorwurf des »Schmarotzers« gegen den Spekulanten, wie wir gesehen haben, einen geläufigen Topos darstellt, der auch jetzt wieder en vogue ist. Aber soll man künftig eine Spekulantenprüfung einführen? Soll man die Erlaubnis zur Spekulation vom Bildungs- oder Börsenerfahrungsstand abhängig machen? Das wäre nicht nur ungerecht, sondern auch unsinnig. Denn vermutlich haben sich häufig auch Gebildete gründlich verzockt, womöglich sogar noch schlimmer als die Unbedarften.

John Maynard Keynes, dem wir eine frühe Theorie der Spekulation verdanken, hat auf diesen Gegensatz zwischen irrationaler Masse (der Herde) und dem isolierten Einzelnen aufmerksam gemacht. Dabei könne sich der erfolgreiche Spekulant die Irrationalität der Masse zunutze machen, indem er geschickt gegen sie anwette: »Der Weise vermag mehr als von den realen Ereignissen von der Psychologie der Masse (*the mob psychology*) zu profitieren, indem er das irrationale Verhalten der Mehrheit in seine Strategie mit einbezieht.« Es ist ein Spiel mit jenem Verhalten der Vielen, das der schottische Journalist, Dichter und Schriftsteller Charles Mackay in einem seit 1841 vielfach neu aufgelegten Buch *Memoirs of Extraordinary Popular Delusions and the Madness of Crowds* genannt hat: Erinnerungen an außerordentlich populäre Illusionen und den Wahnsinn der Masse. Im Volksmund nennt man es – heutzutage politisch äußerst unkorrekt – »Hausfrauenhausse«: Wenn die Hausfrauen anfangen, T-Aktien zu kaufen, dann ist es höchste Zeit, dagegen zu wetten. Die Chancen zu gewinnen sind dann groß.

Wem es gelingt, beide Male dabei zu sein, bei der Masse und bei den Opponenten, sowohl auf steigende als auch auf fallende Kurse zu setzen, der ist ein Meister. Genau das ist das Ziel der Hedgefonds. Die Gründung dieser Hedgefonds war eine kluge Idee gewiefter Fondsmanager, die in den neunziger Jahren des vorigen Jahrhunderts, während des Börsenaufschwungs und des Technologiebooms, beobachtet hatten, dass traditionelle Fonds zwar von steigenden Kursen profitierten, in Zeiten des Abschwungs aber bei fallenden Kursen selbst auch Verluste machten. Das wollten sie ändern. »Leerverkäufe« (*short-selling*) lautete die geniale Idee, die Abhilfe schaffte: eine Idee, die zu Geld wird, wenn die Kurse wirklich fallen.

Wie funktionieren Leerverkäufe? Nehmen wir an, Fritz borgt sich – gegen eine kleine Leihgebühr – bei seinem Freund Hans einen Korb mit Äpfeln, läuft zum Markt und verkauft den Korb zu heutigen Marktpreisen für zehn Euro. Er macht das, weil er weiß (oder vermutet), dass am nächsten Tag die neue Ernte auf den

Markt kommt und die Äpfel dann, angesichts des großen Angebots, billiger werden. Tritt seine Vermutung ein, fällt der Preis und kosten die Äpfel am folgenden Tag dann nur noch 5 Euro, kann er um den halben Preis einen Apfelkorb erstehen, die Äpfel an seinen Freund Hans zurückgeben und einen Gewinn von 5 Euro (minus der Leihgebühr) einstreichen.

Man kann sich das auch noch eine Drehung raffinierter vorstellen. In diesem Fall hat Fritz selbst gar keine Äpfel. Er verspricht nur jemandem einen Korb Äpfel für zehn Euro (den aktuellen Marktpreis), setzt aber darauf, dass der Preis fällt, und kann dann die Äpfel für weniger als zehn Euro selbst einkaufen und einen entsprechenden Gewinn kassieren. Raffiniert an dieser Strategie ist, dass es Fritz allein mit seiner Ankündigung eines größeren Marktangebots gelingen könnte, den Preis zu drücken. Es ist ja nicht so, dass die Spekulanten in einer Sonderwelt außerhalb des Marktes leben. Sie selbst beeinflussen mit ihrem Verhalten, das sich aus Annahmen über die Marktentwicklung speist, den Markt. Fritz hätte in unserem Beispiel also selbst herbeigeführt, worauf er spekuliert. Ganz schön clever.

Soll das erlaubt sein? Viele Menschen würden protestieren. Der Preis eines Apfels soll sich aus der »realen« Nachfrage nach Äpfeln und dem »realen« Angebot der Früchte, sozusagen dem »natürlichen« Ertrag des Bodens, ergeben. Er soll aber nicht künstlich dadurch beeinflusst werden, dass einige Marktteilnehmer Äpfel horten. Noch schlimmer finden es die meisten wohl, dass Preise schon durch die bloße *Ankündigung* einer Ausweitung des Angebots gedrückt werden und Spekulanten davon profitieren können.

Tatsächlich hat die Deregulierung der Finanzindustrie in den vergangenen Jahren die sogenannten gedeckten (Fritz hat Äpfel), teilweise auch die ungedeckten (Fritz verspricht die Äpfel nur) Leerverkäufe, die lange Zeit verboten waren, erlaubt. Das gab der

Hedgefonds-Industrie einen immensen Schub. Denn jetzt konnte sie ihren Investoren eine Welt mit deutlich geringerem Risiko versprechen. Da sie nämlich einen Teil ihres Geldes auf steigende, einen anderen Teil aber auf fallende Kurse setze, war sie immer dabei. Ging die Wette an der einen Stelle nicht auf, musste sie gerade an der anderen Stelle aufgehen. *Hedges* sind jene Hecken in England, die die Felder vor dem Wind schützen. Hedgefonds versprechen das Risiko des Anlegers abzusichern. Er soll glauben, sein Fonds gewinne immer, egal, ob die Kurse steigen oder fallen. Und weil alles so wunderbar glatt lief und die Zinsen niedrig waren, haben viele Hedgefonds ihre Engagements zusätzlich mit Krediten der Banken angereichert, um den Hebel des Gewinns zu verlängern. Unnötig hinzuzufügen, dass die Manager der Fonds das nicht nur zum Wohle ihrer Investoren, sondern auch im Interesse der eigenen Einkommen getan haben.

Die Finanzkrise hat auch das Geschäftsmodell der Hedgefonds empfindlich geschädigt. Nachdem die Banken ihr Kreditvolumen in großem Stil reduziert haben, sind die Renditen der Fonds dramatisch eingebrochen. Das hatte wiederum zur Folge, dass die Anleger in Panik diese Fonds flohen und ihr Geld abgezogen haben. Die Fonds wiederum konnten das Begehren ihrer Anleger nur dadurch befriedigen, dass sie ihr Geld rasch aus ihren Investments abzogen, was wiederum zum Preisverfall an den Märkten führte. Auch wenn die Hedgefonds mit der Immobilienkrise, die am Anfang des Crashs stand, nichts zu tun hatten, auch wenn die faulen Kredite in großem Stil ein Problem der – stark regulierten – Banken waren, so hatte sich die Finanzkrise doch mit Wucht auf die Hedgefonds ausgedehnt.

Und es ist offen, ob die Hedgefonds bald wieder starke Marktteilnehmer werden. Denn rasch hat sich die politische Debatte darauf kapriziert, Hedgefonds künftig stärker zu regulieren und womöglich Leerverkäufe generell zu unterbinden (was auch früher schon einmal passiert war). Nicht zuletzt die Vermutung, dass der Zusammenbruch der amerikanischen Bank Lehman Brothers durch Leerverkäufe von Hedgefonds beschleunigt, wenn nicht sogar herbeigeführt wurde, brachte selbst Finanzexperten dazu, ein Verbot von Leerverkäufen zu fordern. Hinter solchen Forderungen steckt der alte Verdacht gegen Spekulanten, sie seien Schmarotzer der Wirtschaft und schreckten selbst in der schlimmsten Krise nicht davor zurück, daraus ihren Spekulationsgewinn zu ziehen.

Was sind sie denn nun? Sind die Spekulanten für eine Volkswirtschaft nützlich oder schädlich? Auf die Motive der Spekulanten braucht es dabei nicht anzukommen. Denn es ist durchaus denkbar, dass es ihnen ausschließlich ums Geld geht und sie gleichwohl eine gesellschaftlich nützliche Funktion ausüben.

Entscheidend ist, worauf der Spekulant seine Strategieentscheidungen gründet. Gewiss, er kann sie sich vom Roulette vorgeben lassen und wird womöglich mit diesem Zufallsgenerator irgendwann einmal Erfolg haben, wenn er nur, wie der Lottospieler, lange genug durchhält. Aber den meisten Spekulanten ist die Lotterie zu gefährlich und zu teuer. Sie suchen Informationen aus der realen Welt, der Welt der Statistik und der Prognosen, und basteln daraus ihre Annahmen über die weitere Entwicklung der Preise. Sind sie zum Beispiel der Meinung, der Aufschwung in China und Indien werde weiter anhalten und der Wohlstand der Menschen in den Schwellenländern zunehmen, so ist es keine Hexerei, sowohl auf steigende Lebensmittel- wie auch Ölpreise zu setzen.

»Der Spekulant trägt spezielle Informationen in den Kapitalmarkt«, sagt der Schweizer Ökonom Heinz Zimmermann. In unserem Fall wissen also alle, die es wissen wollen, dass die Nachfrage nach Öl und Lebensmitteln steigen wird. Aus diesen Informationen können die Marktteilnehmer aber ihre Schlüsse ziehen. Denn Preise, das ist eine ihrer wichtigsten Aufgaben, senden Informationssignale aus. Wenn der Ölpreis auf mittlere Sicht hoch bleibt, dann ist das ein Signal an die Produzenten von Öl, dass es sich lohnt, weitere Ölfelder zu explorieren. Denn das schwarze Gold geht noch lange nicht zur Neige: Allerdings wird es immer aufwendiger, es zutage zu fördern. Bei einem geringen Preis lohnt sich das nicht. Bei einem hohen Ölpreis könnte es sich aber durchaus rechnen. Das Verhalten der Spekulanten bedingt somit eine Investitionsentscheidung der Ölmultis, die womöglich unterblieben oder hinausgezögert worden wäre, hätte es die Spekulanten nicht gegeben. Spekulanten setzen ihre widerstreitenden Erwartungen über die Zukunft in Preise der Gegenwart um, was unternehmerische Entscheidungen (also: Entscheidungen jetzt in der Hoffnung auf späteren Erfolg) zur Folge hat. Jetzt lohnt es sich wieder, das Risiko der Ölförderung einzugehen. Spekulation dient dem Risiko- und Informationsaustausch.

Ähnliches lässt sich für die Lebensmittel zeigen. Jahrelang waren die Preise auf den Weltmärkten für Reis, Soja, Weizen oder Baumwolle niedrig. Das führte nicht nur dazu, dass Bauern – wenn sie nicht, wie in Europa, üppig subventioniert werden – ein nur geringes Einkommen erzielten. Es führte auch dazu, dass es sich nicht lohnte, in die Produktivitätsverbesserung der Landwirtschaft zu investieren. Man hätte die Kosten bei solch geringen Weltmarktpreisen nicht herausbekommen. Das von den Spekulanten stark übertriebene Preissignal hoher Nachfrage führt aber, ähnlich wie beim Öl, dazu, wieder in Landwirtschaft zu investieren und die Produktivität der Böden zu verbessern.

So nützt die Spekulation nicht nur den Spekulanten, die sie reich macht. Sie nützt auch der Agrarindustrie und den Bauern. Sie nützt aber letztlich auch den Verbrauchern auf der ganzen Welt.

Denn am Ende wird nicht nur die steigende Nachfrage nach – gesunden – Lebensmitteln befriedigt. Am Ende fallen auch die Preise wieder: Denn die von den Spekulanten ausgelösten Investitionen bewirken ja gerade jene Produktivitätsverbesserungen, welche die Erträge je Flächeneinheit steigern und damit die landwirtschaftlichen Güter verbilligen.

Aber das kann dauern. Ein neues Ölfeld wird nicht von heute auf morgen erschlossen. Eine grüne Revolution führt man nicht in ein paar Monaten durch. Das Nachsehen haben jene, die heute Öl und Nahrungsmittel brauchen. Je ärmer sie sind, umso bedauerlicher sind sie dran. Es nützt ihnen nichts, und kann nur als zynisch empfunden werden, zu wissen, dass die Spekulation langfristig einem volkswirtschaftlich guten Zweck dient.

Diese Erfahrung ist nicht zu entkräften. Tatsächlich hatte die Spekulation des Jahres 2008 in weiten Teilen der Erde zu Hungersnöten geführt. Weil in vielen Schwellenländern die Nachfrage nach Lebensmitteln zunahm, konnten sich die Ärmsten der Armen Lebensmittel nicht mehr leisten. Das ist die schmerzliche Seite der Signale, die von spekulativ getriebenen Preisen ausgeht. Doch wer das nicht hinnehmen will (wofür es humane und ökonomische Gründe gibt), sollte besser nicht die Spekulation schelten oder gar verbieten, sondern lieber die Verlierer entschädigen: Wenn es eine Berechtigung für Entwicklungshilfe gibt, dann hier. Reiche Länder können arme Länder in solchen Übergangszeiten unterstützen. Langfristig ist den armen Ländern aber mehr geholfen, wenn ihre Bauern bessere Preise für ihre Früchte erzielen und wenn durch eine Revolution des Anbaus die Versorgungslage der Welt insgesamt sich bessert. Und schon kurzfristig wäre es besser, wenn Amerika oder die Europäische Union ihre Märkte für Importe aus Entwicklungsländern öffnen würden anstatt die Entwicklungsländer mit subventionierten EU-Überschüssen zu füttern.

All diese Überlegungen setzen freilich voraus, dass es keine »natürlichen« menschlichen Bedürfnisse gibt, denen ein fixes Angebot zu entsprechen hätte. Diese Vorstellung sitzt, weil sehr archaisch, in vielen Köpfen. Was den Menschen wichtig ist, können wir im Vorhinein nie wissen. Es wird bedingt von den Signalen, welche von Preisen ausgehen. Preise und Bedürfnisse sind ganz und gar subjektive Angelegenheiten, was gerade bei Lebensmitteln zu akzeptieren vielen Menschen schwerfällt.

Dass die Rechnung der Spekulanten immer aufgeht, ist keineswegs schon im Vorhinein ausgemacht. Man kann sich bekanntlich gründlich verspekulieren. Selbst im Frühherbst 2008 rechneten nur wenige damit, wie schnell die Weltwirtschaft in eine Rezession stürzen würde. Gewiss, man konnte ahnen, dass die Finanzkrise angesichts der Bankenzusammenbrüche in Amerika noch eine Weile währen würde. Aber nicht wenige waren der Meinung, die großen wirtschaftlichen Blöcke – Europa und Asien – seien autonomer als früher, jedenfalls viel weniger von den Vereinigten Staaten abhängig: Eine Entkopplungstheorie ging unter den Ökonomen um. Spekulanten, denen das einleuchtete, werden also auch im Herbst 2008 unverzagt auf steigende Öl- und Lebensmittelpreise gesetzt haben. Denn am Entwicklungstempo und am Entwicklungshunger der Schwellenländer kann doch wohl der Verfall amerikanischer Immobilienpreise nichts ändern. Doch im Spätherbst 2008 lag der Ölpreis schon wieder bei 50 Dollar pro Barrel, war also im Vergleich zum Sommer um zwei Drittel gesunken. Und die Lebensmittel gab es am Weltmarkt wieder einigermaßen billig. Da müssen sich einige gründlich verzockt haben.

Verzockt hatten sich auch nicht wenige Spekulanten, die in derselben Zeit darauf gewettet hatten, dass die Volkswagenaktie gründlich überbewertet sei. Auch für diese Annahme gab es gute

Gründe, ging es doch der Automobilindustrie bereits deutlich schlecht, und niemand hatte behauptet, dass ausgerechnet VW ungewöhnlich gute Autos baue, sodass sich die Auftragslage des Wolfsburger Unternehmens antizyklisch vom Rest der Branche abkoppeln werde. Was lag in dieser Zeit also näher, als mit Leerverkäufen auf den Fall der VW-Aktien zu spekulieren?

Sie hatten die Rechnung ohne einen anderen Spekulanten gemacht: Porsche. Der Stuttgarter Sportwagenhersteller hatte sich nämlich in den Kopf gesetzt, VW zu übernehmen, und war deshalb darauf angewiesen, in großem Stil und mit allen legalen und halb legalen Mitteln VW-Aktien an der Börse und neben der Börse aufzukaufen. Das führte dazu, dass die VW-Aktien an einem Tag im Herbst zeitweise über 1000 Euro notierten, VW für einen kurzen Moment zum wertvollsten Unternehmen auf der ganzen Welt geworden war – und all jene im Mainstream, die auf einen Verfall der Aktie setzten, ziemlich gekniffen waren.

Zumindest einen gängigen Vorwurf hat das VW-Exempel mehrfach widerlegt: dass es Hedgefonds und anderen Bösewichten des Kapitalmarkts gelinge, kerngesunde Unternehmen kaputt zu spekulieren. Und: Dass es unregulierte neue Produkte der Finanzindustrie seien, welche die ehemals geordnete Wirtschafts- und Finanzwelt zerstörten. Wer die VW-Aktie in den Keller spekulieren wollte, hat sich verwettet. Und dabei waren offenbar nicht (nur) Fonds, sondern auch schwäbische Familienunternehmen, die zwar auch unreguliert sind (weil sie sich zu Recht nicht in die Bücher schauen lassen müssen), die aber das Gegenteil sind von Hedgefonds und Private-Equity-Gesellschaften aus der Londoner City. Man weiß halt nie, wie es ausgeht. Sonst wären wir längst alle zu Spekulanten geworden.

Was folgt daraus für die Beurteilung der Spekulation? Würde man die Wette gegen den Lauf der Herde verbieten, gäbe es keinen, der die Herde stoppen könnte. Waren es nicht gerade irrationale Exzesse, welche sowohl in der Zeit der New Economy als auch im Jahrzehnt darauf für Preisübertreibungen an den Märkten gesorgt haben? Ohne die Short-Seller, Spekulanten, die dagegenhielten, hätten die Blasen sich noch stärker aufgebläht, wäre der Absturz noch schmerzlicher geworden. Das ist das stärkste Argument gegen den wohlfeilen Wunsch, zur Verhinderung von Krisen Leerverkäufe zu verbieten. Man müsste sich ernsthaft sorgen, dass spekulative Übertreibungen künftig noch stärkere Ausschläge erführen. Denn es gäbe ja niemanden mehr, der dagegenhalten könnte.

Doch gewiss: Gemütlich ist das alles nicht. Das zeigt das Schicksal des schwäbischen Unternehmers und Spekulanten Adolf Merckle, der im Januar 2009 durch Suizid ums Leben kam. »Geld ist genug da«, lautete sein Lebensmotto. Mit fast zehn Milliarden Dollar Vermögen listete ihn das amerikanische Magazin *Forbes* noch im Mai 2008 auf Platz 94 der reichsten Männer der Welt. Der Mann war nicht nur fromm, heimatverbunden und bescheiden, sondern auch geldgierig und unberechenbar. Er war nicht nur ein großer Unternehmer, sondern auch ein großer Spekulant. Was ein Thrill ist, brauchte man ihm nicht zu erklären. »Bei Aktien bin ich ein Daytrader«, gab Merckle zu Protokoll. Statt die Erträge seines verzweigten Familienimperiums zu reinvestieren, packte ihn immer wieder die Lust, an der Börse zu spekulieren. Fast wie ein Süchtiger.

Zum Schluss hat sich sein Motto gegen ihn gekehrt. »Schulden sind genug da«, hieß es nun, man sprach von fünf Milliarden Euro Verbindlichkeiten, nachdem Merckle auf fallende Kurse der Volkswagenaktie gesetzt hatte und – wie viele andere – grandios danebenlag. Nach der finanziellen Niederlage hätten ihn die Banken genötigt, die Kontrolle über sein Reich abzugeben. Das konnte er nicht ertragen. Dann hat er sich umgebracht. So wurde offenbar, dass die Spekulation eine todernste Angelegenheit ist, alles andere als ein Spiel im Unverbindlichen, wie die meisten meinen.

Spekulanten sitzen eben auf beiden Seiten des Tisches. Sie sind die Freunde der Übertreibung. Als das Internet erfunden wurde, entstand über Nacht quasi an jeder Ecke der Welt eine Garagenboutique, welche an Klingeltönen oder Onlinecommunitys bastelte. Alle brauchten Geld, und alle bekamen Geld. Eine sogenannte Cash-Burn-Ratio, also das Maß, wie schnell ein Start-up das Geld seiner Investoren verbrannt hatte, galt als Ausweis einer Zukunftsinvestition. Die meisten dieser Unternehmen gibt es heute nicht mehr. Und auch ihre Aktionäre hatten sich gründlich verspekuliert.

Aber es gibt bis heute das Internet, ein Erfolg der großen Spekulation in Zeiten der New Economy. In den Brutzeiten einer technischen Revolution, und eine solche Ära waren die neunziger Jahre, weiß man aber noch nicht, welche Unternehmen sich durchsetzen werden. Dass heute Microsoft, Google oder Facebook besonders erfolgreich sind, ist Ergebnis eines evolutorischen Prozesses. Der Schweizer Privatbankier Konrad Hummler hat einen solchen Prozess sehr anschaulich als »Krieg der Spermien« beschrieben. So wie es vieler Spermien bedarf, um auf jeden Fall ein Ei zu befruchten, braucht es auch viel Geld, um eine technische Revolution loszuschießen. Und da keiner vorher weiß, wer sich am Markt durchsetzt, mithin welche Erfindung am besten die Bedürfnisse der Menschen befriedigt, empfiehlt es sich, mehr oder weniger ziellos spekulativ Geld in den Markt zu pumpen.

Das klingt einigermaßen darwinistisch. Und soll es auch. Spekulanten sind die Treiber der wirtschaftlichen Evolution: Ihr Treibmittel ist das Geld. Sie handeln nach den Informationen, die ihnen zur Verfügung stehen, und engagieren sich mit oder gegen den Trend. Dabei geht es immer nach Trial-and-Error. Das ist das finanzielle Risiko, das sie eingehen. So war es auch im 19. Jahrhundert, als enorme Geldströme in die neuen Eisenbahngesellschaften flossen, weil alle darauf wetteten, dass die Menschen jetzt mobil würden. Zeitweise fuhren zwischen London und Brighton mehrere private Eisenbahngesellschaften nebeneinanderher – sie machten einander Konkurrenz. So viele Züge brauchte man am Ende dann doch nicht. Und es platzte eine Eisenbahnspekulationsblase: Viele Geldgeber hatten viel Geld verloren. Immer enden technische Revolutionen so. Immer wollen die Menschen im Angesicht des Crashs den Spekulanten das Handwerk legen und am besten den ganzen Kapitalismus abschaffen. Aber am Ende bleiben immer noch Eisenbahnen oder Internetverbindungen übrig, während die Zocker schon längst in ihren Gräbern ruhen.

Hätte man die Internet- oder die Eisenbahnrevolution besser planen können? Sollte man nicht vorab wissen, was ein gutes und was ein erfolgloses Geschäftsmodell ist? Und dann den entsprechenden Investitionsbedarf festlegen und das entsprechende Geld bei interessierten Anlegern einsammeln?

So stellen sich das viele vor. Wenn es so ginge, könnte man problemlos die Spekulation verbieten, Hedgefonds ausmerzen und Leerverkäufe bannen. Da es aber so nicht funktioniert, würden solche Verbote den wirtschaftlichen Fortschritt verhindern. Ganz zu schweigen vom Verzicht auf jenen Thrill, den viele nicht missen wollen.

Kapitel VI

DAS VERTRAUEN *oder* Warum uns die Angst ängstigen muss

Warum vertrauen wir einander? Die simple Antwort lautet: Weil das Leben dadurch einfacher wird. Wer nicht vertraut, kann nur im Bett liegen bleiben, und selbst dann muss er darauf vertrauen, dass die Decke nicht gleich einstürzt. Eine *Vorliebe fürs Vertrauen* (Niklas Luhmann) ist also durchaus von Vorteil, wenn man passabel durchs Leben kommen will. Was passiert, wenn Vertrauen zusammenstürzt, hat die Finanzkrise schockartig zum Ausdruck gebracht. Erst wurden amerikanische Banken ihre Kreditrisiken nicht mehr los, weil Zweifel an der Bonität der Schuldner aufkamen. Dann hörten die Banken rund um die Welt auf, sich untereinander Geld zu leihen, weil sie plötzlich nicht mehr sicher waren, ob sie es je wieder zurückbekommen würden. Schließlich flüchteten die Anleger panikartig aus ihren Aktien, weil ihnen angesichts zunehmender Depressionsängste der Glaube an steigende Kurse abhandengekommen war.

Innerhalb nur kurzer Zeit hat die Welt eine Kaskade von Vertrauenszusammenbrüchen erlebt. Das fehlende Vertrauen in einzelne Banken ging über in einen generellen Vertrauensverlust gegenüber allen Banken. Und daraus wurde rasch eine allgemeine Vertrauenskrise der Marktwirtschaft und des Kapitalismus.

»Der Verlust an Vertrauen, dieser indirekte Effekt der Finanzkrise, wiegt viel schwerer als die direkten Effekte wie etwa der Absturz der Aktienkurse oder die Zurückhaltung der Banken bei Krediten«, sagt Olivier Blanchard. Der Mann muss wissen, was er sagt. Er ist Chefökonom des Internationalen Währungsfonds IWF und Ökonomieprofessor am Massachusetts Institute of Technology MIT und kümmert sich in der Regel nur um das, was sich quantifizieren lässt: ökonometrische Daten, Statistiken, Mathematik. Jetzt redet er über scheinbar »weiche« Themen, über Angst und Vertrauen.

Für die Banken ist das besonders dramatisch. Denn Vertrauen ist ihr ganzes Kapital. »Fehlt das Vertrauen in einer Ehe, führt das noch nicht gleich zu einer Scheidungswelle. Dagegen löst im Finanzsektor ein Vertrauensschwund rasch eine Katastrophe aus«, sagt Guido Möllering, Soziologe und Vertrauensforscher am Kölner Max-Planck-Institut für Gesellschaftswissenschaften. Bricht den Banken das Vertrauen weg, haben die Kunden keinen Grund mehr, ihnen das Geld zu überlassen. Dann stünden die Geldinstitute nackt da und müssten das Geschäft schließen.

Hatte man sich lange Zeit darauf verlassen, dass die Finanzkrise die Realwirtschaft unverwundet lasse, so erwies sich auch diese Hoffnung als trügerisch. Fehlt das Vertrauen in die Bankenwelt, so nimmt auch das Vertrauen in die Realwirtschaft dramatisch ab. Wenn Firmen schwerer an Geld kommen, werden sie ihre Investitionen drosseln. Und wenn die Zukunft zunehmend ungewiss wird, die Depots schrumpfen und die Angst vor dem Jobverlust zunimmt, geben die Menschen kein Geld aus, kaufen keine Autos und horten stattdessen ihr verbliebenes Geld an vermeintlich sicheren Plätzen. Denn es gilt, was Kurt Tucholsky in seinem *Kurzen Abriss der Nationalökonomie* schreibt: »Was die Weltwirtschaft angeht, so ist sie verflochten.«

Der Übergang verlief fast nahtlos: Aus einer Zeit des blinden Vertrauens kommend, wachten alle auf in einer Welt des verlorenen Vertrauens. Als die Banken mit Krediten immer größeren Volumens nur so um sich warfen, hätte ein bisschen Misstrauen nicht geschadet. Tatsächlich ist exzessives Vertrauen das Schmiermittel jeder Spekulation, wie der amerikanische Ökonom John Kenneth Galbraith in seiner Analyse des großen Crashs von 1929 schreibt: »Viel wichtiger als Zinssatz und Kreditversorgung ist die innere Einstellung. Spekulation auf breiter Basis verlangt ein gewisses Vertrauen, Optimismus und die Überzeugung, dass auch Otto Normalverbraucher die Chance hat, reich zu werden. Wer sich auf dem Aktienmarkt betätigen wollte, musste auch den Glauben an die guten Absichten und das Wohlwollen der anderen besitzen, denn es war ja die Hilfe anderer, durch die er reich werden wollte.«

Offenbar sind auch optimistische Zeiten gefährliche Zeiten. Denn sie übersehen die Unsicherheit. Die Behavioral Finance spricht von abnehmender Sensitivität bei Gewinnen. So freut man sich über den ersten Euro Gewinn mehr als über den zweiten, über den zweiten mehr als über den dritten usw. Wir gewöhnen uns zu sehr an den Gewinn, betrachten ihn als selbstverständlich und übersehen dann leichter warnende Signale. So war es auch diesmal: Angesichts von kontinuierlichem Wachstum (Great Moderation) und positiven konjunkturellen Signalen haben wir uns zunehmend unverwundbar gefühlt und vergessen, wie prekär Vertrauen sein kann. Die Expertisen der Ratingagenturen haben wir wie objektive Zertifizierungsdokumente behandelt und gern überhört, dass die Agenturen selbst – um sich juristisch unangreifbar zu machen – ihre Ratings immer nur als »Meinungen« tituliert haben.

Mit anderen Worten: Der Finanzsektor wurde durch eine Sicherheitsfiktion aufrechterhalten, was niemand wahrhaben wollte und was durch – allzu blindes – Vertrauen kompensiert wurde. Es gilt also, auf der Hut zu sein, wenn allzu rasch von Vertrauen als einer positiven Kategorie die Rede ist. Gewiss, wenn Vertrauen einmal verspielt wurde, weiß man, was man an ihm hatte, weshalb die Vorliebe für Vertrauen allemal geboten ist. Aber Vertrauen zur ausnahmslos überlegenen Moralmaxime zu machen wäre ziemlich fahrlässig. Der Volksmund spricht aus gutem Grund vom »gesunden Misstrauen«; ein Begriff, in welchen sich das Wissen eingegraben hat, dass Vertrauen immer eine Fiktion ist und dass allzu stabile Vertrauensverhältnisse auch immer in Gefahr sind, Schwindel, Betrügerei oder gar Korruption zu nähren: Was, wenn nicht Vertrauen, hat das Bündnis zwischen Bauherren, Hypothekenbanken und Finanzindustrie und später der Spekulanten untereinander zusammengeschweißt? Wenn exzessives Vertrauen an die Stelle von guten Institutionen, transparenten Regeln und klaren Haftungsvorschriften tritt, ist offenbar etwas faul.

Das zeigt nicht zuletzt der Fall des Schwindlers Bernard (»Barnie«) Madoff, der jahrelang ein Schneeballsystem aufrechterhalten hat, das im Dezember 2008 aufflog. Madoff – der Mann war sogar einmal Chef der Technologiebörse NASDAQ – hatte mit dem Geld neuer Investoren die Ansprüche seiner früheren Investoren befriedigt. Das ging gut, solange er – aufgrund seiner besten Reputation in den feinen Kreisen – mehr frisches Kapital anzog, als Geld aus seinen Fonds abgezogen wurde. Als aber in der Krise viele Anleger ihr Geld zurückhaben wollten, flog der Schwindel auf. Madoff war pleite, und seine Gläubiger insgesamt um die unglaubliche Summe von fünfzig Milliarden Dollar ärmer.

Was einen wundert: Mehrfach hatte die Finanzaufsicht SEC Hinweise erhalten, dass es bei Madoff nicht mit rechten Dingen zugehen könne. Doch die Aufseher haben den Verdacht nicht weiterverfolgt. Offenbar neigen selbst die Kontrollinstanzen, eigentlich sind sie Organe des institutionalisierten Misstrauens, in guten Zeiten zu falschem Vertrauen. Der Hype wachsenden Reichtums schläfert ein: Vertrauensduselei wird Praxis. Und die Anleger, darunter viele reiche jüdische Investoren der amerikanischen Ost- und Westküste, die ihr Vermögen an Madoff-Fonds gaben, um mit den Erträgen ihre philanthropischen Aufgaben zu erfüllen, bauten darauf, dass ihre Freunde sich auch auf Madoff verließen. »Nachbarschaftsbetrug«, nennt man das: Der Scharlatan macht sich die Erfahrung zunutze, dass Menschen innerhalb ihrer ethnisch oder religiös homogenen Gruppe einander besonders viel Vertrauen entgegenbringen und besonders häufig die gebotene Vorsicht über Bord werfen. »Wir sind doch eine Familie«, hieß es unter den Madoff-Anlegern gerne.

Im Fall des Mort Zuckerman, einem Immobilienmilliardär aus Boston, ging das so weit, dass ihm noch nicht einmal aufgefallen war, dass sein Fondsmanager einen Batzen von 30 Millionen Dollar, von denen Zuckerman eigentlich annahm, sie seien auf unterschiedliche Investments verteilt, der Einfachheit halber als Ganzen an Madoff weiterreichte, nicht ohne für diese wenig raffinierte Anlageentscheidung entsprechend hohe Gebühren einzustreichen. Alle hatten sich aufeinander verlassen. Und alle waren hinterher entsetzt, was das falsche Vertrauen angerichtet hatte. »Ich wollte doch nur etwas Gutes tun; mein Job ist doch nicht die Verwaltung meiner Finanzen«, sagt Zuckerman, und man möchte ihm gerne glauben. Deshalb nahm er sich ja einen Fondsmanager, um den er sich – wie man hinterher weiß – besser doch ein wenig hätte kümmern sollen.

Ein »desaströses Bündnis« zwischen dem Ehrenmann und dem Betrüger war für J. K. Galbraith ein zentraler Auslöser des Finanzschwindels in den dreißiger Jahren. Es sei ein »gefährliches Klischee zu glauben, dass in der Finanzwelt alles nur am Vertrauen hänge«, schreibt Galbraith. »Besser wäre es, die Bedeutung nicht nachlassenden Misstrauens herauszustreichen.«

»Der Schlüssel für langfristigen wirtschaftlichen Erfolg ist Vertrauen«, sagt der Ökonom Robert Shiller. Aber auch er weiß: »Spekulationsblasen sind das Ergebnis von falschem Vertrauen.« So bleibt am Ende die lakonische, aber weise Einsicht: »Manchmal kommt das Vertrauen, manchmal geht es. Manchmal ist es gerechtfertigt, manchmal leider nicht.« Und die gute Regel müsste zu antizyklischem Verhalten ermuntern: Fasse Vertrauen in schlechten Zeiten, aber werde misstrauisch in guten Zeiten! *Be fearful when others are greedy and greedy when others are fearful*, lautet eine alte Börsenweisheit, die sich diese Erkenntnis zunutze macht: Man soll nur dann gierig sein, wenn die anderen Angst haben, aber ängstlich werden, wenn alle anderen gierig sind.

Hätten nicht alle viel früher schon hellhörig werden müssen angesichts der sprunghaft steigenden Häuserpreise? Dieses blinde, ja exzessive Vertrauen wurde gar noch zusätzlich dadurch genährt, dass der Staat nicht erst am Ende, als die Katastrophe da war, als Retter zu Hilfe gerufen wurden, sondern immer schon das implizite Versprechen gab, man werde niemanden hängen lassen. *Too big to fail*, lautet die geläufige Auffassung: Zu groß und zu wichtig, um fallengelassen zu werden, seien die Banken, weshalb man ihnen eben blind vertrauen könne. Das ist eine implizite Staatsgarantie, welche immer schon davon ausging, dass große Banken nicht bankrottgehen können und der Staat schon in die Bresche springen werde, falls es einmal ganz schlimm komme. Kein Wunder, dass der Staat dann auch haften musste, als es so weit kam, denn er hatte selbst diese Erwartung begründet.

Und kein Wunder, dass, als der Staat dann ein einziges Mal eine Bank nicht rettete, das Vertrauen im Nu auf null sackte. Dieser Tag war der 15. September 2008, der Tag, als Washington beschloss, die große, über hundert Jahre alte Investmentbank Lehman Brothers nicht zu retten, nachdem zuvor andere Banken mit viel staatlichem Eigenkapital aufgefangen worden waren. Die Lehman-Pleite war die große Enttäuschung des Vertrauens: Denn jetzt waren nicht nur alle, die Lehman-Aktien hatten, gekniffen. Als viel schlimmer noch wurde empfunden, dass auch alle, die bei dieser Bank Anleihen oder Zertifikate gekauft hatten, leer ausgingen.

Daraus musste im Analogschluss gefolgert werden, man tue gut daran, von nun an niemandem mehr Kredite zu geben. Denn es könnte verlorenes Geld sein. Lange vorher aufgebaute Erwartungen brachen plötzlich zusammen. Die Aktienmärkte gingen in die Knie; die Banken horteten ihr Geld. Und die finanziellen Anreize, welche die Zentralbanken sogleich setzten, verpufften, weil es nicht gelang, das Vertrauen wiederherzustellen.

Der 15. September 2008 werde einmal in den Geschichtsbüchern die entscheidende wirtschaftspolitische Zäsur der ersten großen Weltwirtschaftskrise des 21. Jahrhunderts markieren, meint Stanley Fischer, langjähriger amerikanischer Finanzpolitiker und heute Chef der israelischen Notenbank. 9/15 ist somit das finanzpolitische Pendant zu 9/11 in der politischen Weltgeschichte. Es ist der Tag, an welchem das Vertrauen verschwand. Und große Angst sich breitmachte.

Angst ist, wie das Vertrauen, auf den ersten Blick keine ökonomische Kategorie. Aber Angst ist für die Märkte nicht minder ernst zu nehmen als das Vertrauen. Olivier Blanchards Diktum gilt auch hier: Die Angst wiegt schwerer als alle Kursverluste, ja auch als alle Arbeitsplatzverluste. Denn Angst und fehlendes Vertrauen sind die Gründe, warum die Kurse nicht steigen und die Unternehmen nicht mehr wagen, Mitarbeiter einzustellen.

The only fear we have to fear is fear itself, sagte Präsident Franklin D. Roosevelt in einer seiner berühmten Radioansprachen während der großen Depression. Eine Maxime, die auch heute gilt. Dass das Leben nicht mehr kalkulierbar zu sein scheint, ist das eigentlich Bedrohliche der Angst. Risiko, so viel akzeptieren wir, birgt immer ein Moment der Unsicherheit. Aber Risiken sind kalkulierbar, versicherbar, mathematisch beschreibbar. »Angst«, schreibt Sigmund Freud, »ist Ausdruck des Rückzugs vor der Gefahr.« Angst kommt auf angesichts der Ambiguität, der Uneindeutigkeit des Lebens: Wir wissen nicht, welches Szenario künftiger Entwicklungen die größte Wahrscheinlichkeit für sich beanspruchen kann. Einer Welt, die mit komplexen Unsicherheiten umzugehen gelernt hat, fehlen plötzlich die Kalkulationsgrundlagen der unmittelbaren Zukunft.

Angst ist ein höchst prekärer Seelenzustand. Da sie ihren Gegenstand nicht kennt – wovor haben wir eigentlich Angst? – und die Risiken nicht berechnen kann, sind ihre Symptome irrational: Sie artikulieren sich als Panik oder als Paralyse. Beides ist gleich schlimm. Tatsächlich bieten die Reaktionen der Märkte im Jahr 2008 für beide Irrationalismen hinreichend Anschauungsmaterial. Jede neue Nachricht – Banken müssen noch mehr abschreiben, Autobauern geht das Geld aus – führt dazu, dass die Märkte wie mit einer Sonde weitere Unternehmen untersuchen, bei denen ähnliche Probleme vermutet werden. Und ein ums andere Mal brechen die Börsen noch mehr ein.

Panik kennt die Psychoanalyse als typische Reaktion einer Phobie, welche wiederum die – nicht angemessene – Antwort auf den Zustand der Angst darstellt. Viele meinen, mit Panik der Angst zu entkommen, gar sie zu überwinden – aber die Angst wird in der Panik immer noch größer.

Die Paralyse, die Lähmung, ist nicht minder unangemessen als die Panik. Anstatt rechtzeitig Verluste zu realisieren, stecken die Menschen den Kopf in den Sand. Und warten, bis es wieder besser kommt. Nachdem es nun aber weiter schlechter kommt, verfestigt sich die Lähmung: Die Verhaltensökonomen nennen diese Leugnung der Realität *Verlustaversion (loss aversion)*. Damit gemeint ist: Wir gehen mit Gewinnen vernünftiger um als mit Verlusten. Wir bewerten Gewinne und Verluste mit unterschiedlicher

Intensität, auch wenn die Größenordnung identisch ist. Verluste wirken demnach emotional stärker als Gewinne. Man ärgert sich also über den Verlust von 100 Euro mehr, als man sich über den Gewinn von 100 Euro freut. Dahinter steckt die Angst, eine Niederlage einzugestehen. Angst ist bekanntlich ein schlechter Ratgeber.

Angst, so könnte man sagen, ist das Pendant zur Gier: Beides sind anthropologische Akte der Übertreibung. Die Gier übertreibt das Gewinnstreben. Denn nach Gewinnen dürfen, ja sollen die Menschen in einer Marktwirtschaft ruhig streben, ist der Markt doch – wie wir gesehen haben – seit Adam Smith jenes Umverteilungsverfahren, welches Egoismus in Wohlstand für alle verwandelt. Aber übertriebene Gier macht blind für die Risiken. Beide, Gier und Angst, sind aber sehr menschlich, allzu menschlich.

Wenn Angst, Panik und Paralyse regieren, hilft zur Rettung nur neues Vertrauen. Während in Zeiten des gierigen Optimismus zu viel Vertrauen das Problem ist, wird fehlendes Vertrauen in Phasen von Angst und Panik zum großen Thema. Doch wie kommt man wieder zurück ins Vertrauen, wenn es einmal verspielt wurde, ist doch Vertrauen selbst kein Gut, das es in Fabriken zu kaufen oder von Beratern als Dienstleistung zu beziehen gibt (auch wenn immer wieder Scharlatane auftauchen, die dies behaupten). Diese eigenartige ökonomische Struktur der Ressource Vertrauen hat als Erster der Ökonom Kenneth Arrow beschrieben. Vertrauen ist das wichtigste »Schmiermittel eines sozialen Systems«, behauptet Arrow: Es ist extrem effizient, es spart viele Probleme und bietet ein faires Maß der Verlässlichkeit.

Vertrauen, sagt Niklas Luhmann, impliziert zwingend eine »riskante Vorleistung«, verbunden mit der Hoffnung auf Gegenleistung. Ob der andere das ihm von mir entgegengebrachte Vertrauen erwidert, ist ungewiss. Gerade deshalb macht jedermann sich verletzlich, der von sich aus mit dem Vertrauen anfängt. Das Risiko der Enttäuschung lässt sich nicht vertreiben. Es bleiben die Unsicherheit und die Angst.

Vertrauen ist somit ein Mechanismus zur Stabilisierung unsicherer Erwartungen. Es gestaltet Risiken – wie eine Versicherung, freilich ohne jenes Entschädigungsversprechen im Unglücksfall, welches die Versicherung per Vertrag ihren Kunden einräumt. Vertrauen kann niemand erzwingen. Ökonomische Anreize zur Erwiderung von Vertrauen sind schwer vorstellbar.

Wird das Entgegenkommen aber erwidert, zahlt sich das aus. Denn dadurch minimiert sich mit jeder Wiederholung das Risiko der Vorleistung ein klein wenig. Wer das erste Mal nicht enttäuscht wurde, darf begründet hoffen, dass es das nächste Mal auch gut geht. *Trust breeds trust* (Vertrauen erzeugt Vertrauen). Oder, wie es im Kölner Karneval heißt: Et hätt noch immer jot jejange.

Aber jetzt ist es ja gerade nicht gut gegangen. Und auch die Kölner Karnevalskatholiken haben sich verspekuliert. Der erste Reflex fordert rasch Kontrolle, gemäß dem alten Spruch, wonach Vertrauen zwar gut, Kontrolle aber besser sei. Zwar muss über die Frage der Kontrolle gewiss gesprochen werden (siehe Kapitel VIII), doch ist es ein Irrglaube zu meinen, man könnte fehlendes Vertrauen durch Kontrolle ersetzen. Das sind unterschiedliche soziale Welten, die nicht austauschbar sind. Vertrauen ist durch nichts zu ersetzen. Es ist nicht zuletzt viel billiger als Kontrollsysteme. Aber selbst wenn es an den Kosten nicht scheitern würde, muss man fragen: Wer kontrolliert die Kontrolleure? Denn wenigstens den Kontrolleuren wird man vertrauen müssen, sonst braucht man wiederum Kontrolleure, die die Kontrolleure kontrollieren. Da landet man schließlich in einem unendlichen Regress oder, anders gesprochen, in einem schrecklich autoritären Staat.

Wenn es aber zum Vertrauen keine Alternative gibt, stellt sich umso dringlicher die Frage: Wie entsteht neues Vertrauen? Wie kann es wiederaufgebaut werden, wenn es erst einmal zusammengebrochen ist? Wer macht den ersten Schritt? Wie kann jenes »gute« Vertrauen wiederkehren, von dem Robert Shiller spricht, welches Grundlage des langfristigen wirtschaftlichen Erfolgs ist?

Ganz offenkundig wendet sich der erste Angstreflex in einer großen Vertrauenskrise an den Staat. Im Grunde können alle Maßnahmen der Notenbanken und Regierungen, welche in Amerika schon seit 2007 andauern, als Versuche interpretiert werden, der Weltwirtschaft und ihren Akteuren Vertrauen zurückzubringen. Als möglicher Kandidat zur Restaurierung verlorenen Vertrauens hat sich dabei der Staat selbst ins Spiel gebracht: Als die Geschäftsbanken einander kein Geld mehr liehen, sprangen die Notenbanken ein und stellten Liquidität zur Verfügung. Und als das Eigenkapital der Banken dahinschmolz und zugleich die Gläubiger von ihren Schuldnern mehr Sicherheit – und also mehr Eigenkapitalunterlegung des Kredits – forderten, sprangen die Staaten ein und boten den Banken – gelegentlich sogar durch mehr als sanften Zwang – Eigenkapital aus Steuermitteln an. Und als schließlich die Weltwirtschaft in eine tiefe Rezession glitt, gab es überall massive staatliche Konjunkturprogramme aus der Vermutung, dass, wenn die Verbraucher ihr Geld misstrauisch zusammenhalten, der Staat als *lender of last resort*, als letzter Nachfrager sozusagen, in die Bresche springen müsse.

Das negative Vorbild für all diese konzertierten Aktionen ist die große Depression der dreißiger Jahre. Die damals – und auch später – herrschende Lehre besagte: Der Staat soll nicht für die Fehler der privaten Marktteilnehmer einstehen, er fordert sie ja dann nur noch dazu auf, sich das nächste Mal genauso zu verhalten. Mehr noch: Die Weltwirtschaftskrise ist eine Phase der Selbstreinigung, in der sich entscheidet, wer künftige Erfolg hat und wer nicht. Diesen naturwüchsigen Prozess dürfe der Staat nicht stören: Er rettet dann ja gerade jene Unternehmen, die besser vom Markt verschwinden, weil sie, für alle sichtbar, versagt haben.

»Arbeitsplätze liquidieren, Vorräte liquidieren, die Farmer liquidieren, Immobilien liquidieren, die Fäulnis aus dem System waschen«, so lautete das Credo von Andrew Mellon, dem amerikanischen Finanzminister der großen Depression unter Präsident Herbert Hoover. Dieser Auffassung liegt die Überzeugung zugrunde, dass die Krise eine Chance ist, lässt man sie nur wirken. Sie ist die Chance, den Virus auszuschwitzen, oder, vornehmer gesprochen: sie ist die Chance zur Katharsis, zur Reinigung. Diese These vertrat schon in den zwanziger und dreißiger Jahren die sogenannte österreichische Schule der Nationalökonomie (Hauptvertreter: Ludwig von Mises). Zyklen im Wirtschaftsleben entstehen danach vor allem durch eine verfehlte Geldpolitik (zum Beispiel zu niedrige Zinsen). Das wiederum führt dazu, dass sich die Produktionsstruktur ändert (zum Beispiel zu kapitalintensiv wird oder, wie jetzt, einen Immobilienbubble produziert). Deshalb könne dieser verfehlten Politik nichts Besseres passieren als eine Rezession, damit sich die Produktionsstruktur wieder anpasse. Voraussetzung dafür ist aber, dass die Rezession sich austoben kann. »In der Wirtschaftskrise wird der Zusammenbruch der interventionistischen Wirtschaftspolitik offenbar«, schrieb der österreichische Ökonom Ludwig von Mises im Jahre 1931. Nichts wäre nach dieser Auffassung schlimmer, als die Krise durch Interventionen stoppen zu wollen oder auch nur die Ausschläge des Zyklus zu mildern, legt man damit doch nur den Keim für den nächsten Kreislauf der Übertreibung. Das Einzige, was hilft, ist: »Man muss alle Versuche, die Auswirkungen der Marktpreise auf die Produktion zu unterbinden, unterlassen.«

Nahezu einhellig ist die Zunft der Ökonomen seit Keynes der Auffassung, dass jene radikale Haltung der damaligen Regierung die Welt nur noch tiefer in die Krise getrieben hat und maßgeblich dazu beigetragen hat, dass Vertrauen lange Jahre nicht mehr zurückkehrte. Dabei mag es sogar sein, dass die Lehre Mellons und Mises' richtig ist: Allein es ist schwer, die Menschen davon zu überzeugen, die Kosten für diese Radikalkur zu tragen.

Stattdessen hat sich die Welt in einer Art stillschweigender Übereinkunft dazu entschieden, mittels massiver staatlicher Interventionen auf die Wiederherstellung von Vertrauen zu dringen. Nicht zuletzt das Experiment Lehman Brothers hatte die letzten Zweifler davon überzeugt, dass die Methode Mellon-Hoover-Mises nur alles schlimmer mache. *Bailout* heißt der englische Begriff, der sich für diesen massiven Staatsinterventionismus eingeprägt hat: Jene, die sich in der Krise aus eigenen Kräften nicht mehr retten können, aber so bedeutend sind, dass sie andere mit in den Abgrund gezogen hätten, müssen auf Teufel komm raus gerettet werden. Nicht, weil sie es verdient hätten, sondern weil die anderen nicht »unschuldig« mitdarben sollen. Man rettet auch einen Raucher, der mutwillig sich und seine Wohnung in Brand setzt, und nimmt nicht in Kauf, dass die ganze Stadt in Brand gerät, lautet die Begründung dafür.

Aber was bewirkt letztendlich, dass Vertrauen wieder keimt?

Kommen wir noch einmal auf unsere theoretische Analyse des Vertrauens zurück und denken wir an Robinson Crusoe auf seiner Insel. Sein Leben ist, wie wir wissen, ziemlich unsicher und riskant. Solange Robinson allein ist, braucht er noch kein Vertrauen. Erst als er Freitag trifft, muss er sich entscheiden. Doch das übliche Instrumentarium zur Vertrauensprüfung – welche Vorleistung will Robinson riskieren und wie vertrauenswürdig ist Freitag? – fällt aus. Dass Robinson nicht gerade risikoavers veranlagt ist, wissen wir, seit er sich gegen den ausdrücklichen Wunsch des Vaters auf See davongemacht hat. Aber Freitag? Von ihm wissen wir gar nichts. Wir wissen nicht, nach welchen Regeln er, ein Wilder, sein Spiel spielt. Und wir wissen nicht, wie er mit Unsicherheit umgeht. Er könnte leben nach der Devise »Töten oder getötet werden«. Er könnte aber auch handeln nach dem Grundsatz »Leben und leben lassen«. Warum sollte Robinson Freitag trauen?

Erst als die beiden miteinander vertraut werden, stellt sich heraus, dass der Wilde zur Kooperation bereit ist. Und im Maße der Vertrautheit wird beiden jeder neue Kooperationsgewinn zum Beweis gereichen, dass Vertrauen sich auszahlt. Dass es aber gut ausgeht, kann man vorher nicht wissen. Und rational wird es erst im Nachhinein. Es hätte auch ziemlich schiefgehen können.

Es bleibt also nur die Einsicht, dass der Weg ins Vertrauen einen irrationalen Akt zur Voraussetzung hat. »Spring doch einfach«, lautet die Devise des dänischen Philosophen Søren Kierkegaard. »Just do it«, heißt salopp der Slogan des Turnschuhherstellers Nike. Tatsächlich kommt die Rekonstruktion des Vertrauens ohne dieses existenzialistische, man könnte auch sagen irrationale, Moment schwerlich aus, wonach Unsicherheit und Verletzlichkeit das Vertrauen zwingend konstituieren. William James, der Begründer des philosophischen Pragmatismus und der Religionspsychologie, spricht von einem »Willen zum Glauben« (*will to believe*). Wer den Sprung wagt, so die existenzialistische Terminologie – oder gar Theologie –, wird erfahren, dass das Vertrauen erwidert wird. Dass es sich bewährt, wird erst dem bewusst, der es wagt. Erst im Vertrauen lässt sich Vertrauen herstellen. Es setzt das, wovon es lebt, bereits voraus.

Das ist nicht ganz trivial, zeigt es doch, dass der Markt in mehrfacher Hinsicht von Voraussetzungen lebt, die er selbst nicht produzieren kann. Die moralischen Institutionen müssen entlehnt werden. Von woher? Neben der Familie kommt die Religion infrage. Denn es gehört zum Glaubensbestand aller großen monotheistischen Religionen, dass Gott mit dem Vertrauen angefangen hat: durch seine Schöpfung. Einer muss ja anfangen. Und der christliche Glaube interpretiert die Erlösung als abermaligen Neuanfang – sozusagen als heilsgeschichtlichen Bailout.

Der Glaube weist somit eine dem Vertrauen verwandte Struktur auf. Beide Male handelt es sich um komplexe intellektuelle Strategien zur Bewältigung der Zukunft unter den Bedingungen der Unsicherheit. Beide Male handelt es sich um Institutionen (der Moral oder der Religion), die einen positiven Bezug zum wirtschaftlichen Wachstum vorweisen. Glaube und Vertrauen werden durch vermehrten Gebrauch nicht verzehrt, sondern vermehrt. Beide sind auf Reziprozität angelegt, verlangen aber eine Vorleistung: Einer muss anfangen, ohne dass er die Sicherheit möglicher Erwiderung hätte. Ohne dass er die Zurückweisung sanktionieren könnte.

Das muss man selbstverständlich nicht glauben, um vertrauen zu können. John Maynard Keynes hat – ausweislich der Tagebücher seiner Bloomsbury-Freundin Virginia Woolf – scharfsinnig beschrieben, welchen Vorteil eine nachchristliche Gesellschaft von solchen Säkularisaten zieht. In ihrem Tagebuch notiert Virginia Woolf am 19. April 1934 unter dem Stichwort Moralität: »Keynes sagte, er werde einen Teufel tun, das Christentum zu zerstören. Denn ohne Christentum gebe es auch keine Moral. ›Ich fange an zu erkennen, wie viel unsere Generation, Ihre und meine, der Religion unserer Väter schuldet. Die Jungen, die ohne sie aufgewachsen sind, werden nie mehr so viel vom Leben haben. Sie leben trivial, wie Hunde mit ihren Trieben. Wir aber hatten das Beste beider Welten: Wir zerstörten das Christentum und behielten seine Wohltaten.‹« Ist das noch seriös oder schon skandalös zu nennen? Das Wissen um »das Beste beider Welten« zehrt vom Glauben der Vorfahren und instrumentalisiert diesen doch zugleich auf zynische Weise, wie es sich zugleich um die Zukunft (*in the long run we are all dead*) meint nicht mehr kümmern zu müssen. Keynes und seine Bloomsbury-Freunde teilen das sorglose Lebensgefühl der englischen Oberklasse im frühen 20. Jahrhundert.

Kein Wunder, dass der Impetus des Einer-muss-ja-anfangen die Legitimation des Bailout bietet: Bailout, das ist die weit verbreitete Übung, Banken mit dem Geld der Steuerzahler aus der verfahrenen Situation herauszupauken. Denn Sünder für ihre Sünden auch noch zu belohnen, führt eigentlich nur in den Moral Hazard: in die Aufforderung, auch das nächste Mal wieder zu sündigen, weil man sich ja darauf verlassen kann, dass am Ende ein anderer einen auffängt und man selbst nicht für den Schaden behaftet wird. Wer freilich nach dem Zweiten Weltkrieg Angst vor Moral Hazard gehabt hätte, der hätte den Deutschen nicht den Marshallplan schenken, sondern den Morgenthauplan oktroyieren müssen: die gnadenlose Deindustrialisierung des Landes als Strafe für die Vergehen. Morgenthau ist die politische Wendung von Andrew Mellons Formel, man solle die Fäulnis aus dem System waschen.

Der Marshallplan ist das glatte Gegenteil solcher Strafaktionen. Er setzt komplett andere Anreize. Sein Signal ist der starke Vertrauensbeweis, dass es sich – trotz allem – lohnt, wieder von vorne anzufangen. Auch für die Sünder. »Bailouts sind humanitäre Aktionen«, sagt Robert Shiller. »Sie sind Aktionen zur Herstellung von Vertrauen.« Das ist eine gewagte, gleichwohl nicht völlig von der Hand zu weisende These, die freilich hinzuzufügen vergisst, dass sich diese Herstellung von Vertrauen des Geldes der Steuerzahler – oder der von nachfolgenden Generationen zurückzuzahlenden Schulden – bedient, die niemals gefragt wurden, ob sie zu solch vertrauensbildenden Maßnahmen auch bereit seien. Für Shiller ist der Marshallplan das große Vorbild der staatlichen Bailouts in der Finanzkrise: Er war nichts anderes als ein Geschenk der Vereinigten Staaten an die Europäer nach dem Zweiten Weltkrieg. Das Geld war eine voraussetzungslose Vorleistung, die keine Gegenleistung erwartete. Gewiss, Amerika ist nicht naiv und hat auch vom Gelingen dieses Plans enorm profitiert. Die Regierung wusste, dass der Anstoß sich mehr auszahlen würde als die Verwüstung der Deindustrialisierung. Aber so ist das beim Vertrauen: Beide Teile sollen etwas davon haben.

Tatsächlich erfüllt das Beispiel des Marshallplans alle Bedingungen des kierkegaardschen Sprungs. Es ist der riskante Versuch zur Wiederherstellung von Vertrauen. Das stimmt umso mehr, als die Wirtschaftshistoriker uns darüber belehren, dass – rein ökonomisch – das Wirtschaftswunder der Nachkriegsjahre auch ohne jenes 1948 vom US-Kongress verabschiedete Hilfsprogramm zustande gekommen wäre. Es hätte das Geld nicht gebraucht, damit Deutschland wieder auf die Beine kam. Dazu waren – Stichwort soziale Marktwirtschaft – andere Dinge erforderlich. Aber es hat das Vertrauen gebraucht, damit es überhaupt erst wieder losgehen konnte. Und dazu war die Vorleistung des amerikanischen Geschenks nötig.

Die Frage nach der Legitimation des Bailouts bleibt die offene Wunde dieser Finanz- und Wirtschaftskrise, die noch nicht entschieden ist: Mises oder Keynes heißt die große Frage. Während der klassische Liberalismus dem interventionistischen Rettungseingriff mit viel Geld zutiefst misstraut, weil er institutionelle Anreize zu Sorglosigkeit und Wiederholungstatbeständen auf Kosten anderer Leute setzt, bezichtigen Neo-Keynesianer (wie Robert Shiller) die Liberalen (und übrigens auch die Sozialisten) des Moralismus, der im Wirtschaftsleben nichts verloren habe: Denn sie dächten in Kategorien von »Strafe« und »Läuterung«, wo es vor allem um die Funktionsfähigkeit von Finanz- und Wirtschaftssystemen gehen müsse. Anstatt die Sünder der Strafe des Marktes in Form einer Depression zu überantworten (und mit ihnen viele »unschuldige« Bürger), sei es besser, pragmatisch Kosten und Nutzen des Bailout abzuwägen und technokratisch sich für die rasche, vertrauensbildende Intervention zu entscheiden, sagen die Freunde des Bailout.

Auch in dieser Hinsicht bleibt der Fall Lehman – oder: der Fall von Lehman – das entscheidende Datum der Krise. Für die einen ist es der entscheidende Sündenfall, der alles noch viel schlimmer gemacht hat. Für die anderen ist es das einzig positive Zeichen in Zeiten wütenden Staatseinwirkens. Denn der Fall Lehman könnte für viele in Zukunft zum Fanal werden. Keine Bank weiß, ob sie das nächste Mal als »Lehman« ausgeguckt werden wird. Das ist gut so, denn es wirkt als Drohung. Wenn die Rechnung aufgeht, werden sich künftig alle vorsichtiger verhalten. Lehman bleibt präsent als Symbol der Ambiguität, der großen Mehrdeutigkeit.

Eines ist gewiss: All die teuren Rettungsaktionen des Jahres 2008, das muss man (Stand: Januar 2009) sagen, haben ihre Wirkung bislang verfehlt. Die Welt rutscht in eine tiefe Rezession. Und es ist nicht zu sehen, wie sie wieder herauskommt und das Vertrauen zurückkehrt. Gewiss lässt sich argumentieren, dass alles viel schlimmer gekommen wäre, hätten die Staaten nicht eingegriffen. Banken wären pleite gegangen; in langen Jahren aufgebaute Vermögen argloser Sparer wären vernichtet worden. Und Anhänger des Bailout können darüber hinaus argumentieren, dass alle Eingriffe der Staaten nicht kräftig genug und nicht rasch genug vonstatten gegangen seien. Diesen Vorwurf musste sich gerade die deutsche Regierung von anderen Wirtschaftsmächten anhören, die vor allem Steuersenkungen zum Ankurbeln des Konsums forderten. Aber vielleicht wäre es auch rascher (womöglich noch nicht einmal dramatischer) gegangen, hätte man der Krise ihren Lauf gelassen.

Einen Beweis für die eine oder die andere These wird man schlecht führen können: Weder für die Drohung einer größeren Katastrophe oder reinigenden Katharsis, wäre der Bailout unterblieben, noch für die erhoffte Rückkehr des Vertrauens wären die Rettungsaktionen kraftvoller ausgefallen. Tatsächlich ist bis heute offen, ob die Welt, aus der verständlichen Angst, die Fehler der großen Depression zu wiederholen, nicht in die Wiederholungsvermeidungsfalle gelaufen ist. Sie hat vielleicht die Fehler von damals vermieden, damit aber womöglich neue Fehler begangen.

Zwischenruf (3)
Nichts gegen Investmentbanker: Sie sind die besten Freunde der Kunst

An jenem denkwürdigen 15. September 2008, einem Montag, als die Regierung Bush die Investmentbank Lehman Brothers in die Pleite schickte, hielt das Auktionshaus Sotheby's in London eine Auktion ab. Der Künstler Damian Hirst, dessen Vermögen auf rund 200 Millionen Pfund geschätzt wurde, versteigerte seine gesamte Jahresproduktion – eine in Formaldehyd eingelegte Kuh zum Beispiel oder regelmäßig angeordnete farbige Punkte auf Leinwänden – und erlöste dafür 111 Millionen Pfund. Das war der Höhepunkt einer globalen Preisblase am Kunstmarkt.

Danach ging es bergab, auch für Damian Hirst. Der Künstler, ein echter Unternehmer, kündigte an, er müsse 17 Mitarbeiter entlassen und den Markt beobachten. Im Vergleich mit den parallel bei der Citigroup gekündigten 35 000 Beschäftigten hält sich das Ausmaß der Krise bei der Firma Hirst noch in Grenzen: Doch die Feuilletons waren entsetzt.

Die Koinzidenz der Ereignisse am 15. September ist von vielen Zeitgenossen bemerkt worden: Sie spiegelt die Gleichzeitigkeit des Ungleichzeitigen. Während die Pleite von Lehman die Kernschmelze im Finanzsystem auslöste, zeigte der Verkaufserlös von Hirst noch einmal den Reichtum der Kunst. Es war, als ob die Händler und Sammler bei Sotheby's an jenem Tag noch nicht begriffen hätten, was zugleich um sie herum passierte. Oder ob sie noch ein letztes Mal schwelgen sollten.

Nur wer naiv war, konnte übersehen, dass es einen Zusammenhang gab zwischen den exorbitant hohen Preisen, die in den Jahren zuvor am Kunstmarkt bezahlt wurden, und dem Anschwellen der weltweiten Vermögenswerte. »Zwischen 1998, als wir ›Orange Marilyn‹ von Andy Warhol für 17,3 Millionen Dollar verkauften, und 2007 lag der Höchstpreis für zeitgenössische Kunst immer so um 20 Millionen Dollar«, sagt der New Yorker Star-Auktionator Tobias Meyer von Sotheby's: Aber danach seien die Preise explodiert. Im Februar 2007 spielte das große Papstbild von Francis Bacon 53 Millionen Dollar ein, und im Mai jenes Jahres wurde ein Gemälde von Mark Rothko aus der Rockefeller-Sammlung für 73 Millionen Dollar verkauft.

Ist es so verwunderlich, dass zwischen dem Finanzmarkt und dem Kunstmarkt ein Gleichklang der Preisentwicklung besteht (auch wenn Anlageberater häufig aus Eigeninteresse das Gegenteil behaupten)? Eigentlich nicht. Die Investmentbanker in New York wollten mit ihren Boni nicht nur teure Apartments am Central Park kaufen. Und die vom Öl neureich gewordenen Russen wollten ihre Statusansprüche nicht nur mit Ikonen der orthodoxen Kirche befriedigen. Wo viel Geld da ist, überbietet man sich mit immer noch mehr Geld.

Mehr noch: Die Unternehmen, vor allem die Banken, haben sich als Mäzene im großen Stil betätigt. Allein das Stiftungskapital des Museum of Contemporary Art in Los Angeles wuchs zwischen 2000 und 2007 von 20 auf 36 Millionen Dollar. Der Direktor hatte das bescheidende Jahresgehalt von 500 000 Dollar bezogen, gewiss eine vernachlässigbare Größe im Vergleich zu den Millioneneinkommen der Banker.

Besonders spektakulär waren die mäzenatischen Aktivitäten von Lehman Brothers. Sie hatten eine große Tradition. Der Robert-Lehman-Flügel im New Yorker Metropolitan Museum beherbergt Werke des Impressionismus und der Renaissance. Die Firma selbst war im Besitz einer Sammlung von 3500 Werken. Und das New Yorker Whitney-Museum für zeitgenössische amerikanische Kunst bestritt regelmäßig einen Großteil seines Budgets aus den Gewinnen von Lehman. Allein im Jahr 2007 soll die Investmentbank 40 Millionen Dollar gespendet haben.

Das alles ist auf einmal zusammengebrochen. Die Kulturkritik hat laut aufgeschluchzt, dass diese Krise so furchtbare Folgen habe, und gezetert, wie schlimm es mit dem Kapitalismus gekommen sei, dass er jetzt noch nicht einmal mehr die Kunst sponsern könne. Haben die Leute nicht bemerkt, dass sie zuvor mit vergleichbarem Abscheu jene gewinnsüchtige Gier gegeißelt haben, die doch die Voraussetzung für das Mäzenatentum und die Gewinne der zeitgenössischen Künstler bildete? Hat nicht der ganze Kunstbetrieb jahrelang sehr gut von der Inflation der Vermögenspreise gelebt?

Gerade die Künstler – und ihre professionellen Freunde bei den Auktionshäusern und in den Feuilletons – sollten nichts auf die Investmentbanker kommen lassen. Im Rausch einer Finanzblase ist es ihnen noch immer gut gegangen. Das Florenz der Renaissance beruhte auf dem Mäzenatentum der Medici. Venedig verwandelte im 16. Jahrhundert das Gold aus dem Gewürzhandel in Gemälde von Tizian und Tintoretto. Und Finanziers wie JP Morgan, Henry Frick oder Andrew Mellon gaben einen großen Teil ihres Vermögens für Kunst aus.

Harold James, Wirtschaftshistoriker aus Princeton, geht mit dem Lob des Kunstsinns der neuen Investmentbanker noch weiter. Während Morgan und Mellon vor allem Werke alter Meister gesammelt hätten, ein risikoloses Geschäft, denn deren Geltung war längst anerkannt, hätten die neuen Mäzene des beginnenden 21. Jahrhunderts wie die Medici agiert: Sie haben Künstler zu neuem Schaffen angeregt und sind auch bei ihren künstlerischen Investitionen – in Formaldehyd eingelegte Kühe – voll ins Risiko gegangen. Kein Wunder, meint Harold James, die Erfinder der neuen Finanzprodukte und die zeitgenössische Kunst eine der Begriff der Avantgarde: Innovation gab es noch nie ohne Risiko, weder in der Kunst noch im Finanzkapitalismus. Ein solches Lob der Avantgarde klingt heute ziemlich daneben. Warten wir es ab: Ob etwas Großes aus den *Bubble*-Jahren bleiben wird und ob die soeben angebrochene Ära der Langeweile dem etwas entgegenzusetzen hat, das werden wir erst in einigen Jahren – oder Dekaden – genauer wissen.

Kapitel VII

DER STAAT *oder* Wann kommt die Rechnung?

Ein Wort, das Vertrauen schafft

Der Satz der Kanzlerin war so gewaltig, dass die Journalisten ihn im ersten Moment gar nicht verstanden. Dieser Satz, den Angela Merkel an jenem Sonntagnachmittag, dem 5. Oktober 2008, in die Fernsehkameras sprach, lautete: »Wir sagen den Sparerinnen und Sparern, dass ihre Einlagen sicher sind. Auch dafür steht die Bundesregierung ein.«

Das hat es noch nicht gegeben. Wenn die Volksbank in Überlingen oder die Deutsche Bank in Frankfurt nicht mehr liquide sind oder gar insolvent werden, dann kann sich der Anleger sein Sparbuch vom Finanzministerium auszahlen lassen. Angela Merkel und Peer Steinbrück garantieren, was Josef Ackermann (Deutsche Bank) und Martin Blessing (Commerzbank) offenbar nicht mehr garantieren konnten?

Tatsächlich war die Lage ernst an jenem 5. Oktober. Die Hypo Real Estate (HRE), immerhin ein Dax-Unternehmen mit einer Bilanzsumme von etlichen Milliarden Euro, war binnen einer Woche ein zweites Mal ins Taumeln geraten. Berechnungen ihres Kapitalbedarfs seien fehlerhaft, weshalb die privaten Banken, angeführt von der Deutschen Bank, ihre bereits sicheren Hilfszusagen wieder zurückgezogen hatten und die HRE sich abermals an den Staat wandte. Es gab offenbar nicht nur die reale Gefahr, dass eine deutsche Großbank zusammenbrechen könnte, es gab darüber hinaus noch die Befürchtung, dass die Zahlen des Finanzinstituts nicht verlässlich sind. Und es gab, seit dem Zusammenbruch von Lehman Brothers am 15. September das Wissen, dass es kein Naturgesetz gibt, wonach Banken immer überleben. Alles Umstände, welche Vertrauen zerstören, anstatt es zu begründen.

Die Angst war groß: Was passiert, wenn Sparer massenhaft ihr Geld von den Konten abziehen, in Sorge, dass ihre Bank womöglich nicht besser dastehe als die HRE oder auch mit falschen Zahlen hantiere? Die Angst vor einer Massenpanik ging um: Es könne zu einem Bank Run kommen. Dann würde tatsächlich eintreten, was alle vermeiden wollten: Banken wären massenweise insolvent geworden und hätten die Forderungen ihrer Kunden nicht mehr bedienen können. Eine Katastrophe.

Ob es wirklich so gekommen wäre – wer will das wissen? Denn es kam ja dann das Wort der Kanzlerin. Aber die Probe aufs Exempel hätte niemand machen wollen. Immerhin waren die Fernsehbilder noch im Kopf, als ein Jahr zuvor bei der englischen Bank Northern Rock die Sparer vor den Schaltern Schlange standen. Northern Rock war eines der ersten Finanzinstitute, welches von der Krise in den Untergang gezogen wurde. Und natürlich wirkten, tief unten im kollektiven Gedächtnis der Deutschen, jene Bilder aus den frühen dreißiger Jahren nach, als allüberall den Sparern ihre Einlagen nicht mehr ausgezahlt werden konnten.

Ein einziges Wort der Kanzlerin hat es offenbar vermocht, die Panik abzuwenden. Das ist aus mehrfachen Gründen bemerkenswert: Die Bundeskanzlerin ist bekanntlich keine Bankerin, und ein Wort allein ist noch keine Sicherheit. Angela Merkel hatte bei ihrem Fernsehauftritt keinen großen Tresor hinter sich, auf den sie hätte zeigen können, um dann zu sagen: »Daraus kann ich euch alle bezahlen.«

Die Tresorfantasie macht klar: Es geht nicht um die Auszahlung von Geld, es geht um die Schaffung von Vertrauen. Das Versprechen der Kanzlerin sollte ja gerade dazu dienen, dass nicht eintreten muss, was versprochen wird. Das funktioniert nur, wenn ausreichendes Vertrauen in Institutionen und Personen da ist. Oder abermals mit einem kleinen Gedankenexperiment: Ob ein vergleichbares Wort eines Staatsoberhauptes in Kongo, Somalia – oder Island (siehe unten) – vergleichbare Wirkung gehabt hätte, darf bezweifelt werden.

In schlimmen Zeiten vertrauen die Menschen dem Staat. Doch nicht der abstrakte Staat garantiert die Einlagen, die Kanzlerin selbst, sichtbar vor den Kameras, gibt dafür ihr Wort. Die Kanzlerin hat, wie man sagt, »Führungsstärke« bewiesen. Und sie wurde dafür großzügig belohnt. Ihre Umfragewerte – auch die des Finanzministers – waren plötzlich so gut wie nie. Tatsächlich hatten viele angenommen, die Finanzkrise werde zu einem Linksruck in Deutschland führen. Dafür gibt es keine Belege. Aber es gibt hinreichend Belege, dass die Finanzkrise den Staat gestärkt hat. In Angst und Panik suchen die Menschen offenbar einen starken Beschützer. Der Staat verspricht Schutz und Rettung in der Not.

Es war natürlich nicht nur das eine Wort der Kanzlerin an jenem Sonntagnachmittag. Es gab eine ganze Reihe weiterer Gesten und Absichtserklärungen. Und es gab viele Aktionen. Dazu zählt das sogenannte Rettungspaket – korrekt: Finanzmarktstabilisierungsgesetz –, das den Banken Ausfallbürgschaften, Kredite und Eigenkapital im Volumen von bis zu 480 Milliarden Euro zur Verfügung stellt. Nicht nur der Bürger, auch die großen Banken haben einander offenbar selbst (oder mit ihren Branchenhilfsfonds) nicht mehr retten können und sich an den Staat gewandt. Oder sie haben zumindest diesen Eindruck zu erwecken vermocht.

Alles Unvorstellbare erhält, wenn es einmal eingetreten ist, den Charakter des Selbstverständlichen. Diesen machtvollen Eintritt des Staates als rettender Akteur auf den Märkten konnte sich – noch wenige Monate, ja Wochen zuvor – niemand vorstellen. Es ist eine epochale Wende. Wenn eine Bank unter normalen Umständen Geld braucht, etwa weil sie eine andere Bank kaufen will, so macht sie eine Kapitalerhöhung, holt sich das Geld von neuen Aktionären, die sich eine gute Rendite erwarten. Gerät eine Bank in eine »Schieflage«, dann geht sie unter, oder aber sie kann auf die Solidargemeinschaft der Banken zurückgreifen. Jetzt aber gab es plötzlich einen massenhaften Run auf staatliches Geld, übrigens von privaten Kreditinstituten wie von staatlichen Landesbanken. Und plötzlich wunderte sich niemand mehr darüber, dass sogar die Commerzbank teilverstaatlicht wurde. Zäsuren müssen offenbar veralltäglicht werden, sonst hält man sie nicht aus.

Gewiss gibt es Vorbilder früherer Finanzkrisen – die Mexikokrise 1994/95, die damit begann, dass die Regierung den Kurs der einheimischen Währung gegenüber dem US-Dollar nicht aufrechterhalten konnte, oder die Asienkrise 1997/98 –, bei denen Staaten mit viel Geld ihr Bankensystem retten mussten. Aber das waren regional begrenzte Krisen gewesen. Jetzt hingegen kamen mit Wucht alle Staaten in den Markt zurück, weil diese Krise weltweit wirkte und als »systemisch« interpretiert wurde. Und in systemischen Krisen kann offenbar nur der Staat helfen. Denn der mutmaßliche Untergang einer einzigen großen Bank hätte die gesamte Geldversorgung einer Volkswirtschaft gefährdet. Die Versorgung mit Geld ist aber essenziell und von anderer Bedeutung als die Versorgung der Menschen mit Autos, Fernsehern oder Babynahrung. Oder anders gesagt: Ohne eine funktionierende Geldversorgung wäre auch die Versorgung mit Autos, Fernsehern & Co. nicht möglich. Es geht um die Bedingung der Möglichkeit des Wirtschaftens selbst, mithin um die Rahmenbedingungen. Und den Ordnungsrahmen kann nur der Staat garantieren.

Offenbar glauben viele Bürger, dass zwar Banken kippen können, Staaten aber nicht. Warum? Weil der Staat irgendwie der Familie ähnelt, aus der man stammt. Wie die eigene Herkunftsfamilie war auch der Staat immer schon da und, so denkt man unwillkürlich, wird immer da bleiben. Eine Welt ohne Staaten? Ein Deutscher ohne Deutschland? Wer könnte sich eine solche Welt vorstellen?

Dieses Familienbedürfnis seiner Bürger hat der Staat immer schon bereitwillig befriedigt. Er versteht sich als Sozialstaat, der seine Bürger vor den großen Risiken des Lebens – Armut, Arbeitslosigkeit, Krankheit und Alter – schützt. Er muss sie also auch vor den Risiken des Marktes schützen, hat er sich doch zuständig erklärt für die »Daseinsvorsorge« der Menschen. Banken sind ein »öffentliches Gut«, erklärte Finanzminister Peer Steinbrück zur Begründung des Staatseingriffs. Öffentliche Güter aber garantiert der Staat.

»Daseinsvorsorge« spiegelt ein tiefes Bedürfnis der Bürger nach Sicherheit, das an den Staat herangetragen und das vom Staat befriedigt wird. Es ist das Bedürfnis nach einem »benevolenten Diktator« (»Führungsstärke«), welches die Menschen aus der Familie und der Erfahrung mit dem Vater (dem Patriarchen) beziehen. »So lebt der moderne Mensch nicht nur im Staat, sondern auch vom Staat«, schrieb Ernst Forsthoff, der konservative Staatsrechtler und Freund Carl Schmitts: »Der Verlust des beherrschenden Lebensraums und der mit ihm gegebenen Daseinsreserven setzt ihn dem Staat aus. Er weiß sich vom Staat abhängig und trägt an den Staat das Bedürfnis nach Sicherung und Gewährleistung seiner Existenz heran, das er in seinem labilen Individualbereich nicht mehr befriedigt findet.« Wie Vater und Mutter stellen wir uns den Staat gerne ohne eigene Interessen vor, nur und ausschließlich interessiert an unserem Wohl.

Forsthoff hat den Begriff von der »Staatsbedürftigkeit der Gesellschaft« geprägt. Er liefert die Begründung zur Fürsorge und Vorsorge für die Bürger, welche diese nur allzu gerne zu akzeptieren bereit sind. »Ohne meine Hilfe geht es gar nicht!«, scheint der moderne Staat seinen Bürgern zuzurufen: Und Angela Merkel hat es an jenem 5. Oktober 2008 vorzüglich bewiesen. Der Staat weiß, dass die Bürger und die Märkte ihn in ihrer Labilität zu Hilfe rufen müssen. Und er eilt zu Hilfe.

Viele, vor allem in Deutschland, freut das neue Staatsbekenntnis zur Daseinsvorsorge. Viele argwöhnten längst, der Staat könnte sich auf dem Rückzug befinden, immer mehr einstmals essenzielle Aufgaben abgeben und den Bürgern nicht mehr ausreichenden Schutz bieten. »Dank der Krise kommt jetzt der Staat aus seinem Versteck«, jubelt der Philosoph Peter Sloterdijk.

Dass diese Allmacht und unbegrenzte Größe eine Illusion ist, die wir in den Staat hineinphantasieren, muss – fast könnte man sagen: notwendigerweise – ausgeblendet werden. Denn sonst bräche das auf Vertrauen basierende Konstrukt zusammen. Müsste Frau Merkel im Ernstfall jene 3000 Milliarden Euro, die Summe aus Spar-, Termin- und Sichteinlagen auszahlen, die sie versprochen hat, würde auch der deutsche Staat an seine Grenzen stoßen. Aber allein diesen Zweifel auszusprechen, ist gefährlich. Denn das garantierende Wort soll ja eben dazu dienen, den Zweifel gar nicht aufkommen zu lassen, damit der Staat nicht in die Gefahr kommt, seine eigene Fragilität zu offenbaren.

Das Beispiel Island

Die Überzeugung, Staaten könnten nicht bankrottgehen, bleibt gleichwohl eine Fiktion. Wer es nicht glaubt, sollte nach Island fahren. Dort machen die Menschen seit geraumer Zeit die Erfahrung, wie es sich anfühlt, wenn ein ganzes Gemeinwesen von der Finanzkrise mit in den Abgrund gerissen wird: Das eigene Geld ist plötzlich nichts mehr wert, die Vermögenswerte, vor allem die Immobilienpreise, verfallen, viele verlieren ihren Job. Und die ausländischen Touristen entdecken das eigene Land plötzlich als spottbillige Ferieninsel. Welch ein Absturz! Noch Ende 2007 hatte ein UN-Bericht die Insel als das am höchsten entwickelte Land der Erde bezeichnet, das weltweit höchste Prokopfeinkommen seiner Bürger gelobt. Nun war Island auf das Niveau eines Entwicklungslandes gesunken. Und das in nur wenigen Wochen.

Wie konnte das passieren? Island hatte über Jahre hinweg ein international erfolgreiches Bankensystem aufgebaut, das unter anderem nicht zuletzt von deutschen Sparern dadurch Kapital anzog, dass es die Einlagen der Kunden mit besseren Zinsen bediente (Kaupthing-Bank!) und dieses Geld zugleich in großem Stil international wieder verlieh. Auf diese Weise waren freilich die Verhältnisse des kleinen Staates im Norden ein wenig aus den Fugen geraten. Als das ganze System zusammenbrach, befanden sich in den Büchern der Onlinebanken Einlagen der ausländischen Kunden im Wert von 8,2 Milliarden Dollar: Das ist ungefähr die Hälfte von Islands gesamter Wirtschaftskraft. Die Bilanzsumme – im Klartext: das Kreditvolumen – aller drei großen isländischen Banken – Glitnir, Landsbanki und Kaupthing – war schließlich auf das Zehnfache des isländischen Staatshaushalts angewachsen. Eine gefährliche Schieflage.

Kein Wunder, dass, als nach dem Fall von Lehman auch isländische Banken (ob gesund oder nicht, ist bis heute umstritten) um Geld flehen mussten, die Zentralbank des Landes völlig überfordert war, diesem Begehren nachzukommen. Stattdessen wurde ein Geldinstitut nach dem anderen verstaatlicht und zugleich den Sparern mitgeteilt, dass der isländische Einlagensicherungsfonds vermutlich keine Chance sieht, die Ansprüche der Kunden zu bedienen. Das kam einer Bankrotterklärung des isländischen Staates gleich mit der unmittelbaren Folge, dass Island international jeglichen Kredit verspielt hatte und niemand mehr bereit war, Anleihen dieses Landes zu zeichnen. Denn er musste befürchten, dass er sein Geld niemals zurückbekäme.

Die Konsequenz: Das Land erlebte eine Hyperinflation, welche die Werte der ihrerseits hoch verschuldeten Bürger vernichtete, zusammen mit einem dramatischen Verfall seiner Währung, was abermals die Wertevernichtung beschleunigte. Die Kaufkraft des Geldes schrumpfte dramatisch. Und die Regierung musste international betteln gehen auf der Suche nach Rettungsgeld: Erst in Russland, das hatte sich rasch zerschlagen, dann kamen zwei Milliarden Dollar vom Internationalen Währungsfonds IWF und schließlich weitere vier Milliarden Dollar von den nordischen Nachbarn. An der Last von Zins und Tilgung wird Island noch lange Jahre zu tragen haben, zumal es sich, bedingt durch das weltweite Schrumpfen der Finanzindustrie, auch ein neues »Geschäftsmodell« suchen muss: Eine monokulturelle Finanzindustrie hat keine Zukunft mehr.

Ökonomen führen die Existenzkrise Islands nüchtern auf vier Gründe zurück: Das Land war besonders verwundbar, weil es

1. sehr klein ist,
2. einen sehr großen Bankensektor aufgebaut hatte,

3. eine eigene Währung (also keinen Euro) hatte,
4. nur über sehr beschränkte geldpolitische, fiskalische Möglichkeiten zur Rettung verfügte. Weder die Zentralbank noch der Staatshaushalt waren angesichts dieser Dimension noch in der Lage, als Lender of last Resort zu fungieren. Hier waren die Proportionen völlig aus dem Ruder gelaufen.

Keine Frage: Deutschland ist nicht Island. Ein Staatsbankrott, wie ihn die Insel erlebte, könnte unter vergleichbaren Umständen hierzulande nicht Realität werden. Aber die Strukturen, welche Island in extreme Not geführt haben, sind nicht so einzigartig, wie man denken könnte. Vergleichbare Instabilitäten gibt es insbesondere in der so stolzen Schweiz: ein überdimensionierter Finanzsektor, eine eigene Währung, allerdings mit starker Zentralbank. Gefährdungen müssten sich auch Dänemark und Schweden ausrechnen. Und es waren Ungarn und die Ukraine, welche beim Internationalen Währungsfonds Geld einsammeln mussten, weil sie über ihre Verhältnisse gelebt haben. Ihre Politiker haben den Bürgern vermeintliche Wünsche auf Pump erfüllt und sie sich von ausländischen Banken (nicht zuletzt der Deutschen Bank, aber auch den deutschen Landesbanken) finanzieren lassen. Ohne die Hilfe des IWF hätte die Not dieser Staaten die Finanzkrise verschärft, weil internationale Banken abermals geschwächt worden wären.

Island ist ein Extrembeispiel dafür, dass Staaten letztlich auch eine Art Unternehmen sind. Auch Staaten müssen wirtschaften: Sie müssen Geld zwangsweise ihren Bürgern abnehmen, um es ausgeben zu können. Und das machen sie erfolgreich oder verlustreich, je nachdem. Das vergisst der illusionäre Glaube gerne, der den Staat als den »wahren Multimilliardär« (Peter Sloterdijk) verehrt. Öffentliche Finanzen und private Finanzen sind so unterschiedlich nicht. Es ist daher eine – wie wir gesehen haben: sehr hilfreiche, aber – wie wir noch sehen werden – auch sehr gefährliche Allmachtsphantasie zu glauben, nur Unternehmen können verschwinden, während der Staat unbegrenzte Finanzierungsmöglichkeiten habe. Gewiss, Island, die Insel, wird nicht im Meer versinken, nur weil das Land fiskalisch bankrott ist. Gottlob braucht man sich einen Staatsbankrott nicht so vorzustellen. Aber weil man es sich so nicht vorstellen kann, hält sich die Illusion der staatlichen Stabilität besonders hartnäckig.

Das alles nährt die sinnvollen und gefährlichen Allmachtsphantasien, die wir gerne dem Staat zugestehen. Die Notenpresse, so denkt man, kann jederzeit Geld nachdrucken. Und der Staat kann sich jederzeit verschulden, wenn er Geld braucht. Gewiss, aber das alles hat seinen Preis. Die Frage ist, was und ob dieses Geld anschließend noch etwas wert ist.

Inflation und Abwertungen kaschieren die Katastrophe; spürbar wird sie gleichwohl für jedermann. Bevor es so weit ist, gibt es viele schleichende Prozesse, die anzeigen, dass sich die wirtschaftliche Lage eines Landes verschlechtert. Das Rating, maßgeblich für die Bonität zur Vergabe von Anleihen eines Landes, kann herabgestuft werden; dann muss es für seine Schulden eine höhere Risikoprämie (für das Risiko des möglichen Staatsbankrotts!) zahlen, also einen höheren Zins.

Ohnehin könnte irgendwann die Schuldenlast der Staaten so drückend werden, dass die Bürger einen Großteil ihres wirtschaftlichen Erfolgs dem Staat geben müssen, der damit den Schuldendienst befriedigt. Das schränkt die private Freiheit der Bürger beim Geldausgeben empfindlich ein. Und es schränkt die öffentliche Freiheit des Geldausgebens auch für den Staat ein, weil ein derart gefährdetes Gemeinwesen weniger Mittel für Investitionen, also für Schulen, Straßen oder Forschungslabors, ausgeben kann.

Die Versicherungsmärkte haben längst erkannt, dass Staaten keine sicheren Kantonisten sind. So war es Ende 2006 für Inhaber amerikanischer Staatsanleihen mit zehnjähriger Laufzeit und einem Nominalwert von 10 000 Dollar möglich, sich für einen Dollar gegen Zahlungsausfälle zu versichern. Mit anderen Worten: Dass die Regierung in Zahlungsrückstand geraten könnte, wurde praktisch als unmöglich angesehen; die USA galten als der solideste Schuldner der Welt. Und obwohl es in der Finanzkrise einen wahren Run in vermeintlich sichere Staatsanleihen gab, weil die Investoren das Risiko privater Schuldner als zu hoch einschätzten, hat das Vertrauen in die Solidität des Staates nicht zugenommen. Um nämlich Ende 2008 die Staatsanleihe von 10 000 Dollar zu versichern, wäre eine Risikoprämie von 75 Dollar fällig geworden. Das zeigt, wie dramatisch die Bereitschaft abgenommen hat, auch geringe Risiken einzugehen. Nicht nur der Glaube an die Märkte, auch der Glaube an die Staaten ist im Schwinden. Das zeigt sich freilich nicht an der Oberfläche des öffentlichen Diskurses.

Wer soll das bezahlen?

Der Staat ist zurück. Und alle loben ihn. Als ob sie darauf gewartet hätten, geben sich seine obersten Repräsentanten als Präzeptoren ihres Volkes, genießen die neue Rolle des Moralisten und erhalten viel Beifall. Der Bundespräsident Horst Köhler, er will in diesem Jahr wiedergewählt werden, ermahnt mit scharfen Worten die Banker: »Besinnen Sie sich wieder auf die Tugenden des soliden Bankiers.«

Die hören es sich zerknirscht an. Und die Bürger klopfen Beifall. Ganz so, als wäre Köhler nie selbst ein Banker gewesen und als hätte er nicht früher ihr Lied mitgesungen, schilt der Bundespräsident die Finanzleute. Er wirft den Bankern vor, sie hätten nicht auf die Risiken geachtet, und genehmigt sich selbst einen völlig risikolosen Auftritt: Sein Populismus kostet nichts; von den Bankern muss er nicht gewählt werden.

Den größten Gewinn aus der Finanzkrise zieht aber der Finanzminister. Mussten sich seine Vorgänger für mangelnde Haushaltsdisziplin schelten lassen, so konnte er nun gar für das großzügige Ausgeben von Geld großes Lob einfahren: Denn er hätte ja anders gehandelt, wäre da nicht die Krise, lässt er den Bürgern ausrichten. Peer Steinbrück war längst vor der Finanzkrise ein Befürworter eines starken, also auch teuren Staates, der sich berechtigt fühlt, die Bürger zu beglücken. Die Krise ist für ihn ein Geschenk des Himmels. Oder soll man sagen: ein Geschenk Amerikas? So drischt Steinbrück, wo immer er Gelegenheit findet, nicht nur auf die Banker (»Rattenrennen um Rendite«) ein, sondern auch auf den amerikanischen Kapitalismus: »Ihr werdet bestraft, weil ihr euch verzockt habt!«

Der Eindruck täuscht, der Staat verhalte sich in der Krise uneigennützig, sozusagen rein dem Gemeinwohl verpflichtet. Natürlich trachten die Politiker stets danach, diesen Eindruck zu erwecken. In der Finanzkrise ist ihnen das auch nicht schwergefallen. Problemlos konnten sie, wann immer nötig, darauf verweisen, die (Teil-)Verstaatlichung des Bankensektors sei schließlich nicht ihren dunklen Sozialisierungsphantasien entsprungen, sondern dringlicher Bitten genau jener privaten Akteure, die sonst immer das hohe Lied der freien Märkte gesungen hätten. Sie haben recht. Die Finanzkrise bot dem Staat die Chance, sich als besonders arglos zu präsentieren.

Das ist gefährlich. Denn der Staat ist kein benevolenter Diktator. Im Windschatten der Bankenrettung hat er eilig eine Reihe weiterer milliardenschwerer Rettungspakte beschlossen, die mit unterschiedlichen Zielen begründet wurden: Mal sollte es darum gehen, die ins Stocken geratene Konjunktur zu stimulieren (Kfz-Steuerbefreiung für Autos), mal ging es darum, eine für Deutschland wichtige Branche (Automobilindustrie) oder zumindest ein für Deutschland wichtiges Einzelautounternehmen (Opel) zu retten, mal ging es um die Sicherheit der Arbeitsplätze (abermals Autos). Schließlich ging es um den Klimawandel, den man doch angesichts der Krise nicht vergessen dürfe, weshalb es am besten sei, gleich noch ein weiteres Rettungspaket zu verabschieden, welches Klima und Wirtschaft zugleich rette. Immer ging es vor allem darum, Wohltaten zu begründen. Und dieses Wettrennen um Wohltaten wird auch in diesem Wahl- und Krisenjahr 2009 nicht abreißen.

Unmerklich war ein Wettrennen in Gang gekommen, der sich zwischen den Staaten (Wer hat künftig die kräftigsten Banken auf der Welt?), aber auch innerhalb unterschiedlicher Wirtschaftszweige eines Landes (Was die Banken kriegen, soll den Bauern recht und billig sein!) abspielte. Dass in vielen dieser Fälle der Staat von sich aus gar nicht aktiv werden musste, sondern sich von den Unternehmen hatte rufen lassen und damit abermals seine Unschuld beteuern konnte, macht den Interventionismus nicht besser. Denn Unternehmen haben noch immer schamlos zugelangt und nach Subventionen gerufen, wenn sich die Gelegenheit bot. Und Politiker haben diesen Ruf noch immer allzu willfährig bedient. Das Bündnis ist perfekt. In Ordnung ist es nicht.

So gibt die Krise den Vorwand, alle Scham zu verlieren. Denn Subventionen zu verteilen, ist von jeher eine Lieblingsbeschäftigung von Politikern. Dadurch sichern sie sich die Loyalität klar identifizierbarer Gruppen, die als Wähler sich später bedanken werden. Zumal wenn es um große Unternehmen geht, bei denen

Arbeitsplätze bedroht sind, sehen Politiker offenbar rasch Handlungsbedarf.

Insofern ist die Auseinandersetzung um die Rettung von Adam Opel ein Musterfall, bei dem auch ein Wettlauf zwischen den betroffenen Landesregierungen gleich welcher Couleur und dem Bund einsetzte. Hier ließen sich mit einer gehörigen – mittlerweile auch hoffähig gewordenen – Portion Antiamerikanismus (»schuld ist nur der amerikanische Mutterkonzern«) die abenteuerlichsten Begründungen anbringen: Arbeitsplätze; die angeblich gesunde und international unverzichtbare Autoindustrie und vieles mehr.

Dass dies zugleich zu eklatanten Ungerechtigkeiten führte, störte offenbar niemanden. Warum rettet der Staat Opel? Würde andernfalls die Autoversorgung auf der Welt, oder wenigstens in Deutschland, unterbrochen? Warum gibt der Staat das Geld nicht Unternehmensgründern, die neue Ideen für die viel gelobten »Zukunftsindustrien« austüfteln, anstatt ein marodes und seit Jahren in der Krise steckendes Unternehmen (und sogar nur seinen deutschen Teil!) zu retten. Mit der Begründung, Opel müsse ein Einzelfall bleiben (das sagen Politiker ohnehin immer), meinte man, aus dem Schneider zu sein. Aber die Begründung selbst war das Einfallstor: Wenn Opel als Einzelfall gerettet wird, hat jeder andere Einzelfall auch das Recht auf Rettung.

»Die Finanzkrise und das Rettungspaket für die Banken haben eine enthemmende Wirkung auf die Politik«, sagt der Hannoveraner Finanzwissenschaftler Stefan Homburg. Enthemmung meint: Plötzlich durfte jeder wieder alles fordern. Dabei wurde geflissentlich der Unterschied zwischen der »systemischen« Aktion des Finanzmarktstabilisierungsgesetzes – das freilich genau genommen auch nichts anderes ist als eine Subvention – und den vielen Einzelfallwohltaten verwischt. Aber die Bankenrettung lebte geradezu davon, kein Einzelfall zu sein: Die Regierung nötigte die Banken zuzugreifen und rügte die Deutsche Bank, als sie keinen Gebrauch von dem Angebot machte. Als genereller Retter in systemischen Krisen mag der Staat unentbehrlich sein. Aber als Einzelfallbrandmeister? Das muss jeden Bürger erzürnen, der, weil zu klein und unbedeutend, für sich keinen Einzelfall geltend machen kann. Mehr noch: Er muss womöglich mit seinen Steuern für die Rettung irgendwelcher Einzelfälle einstehen, hat also den doppelten Schaden: Selbst geht er leer aus, anderen muss er aber zwangshelfen.

Dem Staat kommt die Krise gelegen. Denn sie bietet die beste Chance, mit großzügigen Wohltaten an wichtige Gruppen in das Wahljahr 2009 zu gehen. Weil sich davon beide großen Parteien Vorteile versprechen, funktioniert eine große Koalition in solchen Zeiten besonders gut. Unter dem Vorwand der Konjunkturunterstützung wurde plötzlich ein neuer Staatsinterventionismus großen Stils wieder Mode. Dass Haushaltsdisziplin oder Schuldenbremse für Staatsverschuldung einmal Konsens waren, kann als »ideologischer Ballast« beiseitegelegt werden. Das politische Eigeninteresse darf sich kaschieren als keynesianisches Konjunkturprogramm oder als Antwort auf notleidende Unternehmen und ihre Arbeitnehmer. Ganz wie man es braucht.

Doch irgendeiner muss das bezahlen. Die Wohltaten, welche der daseinsvorsorgende und kriseninterveniernde Staat verteilt, muss er sich irgendwoher holen. Er verteilt *other people's money*: Es ist das Geld der Bürger, das er ihnen erst (oder hinterher) abnehmen muss, um sie damit beglücken zu können. Es ist das Geld der Steuerzahler (also der wirtschaftliche Erfolg der Bürger) oder es sind die Schulden, die später als Steuern der Kinder oder Enkelkinder fällig werden. Was das bedeutet, wurde spätestens nach der eilig – und freudig – vorgenommenen Revision des Haushalts für das Jahr 2009 und 2010 deutlich: Mit insgesamt 75 Milliarden Euro sind die beiden Konjunkturpakete von Bund und Ländern gespeist. Zur Verschleierung ihrer Finanzierung werden allerlei Schattenhaushalte (genannt: »Tilgungsfonds«) aufgestellt, die freilich nicht verbergen können, dass Deutschland spätestens im Jahr 2010 das Maastricht-Kriterium der zulässigen Staatsverschuldung dramatisch überschreiten wird. Mit der allgemeinen Krisenrettungseuphorie hat der Finanzminister sein Ziel aufgegeben, die Haushalte zu konsolidieren.

Stets hat der deutsche Staat seine Defizite mit den Zwängen der Konjunktur gerechtfertigt. Stets wurde versprochen, in besseren Jahren zu sparen. Aber geschehen ist das nie. So hat sich über die Zeit eine Schuldenlast von 1,5 Billionen Euro aufgetürmt. Und trotz guter Konjunktur bis wenigstens zum Jahr 2007 und der größten Steuererhöhung in der Geschichte der Bundesrepublik (drei Prozentpunkte der Mehrwertsteuer im Jahr 2005) ist auch die Große Koalition dem Ziel eines ausgeglichenen Haushalts nicht näher gekommen. Dabei bedeutet das schönfärberische Wort vom ausgeglichenen Haushalt nur: nicht weitere Schulden zu machen. Von einer Tilgung der Schuldenlast war ohnehin nie die Rede.

»Digging holes in the ground«: Keynes ist wieder da

Die größte – und gefährlichste, weil raffinierteste – Legitimation für einen spendablen Staat stellt freilich ein längst verstorbener Gelehrter, der große Ökonom John Maynard Keynes (1883 bis 1946) dar. Er wurde plötzlich im vergangenen Jahr wieder allgemein hoffähig. Und vom deutschen Sachverständigenrat bis zum

IWF haben alle keynesianische Rezepte verteilt. »Depressionsökonomie« sei das Gegenteil von normaler Ökonomie, verkündete Paul Krugman, Nobelpreisträger des Jahres 2008. Die normalen Rezepte hülfen jetzt nicht mehr. »Tugend wird zum Laster, Vorsicht zum Risiko, Klugheit zur Dummheit«, sagte Krugman und beschimpfte, wie viele andere, die deutsche Regierung: »Sie denken immer noch in den Kategorien einer Welt, wie sie vor ein oder zwei Jahren zu sein schien.« Die deutschen Politiker hätten den Ernst der Krise verkannt. »Vielleicht fehlt ihnen die intellektuelle Beweglichkeit«, giftete Krugman. Der neue Präsident Barack Obama hat schon vor seiner Inauguration am 20. Januar deutlich gemacht, dass er sehr wohl bereit ist, eine »Depressionsökonomie« großen Stils durchzuziehen.

Die keynesianische Kritik kommt exakt vom anderen Ende her als die unsrige. Sie wirft den deutschen Politikern vor, zu wenig und zu zögerlich Geld auszugeben. »Klotzen und nicht kleckern«, heißt die zugrunde liegende saftige Formel. Bevor wir das Konzept kritisieren, sollten wir es in groben Zügen präsentieren: Intellektuelle Dürftigkeit kann man dem Neokeynesianismus nicht vorwerfen. Zwar handelt es sich dabei, heute aus der Schublade geholt, nicht um eine ökonomische Innovation, sondern nur um eine Neuauflage von Rezepten, die zwischen 1930 und 1970 schon einmal sehr trendy waren. Aber das Konzept ist schlüssig, es wirkt kraftvoll, und es suggeriert Vertrauen in die Kraft einer intelligenten staatlichen Planwirtschaft. Gerade dieser Charme ist die größte Gefahr des Neokeynesianismus.

Wie sieht das keynesianische Modell einer expansiven Fiskalpolitik aus? Wenn die Binnennachfrage dramatisch einbricht und der Export dies nicht kompensierend ausgleicht, wenn alle entwickelten Staaten auf der Welt gleichzeitig in die Krise schlittern, dann, so lautet die Botschaft des keynesianischen Lehrbuches, muss die Nachfrage angekurbelt werden. Wenn aber die Unternehmer nicht mehr investieren, die Banken keine Kredite mehr ausgeben und die Bürger aus Angst nicht bereit sind zu konsumieren, dann hülfe es auch nichts, sie mit direkten Steuergeschenken zum Konsum zu verführen. Somit, Schluss des Syllogismus, muss der Staat einspringen und rasch und kraftvoll Geld ausgeben. Das wäre die einzige Chance, die Härte einer Depression zu mildern und die Konjunktur wieder zum Laufen zu bringen.

Zwei Möglichkeiten stehen dem Staat zu Gebote, wie er die Nachfrage stimulieren kann: Er kann die Zinsen drastisch – auf null Prozent – senken, das Geld für alle Investoren (und Konsumenten) verbilligen und notfalls sogar die Notenpresse anwerfen. Doch dieses Mittel kam bereits Ende 2008 an seine natürlichen Grenzen. Dann bleibt dem Staat nur, selbst in großem Stil Geld auszugeben. Er kann Straßen, Brücken und Autobahnen bauen. Er kann Schulen modernisieren und Universitäten vergrößern. Und er kann, falls er noch irgendwo Platz findet, Windräder und Solardächer bauen. Eines steht für Keynes freilich außer Frage: Es muss alles sehr schnell gehen; und der Staat muss viel Geld in die Hand nehmen.

Digging holes in the ground, lautete die Devise von Keynes: Grabt einfach Löcher in den Boden! Das klingt primitiver, als es in Wirklichkeit gemeint war. Denn die Staatsausgaben sollen ja Effekte auslösen bei den privaten Akteuren. Man nennt das den Keynesianischen Multiplikator. Und der funktioniert so: Wenn der Staat Geld ausgibt, um Löcher zu graben, dann gibt es Leute, die diesen Job machen, Geld dafür verdienen und dieses Geld wieder irgendwo ausgeben. Außerdem müssen Schaufeln und größere Maschinen gekauft werden, an denen wiederum irgendwelche Unternehmen (und ihre Arbeiter) verdienen. So setzt der Keynessche

Initiativstimulus auf Zweit- und Drittrundeneffekte, welche den ursprünglichen Impuls vervielfältigen.

Diese Idee des Multiplikators haben Generationen von Ökonometrikern aufgegriffen, die mit Formeln und Computerprogrammen liebevoll solche *multiplier* berechneten. Zwei Prozent des Weltbruttosozialprodukts hält zum Beispiel der IWF (der Fonds hatte es immer schon mit dem Geldausgeben im großen Stil) für angemessen, um das weltweite Wachstum im laufenden Jahr 2009 um zwei Prozent zu stimulieren und eine noch tiefere Rezession zu vermeiden. Daraus lässt sich erkennen, dass der IWF einen – für Keynesianer als gemäßigt geltenden – Multiplikator von eins zugrunde legt (zwei Prozent Input mal eins gibt zwei Prozent Output).

Das Beste, was man über diesen erwünschten Wirkmechanismus sagen kann, ist: Der Stimulus soll eine Vertrauenskaskade in Gang bringen. Wenn der Staat seinen Bürgern Geld anvertraut, können diese getrost auch wieder einander trauen und miteinander Geschäfte machen. Und wenn die Wirtschaft wieder flott ist, dann wird auch das noch einmal mehr Vertrauen bringen. Hinter der technokratischen Idee des Multiplikators steckt also in Wirklichkeit die Hoffnung auf einen Feedback-Mechanismus zur Erzeugung und Generierung von Vertrauen. Und der Staat setzt, gottgleich, einen ersten Anfang getreu dem Motto: *Just do it!* Was dabei produziert wird, ist den Keynesianern weniger wichtig. Diffus setzen alle auf eine gesamtgesellschaftliche Nützlichkeit von allerlei Großprojekten.

Aber, wie wir im vorigen Kapitel gesehen haben, ist es gar nicht so einfach, ins Vertrauen hineinzukommen. Denn ob der Vertrauensimpuls des Staates funktioniert, weiß man nicht. Womöglich wird er eher als Grund zum Misstrauen wahrgenommen (»so weit ist es schon gekommen«)? Womöglich taucht auch der nicht unberechtigte Verdacht auf, dass es den Fiskalimpuls nicht umsonst gibt und irgendjemand irgendwann dafür bezahlen muss? Keynes weiß das natürlich auch und droht: Heute untätig zu sein, ist teurer, als später Staatsschulden zurückzuzahlen. Man weiß es nicht. Letztlich setzt der keynesianische Zaubertrick das Vertrauen schon voraus, welches er mit Fiskaltechnologie erst erzeugen will.

Kein Wunder, dass bis heute fraglich ist, ob das Konzept funktioniert, obwohl die Keynesianer seit Jahrzehnten sich bemühen, den Nachweis dafür zu führen. Keynes selbst, ein Mann der englischen Oberschicht, war ganz und gar reinen Herzens und Sinnes: Er konnte sich den Staat gerade in der Krise nur als benevolenten Diktator vorstellen. Dass für Politiker das Interesse ihrer Wiederwahl im Vordergrund steht, wie die neue politische Ökonomie seit dem späten 20. Jahrhundert überzeugend und detailreich erforscht hat, spielte für den Mann in Cambridge keine Rolle.

Empirisch ist die Lage alles andere als übersichtlich. Unklar ist allein schon, ob das Geld dort ankommt, wo es benötigt wird, um dann wirklich seine Zweitrundeneffekte auszulösen. Da alles immer ganz schnell gehen soll, haben Keynesianer meist keine Zeit, lange nachzudenken, wo das Staatsgeld hingeleitet werden soll. Der Effekt: Das Geld fließt entweder sinnlos in Brücken im Niemandsland oder, was noch wahrscheinlicher, aber auch nicht besser ist, in diejenigen Ministerien, die es am schnellsten abzuholen verstehen. Keynes stimuliert ungewollt immer eine milde Form der die Hand aufhaltenden politischen Korruption. Weil Überstürztheit zum Programm erhoben wird (Krugmans neue Tugend), wird Überstürztheit auch zum Problem: Im schlimmsten Fall ist am Ende das ganze Geld weg, aber die Rezession sieht auch nicht besser aus.

Die deutsche Regierung hat freilich noch nicht einmal den Versuch unternommen, die Probe aufs Exempel einer keynesianischen Rezession zu machen. Sie hat damit den Bürgern auch nicht die Chance gegeben, diese Theorie zu überprüfen. Sie hat nur ihr an der nächsten Wahl ausgerichtetes wohltätiges Handeln zuweilen mit keynesianischen Begründungen kaschiert und sich vor allem im halbherzigen Aktivismus vieler Einzelfallwohltaten ergangen. Dabei ist jetzt schon klar, dass die expansive Fiskalpolitik vor allem einen Effekt haben wird: Der staatliche Schuldenberg wird größer als zuvor. Konjunkturpolitik – ob klotzig mit Keynes oder zögerlich mit Merkel – erhöht die Kosten für künftige Generationen. Es wird teuer für den Bürger, muss aber seinen vorgeblichen Zweck – Rettung aus der Rezession – verfehlen.

Warum dulden das die Bürger?

Warum rebellieren die Bürger nicht angesichts solcher von heute auf morgen beschlossenen neuen Belastungen, die sie alle treffen werden? Warum lassen sie es sich gefallen, dass ihr Geld dazu benutzt wird, andere von ihrem Risiko zu entlasten? Das besonders krasse Beispiel, wenngleich angesichts der vielen anderen Milliarden nicht wirklich ins Gewicht fallend: die Rettung der deutschen Kaupthing-Kunden. Weil die isländische Bank (und der isländische Einlagensicherungsfonds) die Sparguthaben der deutschen Sparer nicht mehr bedienen konnte, erhielt der isländische Fonds vom deutschen Staat einen Kredit (wir kennen mittlerweile die Bonität des Schuldners Island!), um die Sparguthaben der deutschen Sparer zu garantieren. Im Klartext: Deutsche Sparer, die wegen satten sieben Prozent Zinsen für ihr Guthaben nach Island gingen, lassen sich von jenen Deutschen herauspauken, die mit drei Prozent bei ihren heimischen Sparkassen zufrieden waren. Sie hatten auf Rendite verzichtet und haften nun für jene, die eine höhere Rendite wollten. Sind das Politiker, die es nur gut meinen? Oder sind es Politiker, die nichts so sehr unter Druck setzt wie die Macht kleiner, aber gut organisierter Gruppen?

Noch einmal: Warum lassen sich die Bürger diesen eklatanten Zugriff auf ihren Geldbeutel gefallen? Und warum ist dieser ungenierte Zugriff für den Staat kein Risiko? Die kurze Antwort lautet: Weil eine hohe Staatsverschuldung für den Bürger nicht direkt spürbar ist. Sie wirkt sich natürlich auf ihn und seine Nachkommen aus; aber diesen diffusen Schaden rechnet er in der Regel nicht der staatlichen Schuldenpolitik zu. Selbst wenn die Staatsverschuldung, wie in diesem Jahr, in vielen Staaten der Welt zweistellig wachsen wird.

Mehr noch: Zwar zahlt niemand gern Steuern. Aber wo genau – in der Mehrwertsteuer, in der neuen Abgeltungssteuer, in der Lohnsteuer oder im höheren Risikozins für neu ausgegebene Staatsanleihen – sich »sein« persönlicher Beitrag für die deutschen Kunden der Kaupthing-Bank oder die Rekapitalisierung (was für ein abstrakter Begriff!) der BayernLB versteckt, kann er nicht erkennen. Es macht ihn nicht nervös, zumal jeder einzelne Beitrag für jeden Einzelnen klein ausfallen und deshalb aus Sicht der Politik als verkraftbar erachtet wird.

Die Theorie, wonach der Staat seinen Bürgern heimlich, still und von einer drohenden Depression legitimiert das Geld aus der Tasche zieht, damit aber großzügig – und eklatant ungerecht – wahlwichtige Einzelgruppen privilegiert, rangiert in der Finanzwissenschaft unter dem Stichwort *fiskalische Illusion*: Die Bürger unterschätzen nicht nur, wie viel sie selbst zur Finanzierung des Staates – also der öffentlichen Aufgaben – beitragen. Sie überschätzen auch, was sie dafür bekommen. Sie überschätzen die Leistungen und unterschätzen die Kosten. Nichts lieben Politiker mehr als diesen Mechanismus der fiskalischen Illusion; sie nutzen ihn gerne und nach Kräften aus. Denn sie werden für Leistungen, nicht für Preise (Steuern, Abgaben) gewählt. Sie wollen so tun, als könnten sie uns aus dem Nichts beschenken. Die fiskalische Illusion hat ihre Entsprechung in der Gratisillusion öffentlicher Güter. Das ist teuer. Und wenig transparent.

Das ist die größte Gefahr, die der Staat als neuer starker Maxe letztlich für seine Bürger bedeutet. Das neue Staatsvertrauen könnte genau alle Lehren der politischen Ökonomie, wonach den wahlfördernden Eigeninteressen der Politik ein gesundes Misstrauen gebührt, wieder in Vergessenheit geraten lassen. Denn auch die Bürger mögen das nur schwer ertragen und wollen der staatlichen Daseinsvorsorge lieber blind vertrauen. Doch der Preis für den Glauben an den benevolenten demokratischen Diktator könnte hoch ausfallen.

Zwischenruf (4)
Rettet den Kapitalismus vor den Kapitalisten!

Daimler und Opel haben keine Aufträge mehr, der Chef von Ratiopharm und Heidelcement hat sich mit VW-Aktien verzockt, und die nächsten Opfer sind nicht weit: Alle betteln sie um Hilfe beim Staat. Denn es sei die Finanzkrise, sagen sie, die ihnen diese Unbilden aufbürde. Und dafür könne ja nun keiner was, und deshalb müsse der Staat sie jetzt rauspauken. Mit Bürgschaften und, wenn es schlimmer kommt, direkt mit dem Geld der Steuerzahler.

Was ist nur plötzlich in die Unternehmer gefahren? Haben sie ihren Glauben an freie Märkte und die Segnungen des Wettbewerbs verloren? Die Wahrheit ist: Die Unternehmer waren noch nie die Anwälte der Marktwirtschaft. Es ist ein weit verbreiteter Irrglauben zu meinen, die Kapitalisten seien Anhänger des Kapitalismus. In Wirklichkeit sind die Kapitalisten Egoisten, denen es nur um ihren persönlichen Vorteil geht, nicht aber um fairen Wettbewerb. Das sollte man ihnen nicht vorwerfen, sondern Regeln setzen, die verhindern, dass sich die Unternehmen nur um die eigene Vorteilsnahme kümmern.

Einfach ist das freilich nicht. Denn die Kapitalisten (die Unternehmer) haben ihren Egoismus geschickt verpackt: Sie drapieren ihn als Dienst für das Gemeinwohl und verführen die Politik zu Hilfeleistungen. Das Lieblingsargument: der Verlust der Arbeitsplätze. Kein Unternehmer würde zugeben, er verlange Privilegien. Aber Subventionen (unter welchem Titel auch immer: Staatshilfen, Zölle, Mindestlöhne) zum Schutz oder zur Förderung von Jobs: Das hört sich uneigennützig an, damit kriegt man Politiker herum. Denn Politiker werden immer weich, wenn es um eine größere, aber genau identifizierbare Menge von Bürgern geht. Alle VW-Arbeiter in Wolfsburg zum Beispiel. Das sind ihre potenziellen Wähler, da ist sogar ein VW-Gesetz willkommen. Für die Unternehmer wollen Politiker nichts tun; für die Maximierung ihrer Stimmen bei der nächsten Wahl tun sie alles.

Die Einsicht in den Antikapitalismus der Kapitalisten ist nicht neu. Sie zählt zu den Grundüberzeugungen des deutschen Ordoliberalismus. »Marktteilnehmer haben eine angeborene Tendenz, sich dem Wettbewerb zu entziehen«, sagt der Kölner Ökonom Christian Watrin. Lieber schmieden sie untereinander Kartelle oder hoffen auf protektionistische Hilfe durch den Staat. Das alles sichert ihre Position vor ungeliebter Konkurrenz. Sie begründen Umweltvorschriften als klimapolitische Großtat, sie stemmen sich gegen Kinderarbeit (per se kein schlechtes moralisches Argument), aus scheinbar rein ethischen Erwägungen. Aber allemal merkt man die Absicht und ist verstimmt. Denn es geht ihnen jeweils nur um ein einziges Ziel: neuen Wettbewerbern den Markteintritt zu verwehren. Anstatt die Konkurrenz mit Leistung, Qualität und einem guten Preis zu bekämpfen, versuchen sie es über den Umweg der Politik, der Moral oder des Arbeitnehmerschutzes. Das alles ist vorgeschoben. Wenn Unternehmen sich als bessere Gewerkschaften gerieren, ist etwas faul. Für den Schutz der Arbeitnehmer gibt es eine staatliche Arbeitslosenversicherung. Wenn der Staat auf direktem Weg bestimmte Jobs sichert, ist das eine Benachteiligung aller Übrigen, die nicht in den Genuss dieser Unterstützung kommen.

Die Rezession und die Finanzkrise sind deshalb nur ein weiteres willkommenes Vehikel, den Wettbewerb außer Kraft zu setzen. Wenn Opel wirklich über ein gutes Geschäftsmodell verfügen würde (wie das Unternehmen behauptet), dann hätte es gar keine Hilfe vom Staat nötig. In Wirklichkeit hat das Unternehmen jahrelang Überkapazitäten aufgebaut und eine falsche Modellpolitik betrieben. Wenn es dann unfähig ist, weiterzuwirtschaften, muss es vom Markt verschwinden. Was heißt schon, Schuld trage der Mutterkonzern General Motors in Detroit. Das sagen sie bei EADS in Deutschland auch, wenn Airbus in Toulouse Probleme hat. Das sagt jede Abteilung eines Unternehmens, wenn es irgendwo anders nicht rund läuft. Schuld sind immer die anderen.

Die schlimmste Bedrohung freier Märkte kommt nicht von den Sozialisten, sondern von den Kapitalisten, behaupten die Ökonomen Raghuram Rajan und Luigi Zingales. Es ist ein nicht auszurottendes Vorurteil zu meinen, wer für den Kapitalismus sei, sei auch für die Kapitalisten. Das eine hat mit dem anderen (fast) nichts zu tun. Dieses Buch hat starke Sympathien für den Kapitalismus, aller Krise zum Trotz. Aber es beäugt die Kapitalisten mit äußerster Skepsis. Sie agieren als Platzhirsche auf einem Markt und setzen alles daran, neuen Mitspielern den Zutritt zu verwehren. Früher waren diese Platzhirsche die Aristokraten, dann waren es die großen Konzerne, immer noch sind es auch die Handwerker mit ihren protektionistischen Zunftvorschriften. Eine weitere Gruppe der Antikapitalisten outet sich in Zeiten des ökonomischen Niedergangs: Loser wollen nicht gerne Loser sein, schieben die Schuld auf andere und verweisen auf die gefährdeten Arbeitsplätze. Sie wollen nicht einsehen, dass sie ihre Legitimation verspielt haben, hoffen stattdessen auf Entschädigung für ihre Verluste. Und weil der Markt ihnen diese Entschädigung verweigert, setzen sie auf die Politik. Häufig mit Erfolg.

Der Antikapitalismus der Kapitalisten ist der eigentliche Grund, warum die Marktwirtschaft einen starken Staat braucht, der sich nicht zum Büttel der Unternehmerlobby machen lässt: Der Staat schützt den Wettbewerb, ein zutiefst humanes Prinzip, welches es jedermann erlaubt, im Markt sein Glück zu suchen, wenn er nur eine pfiffige Idee hat, mit der er seine Kunden überzeugt. Der

Wettbewerb ist ein Verfahren zur Entmachtung mächtiger Kapitalisten. Wer mit diesem Ziel antritt, braucht den Schutz des Staates. Aber auch der Staat wird häufig schwach, weil er im Bündnis ist mit mächtigen Unternehmen (das ist das Körnchen Wahrheit an der marxistischen Polemik vom staatsmonopolistischen Kapitalismus). Daher braucht es starke Institutionen, an die der Staat verweisen kann: Die europäische Wettbewerbsordnung, welche die Diskriminierung einzelner Unternehmen durch Nationalstaaten verbietet, zählt dazu. Auch die Welthandelsorganisation WTO in Genf, die freie Märkte garantiert und Verstöße sanktioniert. Es ist letztlich eine gute Rechtsordnung (mehr noch als eine gute Politik, auf die selten Verlass ist), welche den Kapitalismus vor den Kapitalisten schützt.

Kapitel VIII

DER CRASH *oder* Wie geht es jetzt weiter?

Der Trost der Desillusionierung

Wie verbessern wir die Pünktlichkeit der Deutschen Bahn AG? »Wir verbieten einfach, dass künftig Züge fahren«, hat jüngst ein Satiremagazin vorgeschlagen. Denn wenn keine Züge mehr fahren, wird auch kein Zug mehr unpünktlich ankommen, und das Übel ist ein für alle Mal geheilt. Es gäbe nur ein Problem: Wir hätten auch einen großen Teil der Mobilität abgeschafft.

Tatsächlich funktioniert eine Vielzahl wohlmeinender Vorschläge, was man tun könnte, den nächsten Crash zu vermeiden, genau nach diesem Muster. Das Verfahren ist einfach: Allemal macht man sich zunächst auf die Suche nach den Schuldigen, um sie dann, sind sie einmal identifiziert, der Reihe nach unschädlich zu machen. Der unverkennbare Schuss Aggression, welchen der Begriff »unschädlich« enthält, ist durchaus beabsichtigt. Die Kränkung, die die Krise vielen angetan hat, verlangt ihre Opfer. Die Schuldigen sollen keinen Schaden mehr anrichten dürfen.

Die Vorschläge umfassen gemäßigte bis radikale Crash-Vermeidungsideen auf einer großen Skala, je nachdem, wo und wie weit der Kreis der Schuldigen gezogen wird. Die einen machen die neuen Finanzprodukte verantwortlich und wollen deshalb konsequenterweise alle Zertifikate, Derivate und anderen komplexen Wettgeschäfte für Anleger verbieten. Wem schon der Zins suspekt ist, untersagt an dieser Stelle gleich das ganze Kreditgeschäft und hat damit unausgesprochen auch das Bankwesen mit abgeschafft. Und wo die Revolutionäre schon einmal dabei sind, wollen sie dann flugs auch Hedgefonds, Private-Equity-Heuschrecken und andere Untiere zugleich verbieten. Es versteht sich fast schon von selbst, dass im Anschluss an diese Zwangsbereinigung der Finanzmärkte ein neues, kompliziertes Kontroll- und Regulierungssystem durch die staatlichen Behörden installiert werden soll, welches alle Finanzaktivitäten inklusive der Eröffnung eines Sparbuches, weil prinzipiell risikobehaftet, der vorherigen staatlichen Genehmigung unterwirft. Das klingt nach Satire, ist es aber nicht.

Archaik ist Trumpf, der Trend geht zur neuen Einfachheit. »Kaufe nur, was du auch verstehst«, lautet der weithin geteilte Kampfruf der neuen Laienanlageberater. Das sind Leute, die keine Probleme haben, MP3-Player, Handys oder einen S-Klasse-Mercedes zu kaufen, Produkte, bei denen sie rasch am Ende ihres Lateins wären, sollten sie deren Konstruktionsprinzip erklären. Gewiss, der Ausfall eines MP3-Players ist nicht so verheerend wie der Ausfall eines Lehman-Zertifikats, würden die Archaiker antworten. Doch Letzteres war gar nicht so schwer zu verstehen: Ohnehin hing der finanzielle Verlust der Lehman-Papiere nicht am Konstruktionsprinzip des Zertifikats, sondern am Verschwinden des Emittenten. Wo eine Bank kippt, ist auch das Geld weg (solange nicht ein Einlagensicherungsfonds die Guthaben garantiert).

Selbst Commerzbankchef Martin Blessing, ganz seinem neuen staatlichen Eigentümer untertan, propagiert jetzt die neue Einfachheit, seit seine Zunft nur noch im Büßergewand durch die Welt läuft: »Wir brauchen wieder einfachere, verständliche Finanzprodukte«, sagt er. Moment mal: Wurde das Sparbuch nach der Einführung von Exchange Traded Funds – übrigens auch relativ einfache Produkte – abgeschafft? Die vornehmste Aufgabe einer Bank sei es, die Einlagen ihrer Kunden zu sichern«, fährt Blessing fort. Aber das Geld nur in den Keller zu legen wird der Commerzbank nicht helfen. Ein paar Kunden braucht sie schon, denen sie einen Kredit oder ein Wertpapier verkaufen kann. Sonst wird auch aus der Einlagensicherung nichts.

Dass all die Vorschläge nach dem Muster »Lasst keine Züge mehr fahren« einer Mischung aus Angst und Wut über das Schockerlebnis des Crashs entstammen (und sei sie auch bei den Bankern nur gespielt), ist nicht zu übersehen und sogar verständlich. Bloß, dass Angst und Wut schlechte Ratgeber sind und deshalb auch nicht taugen als Grundhaltung zur Beantwortung der Frage, wie wir den nächsten Crash verhindern. Denn einiges spricht dafür, dass die Vorschläge der Etatisten, Sozialisten, Moralisten und neuen Büßer zwar nicht den nächsten Crash verhindern, dafür aber schlimmere Dinge anrichten: Sie verhindern Wachstum und drosseln den Wohlstand. Deshalb sollte man sie mit größter Vorsicht genießen, erst recht wenn sie von Politikern kommen.

Denn eines ist klar nach den hier angestellten Überlegungen. Auch wenn es bitter und in den Ohren der Machbarkeitsstrategen womöglich wenig befriedigend klingen mag: Den nächsten Crash verhindern wir nicht. *History is indeed little more than the register of the crimes, follies, and misfortunes of mankind*, schrieb der große britische Historiker Edward Gibbon in seiner Geschichte über *Verfall und Untergang des Römischen Reiches*. Dass auch die Weltgeschichte der Finanzkrisen nichts anderes ist als ein großes »Inventar von Verbrechen, Torheiten und Unglücksfällen der Menschheit«, haben die Ökonomen Kenneth Rogoff und Carmen Reinhart in einem berühmten Aufsatz im Frühjahr 2008 nachgewiesen, in dem sie den Verlauf der Finanzkrisen über acht Jahrhunderte und in sechsundsechzig Staaten der Welt untersucht haben.

Das Ergebnis der beiden Ökonomen ist so desillusionierend wie tröstlich: Es gibt nichts Neues unter der Sonne. *This time is different*, rufen die Menschen regelmäßig einander zu, wenn gerade wieder eine Finanzblase geplatzt, ihr Vermögen halbiert oder eine Bank untergegangen ist: »Dieses Mal ist alles ganz anders!« Und dann machen sich Politiker und Investoren daran, Regeln, Institutionen und Überwachungsorgane zu ersinnen, die verhindern sollen, dass sich so etwas je wiederholen wird. Im besten Fall ist das alles »weiße Salbe«, symbolisches Agieren wichtiger Leute auf internationalen Konferenzen, mit Papieren, Meetings und wohlmeinenden Absichtsbekundungen zur größeren Ehre von Staatsmännern (und, wie im Fall von Deutschland, -frauen), was vor allem die Wiederwahl dieser Leute in ihren jeweiligen Ländern sichern soll. Im schlechtesten Fall, sollten die Erneuerer besonders aggressiv und kraftvoll vorgehen, haben ihre Initiativen unangenehme Folgen und Nebenwirkungen, welche das Wachstum bremsen, scheinbar gut regulierte Monopole schaffen oder gar Regeln implementieren, die den Ausbruch der nächsten Krise vielleicht ein wenig verzögern, womöglich auch ihre Ausschläge dämpfen, aber gewiss auch unbeabsichtigt beschleunigen können. Nur eines vermögen sie nicht: Sie können die nächste Krise nicht verhindern.

Woran liegt es, dass wir die nächste Finanzkrise weder vorhersehen noch verhindern können, obwohl sie mit Sicherheit eintreten wird, solange die menschliche Natur und die Geschichte der Menschheit so sind, wie sie sind? Die Antwort ist simpel: Weil wir die Zukunft nicht kennen und Prognosen, gemäß einem alten Kalauer, eben schwierig sind, besonders dann, wenn sie sich auf die Zukunft beziehen. »Am Anfang war der Irrtum«, sagt der Mannheimer Ökonom Roland Vaubel: Falsche Erwartungen hinsichtlich der Preisentwicklung an irgendwelchen Märkten, einem »vernünftigen Glauben« (*rational belief*) entsprungen, haben noch jede Krise wieder zum Laufen gebracht (wie wir in Kapitel III gesehen haben). Der Irrtum ist nicht ausrottbar, oder nur um den Preis der Ausrottung der Menschheit.

Das Muster einer Krise ist stets dasselbe, ihr konkreter Verlauf aber ist jedes Mal aufs Neue ein anderer. Dass sich eine Weltfinanz- und Weltwirtschaftskrise aus Preisübertreibungen am amerikanischen Immobilienmarkt entwickeln würde, einem gewiss großen, aber doch auch lokal begrenzten Teilmarkt, hätte über viele Jahre niemand gedacht, auch wenn hinterher alle die Logik der Krise mit naturwissenschaftlicher Notwendigkeit rekonstruieren zu können vorgeben.

Weil aber die nächste Krise noch unbekannt ist, weder gewiss ist, wo sie ansetzt, noch wen der Virus enthusiasmiert oder was die Herde macht und schon gar nicht der Zeitpunkt, wann die Blase platzt (wiederum werde viele lange gar nicht glauben, dass es sich um eine Blase handelt), können alle Anstrengungen, die nächste Krise zu verhindern, im besten Fall nur einen Zweck erfüllen: Sie werden verhindern, dass sich eine amerikanische Immobilienkrise ein zweites Mal ereignet.

Das Einzige, was wir machen können, ist, uns besser auf den nächsten Irrtum vorzubereiten. Alles andere wäre Hybris und würde gewiss alsbald als anmaßend überführt werden können. Denn es sagt sich leicht, die Krise habe den Übermut prämiert und dazu verführt, die Risiken zu unterschätzen, und künftig müssten für Risiken endlich wieder angemessene Prämien gezahlt werden. Doch in Zeiten des Aufschwungs stellen sich Risiken tatsächlich anders dar (werden sie anders »bepreist«) als später, nachdem die Katastrophe eingetreten ist. Auch für Risiken gibt es einen *Framing-Effekt*. Der Kontext macht die Musik.

liarden Dollar zu »fluten«, wie man gerne sagt, zu Deutsch: durch die Notenbanken viel Liquidität bereitstellen zu lassen, damit die Märkte nicht austrocknen und die Banken einander weiterhin Geld ausleihen. Diese Politik des Geldwerfens hat Bernanke den Spitznamen »Helicopter Ben« eingebracht. Doch die Wirkung seiner Maßnahmen blieb begrenzt (auch wenn niemand sagen kann, was geschehen wäre, hätte er sie unterlassen).

Eines freilich ist abermals gewiss: Alle Rettungsaktionen und alle Präventionen sind rückwärtsgewandt. Je mehr sie für sich beanspruchen, die Zukunft zu beherrschen, umso gefährlicher werden sie.

Der große Ökonom Friedrich August von Hayek spricht vom »anmaßenden Wissen« des menschlichen Verstands. Politiker, Intellektuelle, Unternehmer, sie alle möchten die Zukunft in den Griff nehmen, um »Planungssicherheit« zu geben, wie Manager gern sagen. Sie wollen den Zufall eliminieren. Aber sie haben nicht alle Informationen, und sie wissen noch nicht einmal, welche Informationen relevante Informationen sein werden. Und selbst wenn sie es wüssten, wüssten sie nicht, ob sich deren Relevanz im Zeitverlauf ändert. Denn die Zukunft ist eine spontane Ordnung, sie ist »Ergebnis menschlichen Handelns, nicht menschlichen Entwurfs«, wie der schottische Aufklärer Adam Ferguson schrieb: Handeln aber ist immer ein Akt der menschlichen Freiheit, bezogen auf die Freiheit anderer und nicht denkbar ohne Zufall und überraschende Konstellation, sei sie glücklich oder unglücklich. All das entzieht sich der Planbarkeit. So gern wir den nächsten Crash verhindern würden: Es wird uns nicht gelingen.

Wozu sind Krisen eigentlich gut?

Der Economic Club of New York ist ein Zirkel vornehmer Leute: eine Institution mit langer Tradition. Man tagt in Manhattan im Grand Hyatt in der Fifth Avenue, ganz in der Nähe des Empire State Buildings. Von Herbert Hoover über Eisenhower, Kennedy, Reagan oder Lady Thatcher waren dort viele Prominente schon zu Gast.

Dienstag, der 8. April 2008, im hundertersten Jahr des Bestehens, sollte zu einem Höhepunkt unter den bisher 395 Meetings der Clubteilnehmer werden. Zu Gast war der 80-jährige Paul Volcker, der legendäre US-Notenbankpräsident unter Ronald Reagan und heutige ökonomische Chefberater von Präsident Barack Obama. Monate bevor die damals noch Subprime genannte Krise zu einer Weltfinanz- und Weltwirtschaftskrise geworden war, holte Volcker, eigentlich ein bedächtiger Mann, zu einer Generalabrechnung aus, die von den meisten seiner Zuhörer zugleich als Abrechnung mit seinem Nachfolger Alan Greenspan verstanden wurde.

Volckers zentraler, danach immer wieder zitierter Satz an jenem Dienstag lautete: »Das neue Finanzsystem hat seinen Markttest nicht bestanden.« Vernichtender kann das Urteil gar nicht ausfallen von einem Mann, der bislang nicht gerade als Antikapitalist aufgefallen war. Sein Argument: Es sei schwer zu argumentieren, dass das neue Finanzsystem, in welchem die Gewinne der Finanzindustrie 40 Prozent aller Unternehmensgewinne ausmachten, irgendeinen Vorteil für die Wirtschaft als Ganze gebracht habe. In den letzten 30 Jahren habe die Menschheit überdurchschnittlich viele Krisen erlebt, ohne dass ihr daraus ein nennenswerter Gewinn erwachsen sei, behauptete Volcker apodiktisch. Die davor liegenden Jahre, die fünfziger und sechziger Jahre, dagegen seien Jahre außergewöhnlicher Stabilität und Produktivität gewesen, ohne dass der Menschheit hierdurch wirkliche Nachteile zuteil geworden seien.

Volckers Urteil ist ein nostalgischer Blick zurück. Viele Amerikaner träumen heute von den goldenen Jahren der Nachkriegszeit. Volcker bestreitet nicht die Notwendigkeit einer differenzierten Finanzindustrie und den Wert komplexer Kapitalmärkte. Aber er bestreitet, dass das Anwachsen dieses Wirtschaftsbereichs über die vergangenen 30 Jahre zu irgendetwas gut gewesen sei – außer zur Bereicherung der Banken und ihres Managements.

Volcker stellt die zentrale Frage dieser Krise. Es ist auch die zentrale Frage dieses Buches. Gerade wenn wir hinnehmen müssen, dass zyklische Finanzkrisen im Kapitalismus unausweichlich sind und immer wiederkehren, ist es von entscheidender Bedeutung, ob die historische Wiederkehr des Gleichen einen Sinn hat oder aber blindes Schicksal bleibt.

Zur Debatte steht der Schrecken des finanzökonomischen Nihilismus. Man muss nicht fordern, dass die Geschichte, nur weil es sie gibt, auch einen Sinn haben müsse. Die Behauptung dieses Buches indessen, dass wir künftige Crashs nicht verhindern können, wäre erheblich leichter zu ertragen, wenn das Wiederholungsgeschehen der wirtschaftlichen Zyklen nicht nur ein sinnloses Spiel wäre.

Der Gegenbeweis zu Volcker ist leider weder leicht noch eindeutig zu führen, was nicht zuletzt damit zusammenhängt, dass erst in jüngster Zeit über Finanzkrisen auch empirisch geforscht wird. Aber es gibt zumindest Indizien, die dafür sprechen, dass Volcker unrecht hat, dass es durchaus Krisenerträge gibt und wir deshalb mit dem Wiederholungsgeschehen tröstlicher umgehen dürfen. Das sind auch Indizien, die insinuieren, dass der Zeitgeist falschliegt, der jetzt aus Rache die gesamte Finanzindustrie in ihre Schranken weisen will.

Unbestritten ist, dass sich der Finanzsektor in den vergangenen Jahren nicht zuletzt in England und Amerika enorm ausgeweitet hat. Hatte die Geldindustrie noch in den fünfziger Jahren einen Anteil von gut zwei Prozent am Bruttoinlandsprodukt (USA), so wuchs dieser zuletzt auf fast acht Prozent an. Mehr noch: Bankier zu werden war zwar immer schon ein interessanter Job, aber es gab für begabte und ehrgeizige junge Leute in der Wirtschaft auch andere attraktive Herausforderungen in allen Typen von Unternehmen. Seit den achtziger Jahren aber hat die Finanzbranche immer häufiger die Besten unter den Besten angezogen. Der Trend reflektiert einen Wechsel von relativ einfachen Qualifikationen und Anforderungen im Finanzwesen noch bis in die siebziger Jahre hin zu einem Mehr an Komplexität und *sophistication*. Er spiegelt aber auch die simple Tatsache, dass Anreize funktionieren und begabte junge Leute dorthin gehen, wo das große Geld zu verdienen ist. Und das war seit den achtziger Jahren das Investmentbanking.

Tatsächlich haben sie dort aber nicht nur Unsinn angestellt. Denn die letzten 30 Jahre waren zugleich jene Zeit, in welcher viele Volkswirtschaften auf der ganzen Welt ihre Märkte öffneten, ihre Produkte und Dienstleistungen dem internationalen Wettbewerb aussetzten und zugleich dem freien Kapitalverkehr immer größeren Lauf ließen. Im Zuge dieser Entwicklung hat es tatsächlich auf der ganzen Welt immer häufiger auch schwere Finanzkrisen gegeben: Aktienkurse brachen ein, Banken mussten schließen, Unternehmen verloren Aufträge, Menschen wurden entlassen.

Hat sich dieses Leid bezahlt gemacht? Die Autoren Romain Ranciere, Aaron Tornell und Frank Westermann haben 2003 in einer spektakulären Studie am Massachusetts Institute of Technology (MIT) die bislang ausführlichste Probe aufs Exempel gemacht und 56 Länder verglichen. Das provokante Ergebnis: Menschen in Staaten, die ihre Finanzmärkte liberalisiert haben und im Zuge dessen auch genötigt und bereit waren, schwere Finanzkrisen zu erdulden, haben ein langfristig höheres Pro-Kopf-Einkommen erzielt als Länder, die ihre Finanzmärkte geschützt haben. »Netto hat sich das Pro-Kopf-Einkommen der Weltbevölkerung um jährlich ein Prozent verbessert«, haben die Forscher herausgefunden. Risikobereitschaft, so könnte man sagen, zahlt sich aus. Und das Leid wird zumindest mittelfristig belohnt.

Dabei geben die Autoren der MIT-Studie zu, dass sie ihr Ergebnis am überzeugendsten beweisen können anhand von Ländern mit mittleren Einkommen (das sind die Schwellenländer Asiens), in denen es Investitionsstaus gab, mithin Unternehmer mit guten Ideen zuvor keinen oder nur sehr eingeschränkten Zugang zum Kapitalmarkt hatten. Durch die Liberalisierung der Finanzmärkte änderte sich das.

Schlagendes Argument ist ein Vergleich zwischen Thailand und Indien in den Jahren 1980 bis 2002. Während Indien einen Pfad langsamen, aber stetigen Wachstums verfolgte und seinen Kapitalmarkt nur schleppend liberalisierte, durchlebte Thailand eine aufregende und ungestüme Zeit mit rapidem Wachstum, enormem Anschwellen der Kreditvolumina, aber auch starken Einbrüchen, herben Verlusten und zumindest einer schweren Finanzkrise. Das Ergebnis: Das Pro-Kopf-Wachstum in Thailand verbesserte sich im genannten Zeitraum um 163 Prozent, während es in Indien nur um 116 Prozent zunahm. Dazu muss man wissen, dass gerade Thailand von der Asienkrise im Jahr 1997 besonders hart getroffen wurde, sich aber auch – wie die meisten anderen davon affizierten Länder – außerordentlich rasch wieder erholen und die Verluste kompensieren konnte.

»Wir sagen nicht, dass Krisen eine gute Angelegenheit sind«, schreiben die MIT-Autoren vorsichtshalber. Aber sie führen den empirischen Nachweis, dass liberalisierte Finanzmärkte, erhöhte Krisenanfälligkeit und hohes Wachstum korrelieren. Damit wäre nahegelegt: Vom explosionsartigen Wachstum der Finanzindustrie profitiert nicht nur diese Branche selbst. Es hat auch einen überschießenden Effekt auf die Realwirtschaft (wenngleich gewiss nicht im selben Maße). Der wirtschaftliche Boom der letzten zwei Jahrzehnte hätte somit dazu beigetragen, die Globalisierung zu finanzieren und das rasche Wachstum vor allem jener Länder Asiens zu ermöglichen, die ihre Kapitalmärkte liberalisiert haben. Das wäre sowohl eine Bestätigung und entscheidende Korrektur der klassischen marxistischen These, wonach Krisen im Kapitalismus endemisch sind: Krisen sind leider unabweisbar, aber sie führen auch zu Wohlstandsgewinnen. Wer alle Krisen vermeiden will, bleibt auch für immer arm – und wird von anderen Krisen umso schlimmer heimgesucht.

Das muss nicht heißen, dass die Menschheit dazu verdammt wäre, zyklische Krisen in großer Regelmäßigkeit zu erleiden. Es ist jedem Land unbenommen, sich dem zu entziehen, seine Kapitalmärkte stärker zu regulieren, den freien Kapitalverkehr einzuschränken und die Wirkung von Krisen zu moderieren. Bloß dass eine Volkswirtschaft dann auch auf die Möglichkeit höheren Wachstums verzichtet. Das Ruhekissen hat seinen Preis. Aber die Unruhe einer freien Finanzwelt eben auch.

Mehr noch: Die MIT-Autoren wollen den Nachweis führen, dass die Korrelation zwischen Wachstum und Krisenanfälligkeit, anders als Paul Volcker es behauptet, auch für entwickelte Industrienationen positiv ist. Immerhin habe die Finanzinnovation dazu beigetragen, die Internetrevolution zu finanzieren. »Jede Entscheidung zu regulieren hat zwei Folgen«, sagt Coautor Frank Westermann, empirischer Ökonom der Universität Osnabrück: »Auf der einen Seite kann man Finanzkrisen unterbinden, andererseits führt ein restriktiv reguliertes Finanzsystem zu weniger kreditfinanzierten Investitionen.«

Das Argument lässt sich auf die Spitze treiben. Dann müsste man die staatlichen Kosten der Rettung aus der Krise als eine Art Versicherungsprämie deuten, die ex post anfällt für die Wachstumserträge besonders volatiler Finanzmärkte. Eine Gesellschaft haftet im Nachhinein als Ganzes für die wirtschaftlichen Vorteile liberaler Kapitalmärkte. Und die Akteure hätten zuvor nicht so riskant gehandelt, hätten sie nicht darauf gesetzt, dass die Regierung sie hinterher nicht fallen lässt. So gesehen, wäre der Bailout die Bedingung der Möglichkeit riskanten Handelns, für das im Nachhinein eine Versicherungsprämie fällig wird. Ein frivoler Gedanke mit großem Charme, den wir freilich nicht zu teilen bereit sind.

Doch es gibt eine weitere tröstliche Nachricht, die die empirische Finanzkrisenforschung bereithält. Tatsächlich treten Finanzkrisen immer besonders heftig auf, nachdem die Kapitalmärkte dereguliert und neue innovative Produkte erfunden wurden, die noch nicht reif genug sind und an »Kinderkrankheiten« leiden. Wie bei vielen Innovationen bedarf es einer Phase des Lernens, der Erfahrungsbildung, Ausgestaltung und Anpassung an die Bedürfnisse der Gesellschaft, ehe aus einer gut gemeinten Idee etwas Gutes wird, sagt der Finanzwissenschaftler Hans-Peter Burghof. Auch die ersten Autos waren aus heutiger Sicht ziemlich problematische Vehikel. Das Auftreten von Kinderkrankheiten zum Argument gegen die Innovation zu machen, wäre so ähnlich, als hätte man Anfang des 20. Jahrhunderts das Auto wieder verbieten wollen.

Doch diese Krisenanfälligkeit solcher Finanzinnovationen hängt offenbar nicht nur an den Produkten, sondern ist auch darauf zurückzuführen, dass es uns an guten Regeln und Institutionen im Zusammenspiel zwischen Staaten und Märkten gebricht, welche dafür bürgen, dass Fragen der Haftung und Verantwortung auch von denen wahrgenommen werden, die die Risiken eingehen. Mit anderen Worten: Deregulierte Finanzmärkte sind dann besonders krisenanfällig, wenn es an einem guten staatlichen Ordnungsrahmen mangelt.

Gute wirtschaftliche und rechtliche Institutionen, welche das Design der Märkte regeln und die Spielregeln definieren, müssten somit eigentlich die Voraussetzung sein, bevor Kapitalmärkte liberalisiert werden. Aber die Welt ist, wie sie ist: Erst aus Schaden wird sie klug. Nachdem das Kind im Brunnen liegt, wird der Brunnen besser befestigt. Finanzkrisen sind offenbar immer auch der Auslöser, das Design von Märkten zu verbessern.

Short-run pain, long-run gain, heißt ein gern gebrauchter Reim, der dieses Muster beschreibt: Offene Finanzmärkte neigen dazu, kurzfristig großen Schmerz zu bereiten, sind aber im Verlauf der weiteren Evolution dazu in der Lage, langfristig sich für alle bezahlt zu machen. Dieses Ergebnis mag, solange alles noch so schmerzt wie in diesem und wohl auch noch im nächsten Jahr, häretisch, wenn nicht gar zynisch klingen. Aber der historische Vergleich hält den Trost bereit. Es gibt keine Chance, künftige Krisen zu vermeiden. Aber es gibt für jede frühere Krise irgendwann eine Entschädigung. Das ist kein geschichtsphilosophischer Hegelianismus. Denn die, die entschädigt werden, sind nicht die, die gelitten haben. Über Gerechtigkeit wird hier nicht gehandelt. Es ging um Trost gegen den Verdacht des Nihilismus. Und um ein paar empirische Argumente gegen die Verdammnis der innovativen Finanzindustrie durch Paul Volcker.

Wie wir uns auf den nächsten Irrtum vorbereiten können

Weit verbreitet ist der Irrtum, die Finanzkrise sei vor allem deshalb so schlimm, weil es an den Finanzmärkten zu wenig Regulierung gebe. Tatsächlich ist den Menschen nicht erst in der Krise bewusst geworden, dass das Geldsystem aus einer ganzen Reihe von Gründen anders funktioniert und anfälliger ist als, sagen wir, das Handwerk oder die Automobilindustrie. Es sind jene »systemischen« Risiken, welche immer schon rechtfertigten, warum eine Gesellschaft (und der Staat) ein besonderes Auge auf die Finanzindustrie werfen sollten. Fällt nämlich die Versorgung einer Volkswirtschaft mit Geld aus, so kommt auch jegliches »reale« Wirtschaftsleben zum Stillstand.

Wenn wir uns also besser auf den nächsten Irrtum vorbereiten wollen, so verfängt der einfache Auftrag nicht, man müsse nur die Deregulierung zurücknehmen und wieder fleißig regulieren. Eher schon gilt es danach zu fahnden, wo eine falsche, unzureichende oder womöglich übertriebene Regulierung zum Ausbruch der Krise beigetragen hat. Den Regulierern war nämlich immer schon bewusst, dass es nötig ist, die Banken zu einer ausreichenden Ausstattung mit Eigenkapital zu nötigen, um im Notfall mit dem eigenen Geld einzuspringen, wenn die Sparer ihr Geld wollen, aber die Schuldner ihre Schuld nicht tilgen. Das freilich hinderte die Banken in ihrem geschäftstüchtigen Drang nicht daran, diese Auflage zu erfüllen und zugleich zu unterlaufen: Sie verfielen auf den listigen Gedanken, bestimmte Risiken der Verbriefung, also des Weiterverkaufs von Kreditforderungen (siehe Kapitel IV), aus ihren Bilanzen auszulagern und sogenannte *off-balance sheets* außerhalb der Bilanz einzurichten.

Schärfer noch: Die Regulierung selbst gab einen Anreiz – besser: Fehlanreiz –, Risiken aus der Bilanz auszulagern, was seinerseits zum stürmischen Wachstum außerbilanzieller Verbriefung in sogenannten Zweckgesellschaften beigetragen hat und heute mit als entscheidender Auslöser der Krise gilt. Vor allem die deutschen Landesbanken waren Weltmeister solcher Bilanzakrobatik, weil sie bei diesem Geschäft in rascher Zeit erheblich mehr verdienen konnten als in ihrem angestammten Geschäft. Die Experten nennen diese Trickserei »Regulierungsarbitrage«: Es ist nichts anderes als der Versuch, legal (oder im rechtsfreien Rahmen der Cayman Islands) die strikten Vorschriften der Regulierung zu unterlaufen. Nicht Deregulierung, sondern eine Regulierung mit perverser Anreizwirkung sehen wir im Kern als Krisenauslöser. Wer sich auf den nächsten Irrtum vorbereiten will, muss diese falsche Regulierung korrigieren.

Man könnte es auch anders sagen: Die Regulierungsarbitrage war der Versuch der Banken, den Nutzen zu genießen, ohne bereit zu sein, die Kosten zu tragen. Genau diese Strategie, sich erfolgreich um die Übernahme der Kosten zu drücken, treffen wir wieder in allen anderen fahrlässigen Versuchen des Moral Hazard: Banken haben sich aus der Verantwortung gestohlen und die Kosten ihres Risikos an andere delegiert. Ist es wirklich sinnvoll, dass eine Kredit gebende Bank das ganze Risiko an andere weiterverkaufen kann? Dann braucht sie schon bei der Vergabe dieses Kredits nicht darauf zu achten, ob und wie wahrscheinlich die Rückzahlung sein wird. Sie kann fahrlässig die Bonität des Schuldners außer Acht lassen, weil sie auch nicht für die Tilgung (oder die dafür eingesetzten Sicherheiten) einstehen muss. Wäre es also nicht besser, dass in Zukunft bei der Vergabe eines Kredits die Bank einen Teil des Portfolios nicht weiterverkaufen darf, um damit glaubwürdig zu signalisieren, dass sie bei ihrer Kreditvergabeentscheidung die entsprechende Vorsicht hat walten lassen?

Das zeigt: Es geht, will man sich auf künftige Irrtümer besser vorbereiten, jetzt nicht darum, sich in besonders rigiden Vorschriften für eine neue Regulierung zu übertreffen. Es geht vielmehr darum, institutionelle Arrangements zu treffen, die Glaubwürdigkeit und Verantwortungsbereitschaft nicht nur zur Bedingung machen, sondern notfalls auch vom Markt sanktionieren lassen, um zu verhindern, dass den Nutzen zieht, wer nicht bereit ist, die Kosten zu tragen.

»Wer den Nutzen hat, muss auch den Schaden tragen«, sagt der Freiburger Ordoliberale Walter Eucken: »Investitionen werden um so sorgfältiger gemacht, je mehr der Verantwortliche für diese haftet. Die Haftung wirkt insofern also prophylaktisch gegen die Verschleuderung von Kapital und zwingt dazu, die Märkte sorgfältig abzutasten.« Ist die Bank gezwungen, einen Teil des Kreditportfolios selbst zu halten, muss sie sich auch selbst um den fristgemäßen Schuldendienst und die Tilgung kümmern. Kommt es zu Ausfällen, wird sie selbst ebenfalls und unmittelbar bestraft und nicht nur jene Intermediäre, welchen sie den Kredit verbrieft hat. Wären einzelne Banken auf diese Weise früher und direkt bestraft worden, wären höchstwahrscheinlich später nicht viele andere Banken umso härter getroffen worden.

Hinter der Grundregel, wer den Nutzen hat, soll auch die Kosten tragen, verbirgt sich nichts anderes als der alte Grundsatz der Haftung. Gerade der klassische Liberalismus hat sich immer dagegen gewehrt, zu großzügig die Haftung zu begrenzen oder gar auszuschließen. Eine »Gesellschaft mit begrenzter Haftung« ist eine Gesellschaft, die vom Rechtssetzer zum Moral Hazard verführt wird. Es mag ein bedenkenswertes Argument sein, Haftung zu begrenzen, weil andernfalls zu wenige Leute zu wenige unternehmerische Risiken einzugehen bereit sind. Aber wenn dies nur um den Preis einer Einschränkung der Haftung zu bekommen ist, dann zeigt dies doch auch, dass der Preis des Risikos nicht stimmt. Kein Wunder, dass klassische Privatbanken mit »persönlich haftenden Gesellschaftern« (die meist in der Vermögensverwaltung reicher Kunden engagiert sind) von der Finanzkrise nicht beschädigt wurden. Wer mit seinem eigenen Vermögen haftet, wird auch mit dem Geld anderer Leute sorgsam umgehen.

Man kann sich diesen Haftungsgrundsatz zur Leitschnur und Regel machen bei der Prüfung all jener Vorschläge, welche seit Monaten auf dem Markt sind. Dann zeigt sich tatsächlich, dass es gefährlich ist, den kurzfristigen Geschäftserfolg mit hohen Boni als Erfolgsgratifikation zu prämieren, aber das Management zugleich bei langfristigem Verlust nicht zu belangen. Das deutet auf einen Mangel der sogenannten *corporate governance*: Die Eigentümer (also die Aktionäre der Banken) haben es offenbar versäumt, ihre Eigentumsrechte auch auszuüben. Sie (natürlich auch die Manager) müssen jetzt durch den Verlust ihres Aktienkapitals oder durch den Verzicht auf Dividende büßen, falls die Bank unter Staatskontrolle gestellt wurde. Es ist tatsächlich ein Konstruktionsmangel in Aktiengesellschaften, deren Kapital breit gestreut ist, dass die konzentrierte Macht des Managements den Eigentümern überlegen ist. Der Schaden, den die Krise angerichtet hat, führt jetzt bei den Banken dazu, ihre Vergütungssysteme künftig so einzurichten, dass auch Misserfolg und nicht nur Erfolg für die Manager finanzielle Folgen hat.

Ob das reicht, ist noch nicht heraus. Kein Wunder, dass sogar liberale Ökonomen wie der Bonner Max-Planck-Forscher Martin Hellwig dafür plädieren, eine staatliche Einlagensicherung zu begründen und Vertretern dieser Institution einen Sitz in den Aufsichtsräten der Banken zu gewähren. Ob Staatsbeamte gute Banker sind, wird man getrost bezweifeln dürfen. Aber es lohnt sich, Hellwigs Begründung zu überdenken: »Wichtig ist, dass jemand da ist, der ein Eigeninteresse daran hat, bei neuen Geschäftsmodellen danach zu fragen, was die Risiken sind, wenn das Ganze schiefgeht.« Denn Banker haben immer nur ein Interesse daran, dass ihre Bank nicht schiefgeht. Sollte das Ganze gefährdet sein, sind sie selbst meist in Sicherheit, wie die Krise – abgesehen von Lehman – bewiesen hat.

Deshalb gehört zum Grundsatz der Haftung schließlich auch, dass eine Bank untergehen können muss. Wenn sie immer schon weiß (oder signalisiert bekommt), sie sei zu groß, um fallengelassen zu werden (*too big to fail*), neigt sie dazu, bei ihren Geschäften über die Stränge zu schlagen. Das Risiko der Haftung schlimmstenfalls durch den eigenen Untergang ist ja viel zu gering. Juristisch gibt es gewiss längst Regeln für den Konkurs einer Bank, faktisch ist so etwas aber nur ganz selten vorgekommen. Kein Wunder, dass, wenn einmal ein Konkurs eintritt, dieser chaotisch verläuft und zu großem Schaden führt, weil doch alle davon ausgehen, dass Banken nicht untergehen können. (Man denke abermals an Lehman Brothers.)

»In der Nichtvorbereitung des Ernstfalls liegt das größte und unentschuldbare Versäumnis der Aufsichtsbehörden«; sagt der Schweizer Privatbankier Konrad Hummler, persönlich haftender Gesellschafter der Wegelin Bank in St. Gallen, des ältesten Bankhauses der Schweiz: Anstatt das Tagesgeschäft der Banken durch pingelige Auslegung von Gesetzen und Verordnungen zu vermiesen, hätte man in Manöverübungen den Bankenuntergang üben müssen, meint Hummler: »Genauso, wie wir mit unserer Milizarmee zu Zeiten des Kalten Krieges jeweils den Einmarsch der Sowjettruppen geübt haben.«

Das Beispiel Hummlers ist nicht nur schweizerisch witzig, es ist auch extrem aufschlussreich, wenn es darum geht, sich auf den nächsten Irrtum besser vorzubereiten. Denn bekanntlich ist es ja nicht zum Einmarsch der Sowjettruppen (zumindest nicht in der Schweiz) gekommen. Manöverübungen absolviert das Militär nicht nur, um sich auf den Ernstfall vorzubereiten, sondern auch, um den Ernstfall zu vermeiden. Womöglich ist der Gedanke des Schweizer Bankiers eine der innovativsten Ideen dieser Krise, welcher die Risikomanager der Banken und die Politiker nachgehen sollten: Statt durch zu viel Re-Regulierung das Wachstum zu unterdrücken, könnte es sinnvoller sein, Manöver und Planspiele zur Vorbereitung und beschwörenden Abwehr der nächsten Krise zu entwickeln.

Und die Staaten? Sie müssen sich als Finanzakteure möglichst bald aus den Märkten zurückziehen und auf ihre Aufgabe besinnen. Zuständig sind sie für die Spielregeln, die sich auf den Rechtsrahmen, aber nicht auf konkrete Eingriffe in die Gestaltung von Preisen auf Märkten beziehen. Staaten müssen die Marktteilnehmer (Banken, Unternehmen) dazu auffordcrn, ein neues Design von Vertragstypen (eine neue Architektur, wenn man unbedingt will) zu entwerfen, die dem Grundsatz der Haftung Rechnung tragen, die dann von den Regierungen »lizenziert« und gewiss auch beaufsichtigt werden. Eine solche dezentrale Lehre aus der Krise ist zielführender als alle politischen Revolutionen von oben, welche Politiker so sehr lieben.

Skepsis ist deshalb auch angebracht gegenüber allem Zentralismus zum Machtgewinn internationaler Institutionen für ein neues Finanzsystem. Es ist leicht zu durchschauen, dass sich der Internationale Währungsfonds, dem die ursprünglichen Aufgaben weggebrochen sind, anbietet, hier in die Bresche zu springen. Doch abgesehen davon, dass so etwas schon nach der Asienkrise vergeblich versucht wurde, ist auch nicht zu sehen, welches bessere Wissen über die möglichen neuen Irrtümer eine Washingtoner Institution haben soll. Es war nicht die schlechteste Erfahrung in den turbulenten Wochen der Finanzkrise im Herbst 2008, dass nicht eine internationale Organisation den Takt vorgab, sondern Notenbanken und nationale Finanzpolitiker im Wechsel von Trial-and-Error-Rettungsaktionen ausprobierten und wieder verwarfen. Auch der Wettbewerb der Retter hatte, wie aller Wettbewerb, sein Gutes: Er ermöglichte es jedem Teilnehmer, sich bei den anderen abzugucken, was einem selbst womöglich nicht so gut gelang.

Doch die Weltgeschichte wählt offenbar jetzt erst einmal einen anderen Weg. »Zu viel Innovation, zu wenig Regulierung« heißt der neue, allseits geteilte Glaubenssatz, den selbst die Banken in ihrem neuen Opportunismus der Demut nachbeten. Ganz so naiv, wie sie tun, sind die Banken freilich nicht. Weniger Innovation führt nicht nur zu mehr Langeweile – was nach den Turbulenzen der vergangenen Monate vielen ganz recht sein dürfte –, sondern auch zu weniger Wettbewerb. Das muss für die Großen der Finanzbranche, die übrig geblieben sind, nicht schlecht sein. Im Gegenteil: *The best of all monopoly is a quiet life*, hat der Ökonom John Hicks gesagt. Wenn die Finanzbranche insgesamt schrumpft, können einzelne Akteure gleichwohl wachsen. Wenn eine neue Regulierungswut ihnen die Konkurrenz vom Hals hält, soll ihnen das recht sein. Denn es garantiert ihnen von Staats wegen weiterhin hohe Gewinne. Dann wächst in einer neuen regulierten Welt zwar der Wohlstand der Menschen weniger rasch und die Krisenausschläge gehen zurück. Aber die Banken hätten ihre Schäfchen wieder im Trockenen.

Die »entfesselte Marktwirtschaft« sei gescheitert, ist jetzt oft zu hören. Das ist in vielfacher Hinsicht Nonsens. Eine entfesselte

Marktwirtschaft hat es nie gegeben. Immer schon gibt es unsere Welt nur im Zusammenspiel von rechtlichen und politisch gesetzten Regeln mit den Zielen und Motiven der Menschen, aus denen heraus sie ihre Entscheidungen treffen. Der Kapitalismus pur ist ein Phantombild seiner Gegner.

Eines freilich ist klar: Rational geht es dabei nicht zu, unvernünftig auch nicht. Der Mensch hat als *animal rationale* immer auch *animal spirits*. Deshalb sind auch künftig Manien und Paniken unvermeidlich. So ist das Leben. Dann gibt es Arbeitslosigkeit. Und die Leute werden mehr sparen als konsumieren. Minderheiten werden benachteiligt und leiden. Immobilien-, Aktien- oder Ölpreise ziehen wieder an. Und fallen wieder in sich zusammen. Und wieder neu wird man versuchen, die Spielregeln so zu verändern, um sich auf den nächsten Irrtum besser vorzubereiten. Dabei wird man unweigerlich neue Fehler machen. Die Kreativität des Kapitalismus ist ohne die ewige Wiederkehr des Gleichen nicht zu haben. Sie bringt Wohlstand für alle und Produktivitätsgewinne für jeden. Sie verhindert, dass wir Europäer heute noch in der Welt von Charles Dickens leben und Menschen ausgebeutet werden. »Vielleicht war die größte Errungenschaft des Kapitalismus die Umwandlung der Arbeitswelt von der Routine und Langeweile in eine Welt des geistigen Wandels, der geistigen Anreize, Problemlösung, Erforschung und manchmal der Entdeckung.« (Edmund Phelps) Eine bürokratisch domestizierte Wirtschaftswelt wird diese Erfolge nicht zuwege bringen. Besser ist es daher, wir entscheiden uns, mit den gewiss ungemütlichen Instabilitäten des Kapitalismus zu leben. Unter dem Strich wird ein Gewinn an Wohlstand und Freiheit bleiben.

STATT EINES NACHWORTS:

Zehn populäre Irrtümer und zehn goldene Regeln für die Finanzmärkte

»… und es steckt insofern stets ein gewisses hazardartiges Moment (ein Stück Glücksspiel) in dem Versuch, an Zukunftschancen zu partizipieren – allein dies teilt die Spekulation mit jeder Art des Handelns überhaupt.«

Max Weber, *Die Börse*, 1894

I Zehn populäre Irrtümer

1. »Die Zukunft ist beherrschbar.« Das ist offenkundig nicht der Fall. Der Beleg ist die Krisenanfälligkeit der Welt- und Wirtschaftsgeschichte. Niemand hat den *crash* vorhergesehen. Alle die, die es jetzt immer schon gewusst haben wollen, gehören zu den unbelehrbaren Besserwissern. Gewiss, es gab Warner, Apokalyptiker und Kassandren. Sie wurden gehört, aber der Mainstream relativierte ihre Warnungen. Auf die Menschen (auch auf die Marktteilnehmer) strömt täglich eine Fülle von Informationen ein. Welche relevant sind und welche pures Rauschen, weiß man erst hinterher: Es gibt eine *signal-to-noise ratio*. Man denke an den Angriff der Japaner auf Pearl Harbor 1945. Vorher wollte es niemand wahrhaben, hinterher haben es alle gewusst. Die Marktteilnehmer interpretieren die gleiche gegebene Menge der Daten unterschiedlich. Allemal handelt es sich um *rational beliefs*, rationalen Glauben, der aber nicht starr ist. Wann die Menschen ihren Glauben ändern, weiß man nie. Wenn ihn aber alle gleichzeitig ändern und sie plötzlich anstatt an steigende Preise an fallende Preise glauben, kann das in eine Katastrophe führen. Insofern ist es ziemlich naiv zu meinen, mit einem »Frühwarnsystem« könnte die nächste Krise vermieden werden. Das »Glaubensproblem« kann nicht mit »Frühwarnsystemen« bekämpft werden.

2. »Der Kapitalismus hat versagt.« Das ist der marktgängigste Mythos, den die »Sozialisten aller Parteien« (Friedrich A. von Hayek) jetzt gern erzählen. Eine Krise wird zum Indiz des Systemversagens geadelt. Als ob der Kapitalismus risikolose Wohlstandsmehrung für alle versprochen hätte. Den meisten Zeitgenossen ist diese Wirtschaftsform ohnehin suspekt. Als risikolosen Reichtumsgenerator hätten sie die Marktwirtschaft gerade noch durchgehen lassen. Weil jetzt Banken kippen und Depots schmelzen, muss gleich der ganze Kapitalismus dran glauben. Schon Joseph Schumpeter wusste: »Der Kapitalismus ficht seinen Prozess vor Richtern aus, die das Todesurteil bereits in der Tasche haben.« Tatsächlich gibt es in der Finanzkrise auch eklatante Fälle von Marktversagen: Aber das Versagen von einzelnen Marktteilnehmern oder sogar Teilsystemen ist noch kein grundsätzliches Systemversagen.

3. »Die Banken sind an allem schuld«. Das kommt gut an, denn es scheint ein menschliches Bedürfnis zu sein, in der Krise Schuldige dingfest machen zu wollen. Analysiert man freilich den Ursprung der Finanzkrise, dann war es die amerikanische Regierung, die Banken genötigt hat, Häuserbauern Kredite zu geben, ohne auf ihre Kreditwürdigkeit und auf Sicherheiten zu achten. Was zählte, war das nationale Programm der Eigentumsbildung. Hinzu kommt die Politik niedriger Zinsen durch die amerikanische Notenbank, die die Illusion billiger Bereicherung bei den Menschen nährte. Risikoprämien wurden bewusst künstlich angesetzt: Die Märkte wurden mit Liquidität überschwemmt, die nicht durch Produktion und Produktivität gerechtfertigt war. Am Anfang standen also beide Male (auch) der Staat – und die Illusionen vieler Menschen, reich zu werden ohne Risiko und ohne Arbeit.

4. »Finanzmarktinnovationen schützen die Banken vor dem Kollaps.« Das ist die große Illusion der Finanzindustrie – und ein eklatanter Fall von Marktversagen. Jahrelang war es Konsens unter Finanzwissenschaftlern und Bankern, dass es gut sei, Kredite in Wertpapiere zu verwandeln (sie zu »verbriefen«), nach ihrem Risikogehalt zu »raten« und an den Markt zu verkaufen. Das Risiko gehe von einzelnen Akteuren (Banken) auf den Markt (Anleger) über, lautete das Versprechen. Verluste werde es dann zwar immer noch geben, aber Banken könnten nicht mehr kippen. Die Wirklichkeit hat diese Behauptung widerlegt. Banken konnten sich sorglos verschulden, brauchten kein Eigenkapital und wurden zum Schluss selbst von ihren Finanzprodukten zu Fall gebracht, als deren Tilgungschancen fraglich geworden waren. Die Finanzinstitute fungierten dabei sowohl als Treiber wie auch als Getriebene der Gier.

5. »Wer den Banken hilft, muss auch die Industrie schützen.« Der Ruf ist verständlich, aber falsch. Die Regierungen der EU und Amerikas überschlagen sich mit Vorschlägen für Konjunkturprogramme, um von der Krise gebeutelten Branchen unter die Arme zu greifen. Dafür geben sie Milliarden aus. Der Denkfehler:

Die Rettung der Banken war kein Konjunkturprogramm, sondern eine Maßnahme zur »systemischen« Stabilisierung der Volkswirtschaft. Es ging darum, die Geldversorgung (vor allem die Kreditvergabe als Voraussetzung für Investitionen und Wachstum) zu sichern, aber nicht schlecht wirtschaftende Banken dem Markturteil zu entziehen. Die Automobilindustrie hat jahrzehntelang wichtige Marktsignale überhört – sie dafür auch noch mit Steuergeld zu belohnen ist ein gravierender Fehler.

6. »Die Deregulierung ist an allem schuld.« Wäre das wahr, müssten vor allem Hedgefonds und Private-Equity-Gesellschaften die Krise ausgelöst haben. Es war aber anders: Es hat die Banken getroffen, mutmaßlich die in allen Volkswirtschaften am stärksten regulierten Unternehmen. Es hat sogar – häufig zuerst – Staatsbanken getroffen (BayernLB in Deutschland, Fannie Mae und Freddie Mac in Amerika), bei denen – zumindest auf dem Papier – eine noch rigidere Kontrolle existierte. Auch die starke Regulierung hat die Banken offenbar nicht von hoch spekulativen Geschäften abgehalten. Bei vielen Banken ist das Verhältnis von Eigenkapital zu exzessiver Verschuldung viel größer als bei den »deregulierten« Hedgefonds. Erst als sich die Krise immer weiter ausgebreitet hatte, wurden auch Hedgefonds in Mitleidenschaft gezogen.

7. »Banken können pleitegehen, Staaten nicht.« Ungarn, Island oder das Baltikum zeigen: Verantwortungslos handeln können nicht nur einzelne Banken, sondern auch einzelne Staaten. Exzessive Staatsverschuldung ist vermutlich sogar noch schlimmer als exzessive Verschuldung einzelner Marktakteure. Auch als Retter von Banken kommen Staaten nicht uneingeschränkt infrage. Wenn niemand ihnen mehr Geld leiht (private Banken oder

der IWF), auch nicht zu Höchstzinsen, bleibt nur noch die Inflationierung der Schulden und ein Währungsschnitt. Das ist nichts anderes als der radikale Schwund von erarbeitetem Wohlstand.

8. »Kaufe nur, was du auch verstehst.« Würden wir überall nach dieser Devise handeln, könnten wir das Leben bleiben lassen. Kein Auto würde mehr gekauft, keine Operation in einem Krankenhaus mehr durchgeführt werden. Gewiss gibt es Informationsasymmetrien, und gewiss wirken sie sich bei Finanzprodukten und Operationen schlimmer aus als bei Autos oder beim Bäcker. Daraus folgt aber nur die wichtige Rolle von Vertrauen: Bei einem Bankberater und einem Chirurgen spielt das Vertrauen eine (relativ) größere Rolle als bei einem Bäcker oder Autoverkäufer. Würden wir alles verstehen wollen, müssten wir den Fortschritt einer arbeitsteiligen Gesellschaft leugnen.

9. »Hohe Managergehälter haben die Krise getrieben.« Das ist maßlos übertrieben. Den Zusammenhang zwischen Finanzkrise und Gehaltshöhe konnte noch niemand zeigen. Dass die Gehälter einen Anreiz gesetzt haben sollen, warnende Signale zu übersehen, ist plausibel. Niemand, kein Banker, kann an seiner Demütigung interessiert sein. Aber hohe Managergehälter haben die Krise nicht verhindert, sondern verstärkt. Da ist etwas schiefgegangen. Denn als Begründung für die Millionenentlohnung wurde auch die große Verantwortung genannt, die die Bankvorstände tragen. Zu einer hohen Krisenprognostik trägt das offenbar nicht bei. Es ist eine andere Frage, warum Aktionäre sich exzessive Gehaltsforderungen ihrer »Angestellten« gefallen lassen. Der geballten Managermacht in Publikumsgesellschaften ist offenbar schwer beizukommen. Und es ist sicher auch der Fall gewesen, dass das Anreizsystem (Boni) die Risikolaune der Banker und ihren Trieb verstärkt hat, das Kreditvolumen auszuweiten, was seinerseits bei ihren Kunden einen guten Nährboden fand.

10. »Bailout ist zu unterlassen.« Dieser liberale Grundsatz muss zumindest präzisiert werden. Tatsächlich gilt staatliches *bailing out*, also das Herauspauken von Wackelkandidaten im Markt, in der Theorie als verwerflich. Wer darauf hoffen darf, gerettet zu werden, wird sich auch das nächste Mal wieder verantwortungslos verhalten, so lautet das Argument. Das ist zwar unbestreitbar richtig, gleichwohl kommt es im kritischen Fall auf eine Güterabwägung an: Wenn der Schaden für die »Unschuldigen« größer ist als die Fehlanreize setzende Rettung, ist Bailout geboten. Den von einem Raucher im Bett ausgelösten Brand würde man auch löschen, nicht nur aus humanitären, sondern auch aus rationalen Gründen, um die Umgebung der Unschuldigen nicht zu gefährden. Ohnehin ist nicht ganz gewiss, ob Bailout nur schlechte Anreize setzt oder auch Vertrauen zurückbringt. Am konkreten Beispiel: Die Pleite von Lehman Brothers hätte fast zur Katastrophe geführt. Die Rettung von Lehman wäre, weil systemisches Risiko, also besser gewesen. Allerdings hat die Lehman-Pleite nur deshalb zur Fastkatastrophe geführt, weil insgesamt eine generelle Bailout-Erwartung herrschte. In einer idealen Welt der klaren Haftung gäbe es diese Erwartung nicht und würde eine Bankenpleite anders rezipiert (siehe goldene Regel 1). Womöglich ist also Lehman ein Symbol der Ambiguität: Beginn der Katastrophe und Warnung für mögliche gierige Nachahmer in der nächsten Krise (keine Bank weiß, wer das nächste Mal den »Lehman« machen muss).

II Zehn goldene Regeln für die Finanzmärkte

1. »Wer Risiken eingeht, sollte dafür auch geradestehen.« Es ist ein Fehler, dass dieser tragende Grundsatz der Marktwirtschaft außer Mode gekommen ist. »Beschränkte« Haftung oder Haftungsausschluss führen dazu, Risiken exzessiv einzugehen – denn den Schaden haben im Zweifel ja die anderen. Das darf sich nicht wiederholen. Wer den Nutzen hat, muss auch die Kosten tragen. Die Erwartung, am Ende werde der Staat es schon richten, hat dazu geführt, dass es der Staat am Ende tatsächlich richten muss: Ein solcher Fall sich selbsterfüllender Prophezeiung sollte künftig verhindert werden.

2. »Wer Kredite vergibt, muss auch für ihre Tilgung in die Pflicht genommen werden.« Knüpft nahtlos an Regel 1 an. Wer den Kredit eintreiben muss, wird sich um die Bonität seiner Schuldner kümmern und die Rückzahlung überwachen. Keineswegs sollte er, um das Kreditvolumen zu vergrößern, alle Forderungen weiterreichen. Dieser Verzicht nötigt ihn, von Anfang an größere Vorsicht walten zu lassen.

3. »Risiken gehören in die Bilanzen der Banken.« Der Versuch der Akteure, Regulierung zu unterlaufen, ist unvermeidlich. Wenn andere Banken vorpreschen und durch die Nutzung von Regulierungslücken enorme Gewinne machen, treibt der Renditedruck auch vorsichtige Banken in solche Geschäfte. Das spricht im Übrigen gegen eine exzessive Neuregulierung; die List der Märkte ist groß. Der Staat bleibt dem Igel Markt gegenüber immer der Hase. Aber die Möglichkeit, Zweckgesellschaften außerbilanzielle Risiken aufzuladen, muss künftig ausgeschlossen werden.

4. »So viel Transparenz wie nötig.« Absolute Transparenz ist nicht nur illusorisch, sie ist auch nicht wünschenswert, widerspräche sie doch dem Grundrecht auf den freien Gebrauch des Eigentums in einer liberalen Gesellschaft. Märkte haben aber die Aufgabe, Unsicherheit kalkulierbar zu machen, mithin in Risiken zu transformieren. Risikostrukturen müssen deshalb auch für jeden Marktteilnehmer prinzipiell transparent sein.

5. »Die private Aufsicht über (Finanz-)unternehmen und Ratingagenturen muss gestärkt werden.« Um die Kompetenz von Aufsichtsräten steht es nicht zum Besten: Das gilt auch und gerade für Aufsichtsräte öffentlich-rechtlicher Banken. Wir brauchen daher künftig eine Professionalisierung von Aufsichtsräten und eine klare Begrenzung der Managermacht durch die Aktionäre.

6. »Staaten müssen Spielregeln definieren.« Staaten sind nur für die Spielregeln zuständig, deshalb müssen sie sich aus dem Marktgeschehen heraushalten. Das ist das Gebot der Ordnungspolitik. Spielregeln beziehen sich auf den Rechtsrahmen, nicht auf konkrete Eingriffe in die Gestaltung von Preisen. Marktteilnehmer müssen aufgefordert werden, das Design von Vertragstypen zu entwerfen, die dann von den Regierungen »lizenziert« werden. Dazu gehört zum Beispiel, dass das Bündnis zwischen Ratingagenturen und Finanzproduktentwicklern künftig verhindert werden muss. Dazu gehört aber auch endlich ein Insolvenzrecht für Banken, das deren »geordneten« Bankrott erlaubt.

7. »Zentralbanken haben nicht die Aufgabe, Wirtschaftspolitik zu machen.« Aufgabe der Notenbanken ist es, für stabiles Geld zu sorgen. Nicht mehr und nicht weniger. Mit billigem Geld den Wohlstand zu fördern oder Arbeitslosigkeit verhindern zu wollen, ist als

Maßnahme nicht anders zu behandeln als eine Staatsintervention. Denn solche Maßnahmen führen in die Krise. Die Europäische Zentralbank könnte hier für die US-Notenbank, die Fed, Vorbild werden (auch wenn dieses Ziel politisch naiv klingen mag).

8. »Zentralbanken müssen sich auch um die Inflation der Vermögenspreise kümmern.« In den letzten beiden Finanzkrisen (New Economy und Immobilienkrise) hat sich gezeigt, dass die Beschränkung des Blicks ausschließlich auf die Verbraucherpreise nicht mehr zu halten ist. Eine Inflation der Vermögenspreise produziert *bubbles*; hier muss versucht werden gegenzusteuern, auch wenn das den Anlegern Renditeverluste und der Volkswirtschaft Wachstumsverluste beschert. Konkret ist das freilich nicht einfach, führt das doch immer zu einer verlustträchtigen Wissensanmaßung der Notenbanken, wofür verständlicherweise niemand die Verantwortung übernehmen will.

9. »Auch Anleger müssen in die Pflicht genommen werden.« Die Delegation der Verantwortung ausschließlich an Staaten und die Finanzindustrie ist nicht hinzunehmen. Auch Anleger müssen den Zusammenhang von Risiko und Rendite leben: Das heißt nichts anderes, als dass sie wissen müssen, dass sie im Maß ihrer Anlage auch haften, will sagen, ihr Geld auch verlieren können.

10. »Die Krisen von morgen kennt heute noch niemand.« Es ist gefährlich, mit dem Wissen um die Krisen von gestern die Krisen von morgen bewältigen zu wollen. »Frühwarnsysteme« für die nächste Krise aus den Analysen der Katastrophe von gestern zu entwickeln ist aus logischen Gründen absurd. Wer deshalb durch Überregulierung nachträglich die Fehler von gestern unterbinden will, könnte damit gerade den Keim für die nächste Krise legen.

Anmerkungen und Quellenverzeichnis

In eigener Sache

Kluges zu den Animal Spirits findet sich in: George G. Akerlof, Robert J. Shiller: ***Animal Spirits***. Wie Wirtschaft wirklich funktioniert. Campus: Frankfurt 2009.

Eine frühe Analyse der Krise stammt von Charles R. Morris: ***The Trillion Dollar Meltdown***. Easy Money, High Rollers and the Great Credit Crash. Public Affairs 2008.

Bemerkungen von Donald Rumsfeld zu »**unknown unknowns**« gibt es unter: http://de.youtube.com/watch?v=jtkUO8NpI84

Kapitel I

(in der Reihenfolge der Bezüge im Text)

Zum **Framing-Effekt**: Jason Zweig: ***Gier.*** Neuroökonomie: Wie wir ticken, wenn es ums Geld geht. Hanser: München 2007.
Go-Slow-Jahre: Einen guten Überblick, was uns 2009 noch alles erwartet, gibt das Jahresheft des Economist: ***The World in 2009***.
Eine Fundgrube des quantitativen Erfolgs der Weltwirtschaft bietet: Angus Maddison: ***Contours of the World Economy 1-2030 AD***. Essays in Macro-Economic History. Oxford University Press 2007.
Robert E. Lucas: ***Lectures on Economic Growth***. Harvard University Press 2004
Global Trend Report: National Intelligence Council: ***Global Trends 2025:*** A Transformed World. Washington 2008. http://www.dni.gov/nic/PDF_2025/2025_Global_Trends_Final_Report.pdf

Asiatische Ökonomen verdächtigen die westliche Welt, sie propagiere die Werte der Aufklärung, um Asien weiter in wirtschaftlicher Abhängigkeit zu halten. Besonders provokativ und anregend zugleich entwickelt diese These der Südkoreaner Ha-Joon Chang: ***Kicking Away the Ladder:*** Development Strategy in Historical Perspective**.** Anthem Press: London 2002.
Von Niall Ferguson ist kürzlich eine Geschichte des Finanzkapitalismus erschienen: Niall Ferguson: ***The Ascent of Money***: A Financial History of the World. Penguin Press 2008.

Kapitel II

Zur **Great Moderation**: Eine Übersicht der drei Zeitalter von Roosevelt über Reagan bis zum Neubeginn unter Obama bietet der amerikanische Publizist und *Newsweek*-Reporter Robert J. Samuelson: ***The Great Inflation and its Aftermath***. The Past and Future of American Affluence. Random House: New York 2008.

Zur **Kommandobrücke**: Wer den Wechsel der Moden zwischen Staats- und Marktdominanz im 20. Jahrhundert verstehen will, der lese: Daniel Yergin/Joseph Stanislaw: ***Staat oder Markt***. Die Schlüsselfrage unseres Jahrhunderts. Campus: Frankfurt 2002.
Tom Wolfe: ***Fegefeuer der Eitelkeiten***. Aus dem Amerikanischen von Benjamin Schwarz, Kindler: München 1980, S. 280.
Joseph Stiglitz: ***The Roaring Nineties***. A New History of the World's Most Prosperous Decade. Norton: 2004 (dt.: Die Roaring Nienties. Der entzauberte Boom. Siedler: München 2004).
Eines der besten Bücher über die Finanzkrise hat Robert Shiller geschrieben. Er war zugleich einer der wenigen, der die Krise ziemlich gut vorhersah.
Robert J. Shiller: ***The Subprime Solution.*** How Todays Financial Crises Happened, and What to Do about it. Princeton University Press: Princeton 2007. (dt.: Die Subprime-Lösung. Börsenmedien AG 2008)

Zur **Roosevelt-Mania**:
Die Wandlung der Demokraten beschreibt sehr gut: Peter Beinart: ***The New Liberal Order.*** In: Time Magazin, 14. November 2008, S. 24–26.
Eine indirekte Beschreibung des New Deal findet sich im letzten Teil der Joseph-Tetralogie von Thomas Mann. Joseph der Ernährer/Joseph in Ägypten wurde von Thomas Mann als eine Art Mischporträt von Keynes und Roosevelt modelliert. Thomas Mann: ***Joseph und seine Brüder.*** Vier Romane in einem Band. S. Fischer: Frankfurt 2007.
Alles über Roosevelt bietet die neue Biografie von H. W. Brands: ***Traitor to His Class:*** The Privileged Life and Radical Presidency of Franklin Delano Roosevelt. Doubleday: New York 2008.

Zur **Malthusianischen Falle**: Gregory Clark: ***A Farewell to Alms.*** A Brief Economic History of the World. University Press of CA 2007.
Max Weber: ***Die protestantische Ethik und der Geist des Kapitalismus.*** Beltz-Verlag: Weinheim 1996. Hier auch S. 12 das Zitat »Der Schlag Deines Hammers« von Benjamin Franklin aus »Advice to a young tradesman« (1748).

Zu **Risiko und Abenteurertum**: Alles über den spekulativen und nicht asketischen Geist des amerikanischen Kapitalismus findet sich in Urs Stäheli: ***Spektakuläre Spekulation***. Das Populäre der Ökonomie. Suhrkamp: Frankfurt 2007, S. 179 f. und S. 189 die Zitate zum Abenteuerhunger.
Alexis de Tocqueville: **Über die Demokratie in Amerika (1833)**. Aus dem Französischen von Hans Zbinden. 2 Bd. Manesse: Zürich 1987. Die Idee der ständigen Perfektibilität findet sich im 8. Kapitel des II. Teils.

Kapitel III

Allgemein:
Zur **Geschichte und zum Typus von Spekulationsblasen** gibt es einige klassische Texte. Allen voran: Charles P. Kindleberger: ***Manien,***

Paniken, Crashs. Die Geschichte der Finanzkrisen der Welt. Kulmbach 2001. Kindleberger bezieht sich – wie viele andere Ökonomen auch – auf die Forschungen des Schumpeter- und Keynes-Schülers Hyman Minsky, dessen Werke jetzt nach und nach wieder zugänglich gemacht werden. Zum Beispiel: Hyman Minsky: ***Can »it« happen again?*** Essays on Instability and Finance. 1982. Oder: ders.: ***Stabilizing an unstable Economy***. McGraw-Hill: New York 2008.
Lesenswert bleibt auch der Klassiker über die Weltwirtschaftskrise: John Kenneth Galbraith: ***Der große Crash 1929***. Ursachen, Verlauf, Folgen. Finanzbuchverlag, Neuauflage 2004.
Schließlich haben Kollegen der FAZ eine vorzügliche Einführung mit vielen historischen Beispielen geschrieben: Gerald Braunberger/ Benedikt Fehr: ***Crash.*** Finanzkrisen gestern und heute. Frankfurter Allgemeine Buch: Frankfurt 2008.

Zur **Gier**:
Dominik Enste: ***Gier und Moral***. Roman, Herzog Institut 2008.
Nils Goldschmidt: ***Ist Gier gut?*** In: Uwe Mummert (Hg.), Emotionen, Markt und Moral, Münster 2005, 289–313.

Zur **Neugier** vgl. das Sonderheft des Merkur: ***Neugier. Vom europäischen Denken***. Stuttgart Klett-Cotta Sep./Okt. 2008 (darin besonders: Martin Seel: Neugier als Laster und Tugend, S. 824–832).

Zu **Alan Greenspan**:
Bob Woodwards Biografie ist noch vollständig aus tiefer Verehrung des Maestro geschrieben: Bob Woodward: ***Maestro.*** Greenspans Fed and the American Boom. Touchstone 2001. (dt.: ***Greenspan. Dirigent der Weltwirtschaft***. Europa-Verlag: Hamburg 2001) Lohnend ist auch die Lektüre von Greenspans Autobiografie: Alan Greenspan: ***Mein Leben für die Wirtschaft***. Campus: Frankfurt 2007.

Zu **Animal Spirits**:
John Maynard Keynes' epochales Werk ***The General Theory of Employment, Interest and Money***, 1936 erschienen, ist seither

vielfach neu aufgelegt und in alle Sprachen übersetzt worden. (dt.: **Allgemeine Theorie der Beschäftigung, des Zinses und des Geldes**. Hg. von Jürgen Krompardt. Duncker & Humblot: Berlin 2006, 10. Auflage).

Eine fundamentale Korrektur der Rationalitätsthese der Ökonomie durch die Behavioral Economics bietet jetzt:

George G. Aklerof/Robert J. Shiller: ***Animal Spirits***. How Human Psychology Drives the Economy. And Why It Matters for Global Capitalism. Princeton University Press: Princeton 2008. (dt.: ***Animal Spirits***. Wie Wirtschaft wirklich funktioniert. Campus: Frankfurt 2009).

Jason Zweig: **Gier**. Neuroökonomie. Wie wir ticken, wenn es ums Geld geht. Hanser: München 2007.

Zu **Rational Belief**: Mordecai Kurz' Theorie ist sehr technisch und mathematisch. Wer es wagt, findet alles Material des Stanford-Ökonomen unter: http://www.stanford.edu/~mordecai/

Zur **Physik**: Der Vergleich mit dem Magnetismus findet sich in einem Interview mit **Stefan Bornholdt** in der FAZ vom 9. Dezember 2008, S. 12 (»Wir müssen die systemischen Risiken besser erfassen.«).

Zu **Staats- oder Marktversagen**: Als Einführung: Karl Reichmuth (Hrsg.): ***Wege aus der Finanzkrise***. Entscheid und Haftung wieder zusammenführen. Verlag Neue Zürcher Zeitung: Zürich 2008.

Entschieden für Staatsversagen plädieren: Michael Wohlgemuth im Blog »Wirtschaftliche Freiheit«:
http://wirtschaftlichefreiheit.de/wordpress/?p=163
und Lawrence H. White im Blog des Cato-Instituts:
http://www.cato-unbound.org/2008/12/02/lawrence-h-white/what-really-happened/

Zu Richard Posners **Signal-to-Noise Ratio**: Die Unterscheidung zwischen Umweltgeräuschen und relevanten Informationen findet sich unter: http://www.becker-posner-blog.com/archives/2008/10/has_the_market.html

Kapitel IV

Allgemein:
Die Theorie des Kredits als Movens allen wirtschaftlichen Erfolgs stammt vom frühen Joseph Schumpeter: Joseph Schumpeter: ***Theorie der wirtschaftlichen Entwicklung***. Eine Untersuchung über Unternehmergewinn, Kapital, Kredit, Zins und den Konjunkturzyklus. München und Leipzig, 3. Auflage 1934.
Zur Frage, warum und wie der Finanzkapitalismus den Wohlstand der Nationen befördert, empfiehlt sich das außerordentlich anregende Buch von Raghuram G. Rajan und Luigi Zingales: ***Saving Capitalism from the Capitalists***. Unleashing the Power of Financial Markets to Create Wealth and Spread Opportunity. Princeton University Press 2004. (darin auch die Beispiele von Mohammad Yunus und Kevin Taweel).
Eine luzide Krisenanalyse bietet Martin Hellwig: ***Systemic Risk in the Financial Sector:*** An Analysis of the Subprime-Mortgage Financial Crisis. Working Paper: Max Planck Insitute for Research in Collecitve Goods. November 2008.
http://www.coll.mpg.de/pdf_dat/2008_43online.pdf
Empfehlenswert ist auch: Markus K. Brunnermeier: ***Deciphering the Liquidity and Credit Crunch.*** National Bureau of Economic Research Working Paper 14612, Dezember 2008.

Zur **schönen neuen Welt der Finanzprodukte** vgl. das bereits erwähnte Buch von Gerald Braunberger/Benedikt Fehr: ***Crash***. Finanzkrisen gestern und heute. Frankfurter Allgemeine Buch 2008. Darin insbesondere zur Entstehung der Subprime-Krise den Aufsatz von Benedikt Fehr: ***Der Weg in die Krise***. S. 125 ff.

Zum Verständnis der neuen **Finanzindustrie** generell und all ihrer komplizierten neuen Produkte (ABS, CDS etc.) besonders hilfreich sind: Wolfgang Münchau: ***Kernschmelze im Finanzsystem***. Hanser: München 2008, und Michael Bloss u. a.: ***Von der Subprime-Krise zur Finanzkrise***. Immobilienblase: Ursachen, Auswirkungen, Handlungsempfehlungen. Oldenbourg Verlag: München 2008.

Zu **Sajeda Begum**
Muhammad Yunus: ***Für eine Welt ohne Armut***. Lübbe: Bergisch-Gladbach 2006.

Zu **Walter Bagehot** siehe: Walter Bagehot: ***Lombard Street***. A Description of the Money Market. London: Henry S. Kind & Co. 1873. Das Buch gibt es online unter: http://www.econlib.org/library/Bagehot/bagLom.html

Zu **Max Weber** siehe Anmerkungen Kapitel II.

Zu **Böhm-Bawerk** siehe: Eugen von Böhm-Bawerk: ***Geschichte und Kritik der Kapitalzins-Theorien***. Meisenheim a. d. Glan 1961.
Peter Sloterdijk: ***Der Staat als Multi-Millionär:*** In: *Neue Zürcher Zeitung*, 29. 11. 2008.

Kapitel V

Allgemein:
Dieses Kapitel zehrt erkennbar von der äußerst anregenden Spekulationsstudie des Schweizer Soziologen Urs Stäheli. Der Reiz seiner Untersuchung liegt darin, dass er in der Nachfolge seines Lehrers Luhmann die unterschiedlichen Diskurse der Spekulation untersucht und überaus anschaulich zeigen kann, wie der Rationalitätsdiskurs der Ökonomen und der Popularitätsdiskurs der Spekulationsgegner einander wechselseitig hochschaukeln. Urs Stäheli: ***Spektakuläre Spekulation***. Das Populäre der Ökonomie. Suhrkamp: Frankfurt 2007, S. 120 ff. (zu den **Bucketshops**), S. 61 ff. (fünf populäre Einwände gegen den Spekulanten).
Der bis heute unübertroffene Klassiker zur Spekulation stammt aus dem Jahr 1841: Charles Mackay: ***Extraordinary Popular Delusions, and the Madness of Crowds***. Three River Press: New York 1980.

Zu **Max Weber** siehe Max Weber: ***Die Börse*** (1894) In: Max-Weber – Gesamtausgabe I/5,1: Börsenwesen. Schriften und Reden 1893–1898. Mohr Siebeck: Tübingen 1999. Auch in: http://www.textlog.de/weber_boerse.html

Zu **Leerverkäufen**: Das anschauliche Beispiel, Leerverkäufe mit Äpfeln zu erklären, verdanke ich meiner Londoner Kollegin Bettina Schulz.

Kapitel VI

Allgemein:
Vertrauensforschung ist in letzter Zeit in allen Fächern groß in Mode gekommen: vor allem in der Soziologie, Ökonomie und Psychologie. Bis heute anregend bleibt die kleine Schrift von Niklas Luhmann: ***Vertrauen.*** Lucius & Lucius: Stuttgart 2000.
Die beste Übersicht über den Forschungsstand gibt es bei dem Max-Planck-Forscher Guido Möllering. Möllering arbeitet auch den irrational-existenzialistischen Ursprung des Vertrauens (»Just do it«) besonders klar heraus. Guido Möllering: ***Trust:*** Reason, Routine, Reflexivity. Elsevier: Oxford 2006.
Weitere Vertrauensliteratur in: Rainer Hank: ***Vertrauen:*** Anmerkungen zu einem schlüpfrigen Begriff zwischen Markt, Moral und Recht. In: Wolfgang Kersting (Hg.): Moral und Kapital. Mentis: Paderborn 2008, S. 193–204.
Schließlich lohnt sich auch das Vertrauenskapitel in Robert Shiller: ***Animal Spirits*** (siehe Vorwort und Anmerkungen zu Kapitel III), S. 25–40.

Über die ökonomische Relevanz der Angst findet sich Anregendes in Guy Kirsch (Hrsg.): ***Angst vor Gefahren oder Gefahren durch Angst***. Zur politischen Ökonomie eines verdrängten Gefühls. Verlag Neue Zürcher Zeitung 2005.

Zu **Olivier Blanchard,** Interview in der Süddeutschen Zeitung vom 20. November 2008.

Zu Galbraith siehe Anmerkungen zu Kapitel III.

Kurt Tucholsky veröffentlichte unter dem Pseudonym Kaspar Hauser am 15. 9. 1931 in der Weltbühne Nr. 37, S. 293 seine witzige Glosse: http://www.textlog.de/tucholsky-nationaloekonomie.html

D. Kahneman/A. Tversky: ***Prospect Theory: An analysis of Decision under Risk***, In: Econometrica 47 (1979), S. 263–291.
Virginia Woolf: ***Gesammelte Werke***, Tagebücher Bd. IV 1931–1935, Eintrag vom 19. 4. 1934.
Die Krisentheorie (Anti-Bailout) der österreichischen Schule der Nationalökonomie findet sich bei Ludwig von Mises: ***Die Ursachen der Wirtschaftskrise***. Recht und Staat in Geschichte und Gegenwart Bd. 82. J. B. C. Mohr: Tübingen 1931.

Kapitel VII

In diesem Kapitel wird mehrfach auf die Theorie der politischen Ökonomie Bezug genommen, die es darauf anlegt, dem Staat seine Unschuldsanmutung als benevolenter Diktator zu nehmen. Aus der Fülle der Literatur seien genannt:
Birger P. Priddat: ***Politische Ökonomie***. Neue Schnittstellendynamik zwischen Wirtschaft, Gesellschaft und Politik. Verlag für Sozialwissenschaften: Wiesbaden 2009.
Guy Kirsch: ***Neue Politische Ökonomie***. Lucius & Lucius: Stuttgart 2004.
Mancur Olson: ***Power and Prosperity.*** Basic Books: New York 2000.

Zur Renaissance des **Keynesianismus**:
John Maynard Keynes: ***Allgemeine Theorie der Beschäftigung, des Zinses und des Geldes.*** Duncker & Humblot: München/Leipzig 1936; 10. verbesserte Auflage, Berlin 2000.
Für Ausdauernde empfiehlt sich die berühmte Keynes-Biografie von Robert Skidelsky: ***John Maynard Keynes***. 3. Bd. McMillan: London 1983, 1992, 2000.
Lehrbücher, die an Keynes anknüpfen:
N. Gergory Mankiw/Mark P. Taylor: ***Grundzüge der Volkswirtschaftslehre***. Schäffer-Poeschel: Stuttgart 2008, 4. Auflage.
N. Gergroy Mankiw: ***Makroökonomie.*** Schäffer-Poeschel: Stuttgart 2004 (5. Auflage).

Zu **Staat und Daseinsvorsorge**:
Berthold Vogel: ***Die Staatsbedürftigkeit der Gesellschaft***. Hamburger Edition 2007 (hier auch die Forsthoff-Zitate).

Zur **Islandkrise**:
Willem H. Buiter/Anne Sibert: ***The Icelandic Banking Crisis and What to Do about it:*** The Lender of Last Resort Theory of Optimal Currency Areas. CEPR Policy Insight Oktober 2008
http://www.cepr.org/pubs/PolicyInsights/PolicyInsight26.pdf

Kapitel VIII

Hans-Peter Burghof: ***Krise des Bankensystems:*** Zu viel Finanzinnovation, zu wenig Regulierung? In: Ifo-Schnelldienst 21 (2008), November 2008, S. 3–14).
Carmen M. Reinhart/Kenneth Rogoff: ***This Time is Different:*** A Panoramic View of Eight Centuries of Financial Crises.
NBER Working Paper 13882 Februar 2008. Hier auch das schöne Zitat von Edward Gibbon.

Roland Vaubel: ***Auf Irrtümer besser vorbereiten***. In: FAZ vom 28. Oktober 2008.
Ben Bernanke: ***Essays on the Great Depression***, Princeton 2000.

Zu **Paul Volckers Vortrag vor dem Economic Club of New York** und die nachfolgende Debatte unter:
http://econclubny.org/files/Transcript_Volcker_April_2008.pdf
Friedrich A. von Hayek: ***Die Anmaßung von Wissen***. Neue Freiburger Studien: Freiburg 1990.
Romain Ranciere/Aaron Tornell/Frank Westermann: ***Systemic Crises and Growth.*** The Quarterly Journal of Economics. MIT Press, Vol 123 (1), S. 359–406. 2008.

Zu **Short-Run Pain, Long-Run Gain**: Graciela Laura Kaminsk/ Sergio L. Schmukler: ***Short-Run Pain, Long-Run Gain:*** Financial Liberalization and Stock Market Cycles. World Bank Policy Research Working Paper. Januar 2002. Auch:
http://papers.ssrn.com/sol3/papers.cfm?abstract_id=297504
Konrad Hummler: ***Komplexe Lage, einfache Rezepte?*** Bankhaus Wegelin & Co.: Anlagekommentar No. 260 vom 8. Dezember 2008.

Dank

Ein Buch so nah an seinem Gegenstand zu schreiben, dass dieser sich schneller und unberechenbarer entwickelt, als man nachkommt, ist ein Risiko, das ich bewusst eingegangen bin. Dass sich die Krise im Lauf der Niederschrift im letzten Quartal 2008 nicht wenigstens beruhigt hat, hatte ich – wie so vieles andere – nicht vorausgesehen. Das bringt für einen Autor mehr Unsicherheiten mit sich als üblich.

Ich bedanke mich bei allen Menschen, die mir in dieser Zeit – aus unterschiedlichen Perspektiven – Sicherheit gaben: Zuallererst bei meinem Lektor Edgar Bracht (Blessing Verlag), einem stilsicheren Leser, der stets wohlmeinend war, selbst wenn die Texte noch ziemlich wackelten, und der mich am Ende charmant zur Trennung von meinem Text überredete. Dank gebührt auch Matthias Landwehr, einem klugen Mann, der fand, in diesen Zeiten ein Buch über die Finanz- und Wirtschaftskrise zu schreiben, sei besser als ein Buch über den anmaßenden Staat.

Ökonomische und ordnungspolitische Versicherung bot Michael Wohlgemuth, Geschäftsführender Forschungsreferent am Walter-Eucken-Institut in Freiburg, der das ganze Manuskript sorgfältig gelesen, mich vor peinlichen Irrtümern bewahrt und eine Vielzahl von wichtigen Anregungen gegeben hat. Profitiert habe ich von vielen klugen Artikeln vieler meiner journalistischen Kollegen, insbesondere von Benedikt Fehr (*F.A.Z*), Nikolaus Piper (*SZ*) und Martin Wolf (*Financial Times*). Dankbar bin ich zudem für wichtige Anregungen von Martin Hellwig, Direktor am Max-

Planck-Institut für Gemeinschaftsgüter, Bonn. Stefan Homburg, Finanzwissenschaftler in Hannover, hat nicht nur meine Kritik am übermütigen Staat befördert und radikalisiert; er ist mir auch Vorbild darin, wie man ausdauernd und überzeugend gegen den Mainstream schwimmen kann. Und bei Jan Pieter Krahnen vom Center for Financial Studies in Frankfurt habe ich immer dann nachgelesen, wenn ich selbst unsicher wurde. Stephan Lebert (*Die Zeit*) hat wiederholt seine Sorge geäußert, mein Buch könne zu »unpersönlich« werden; die Sorge bleibt berechtigt.

Ein wenig Praxiseinblick in die Finanzindustrie verdanke ich Gesprächen mit Martin Wiesmann, Managing Director bei JP Morgan Deutschland, Peter M. Haid, Vorstandsmitglied bei der BW Bank Stuttgart, und mit unserem Nachbarn Walter Schulte-Herbrüggen (ehem. Leiter Finanzinstitutionen bei der Landesbank Hessen-Thüringen).

Der größte Teil des Buches wurde in Überlingen am Bodensee geschrieben, wo das Ehepaar Michling auf mich aufpasste und mich mit Nüssen und Schokolade versorgt hat.

Meine Frau hat die irrlichternde Entstehung dieses Buches ein Jahr lang mehr als geduldig begleitet, sie hat darauf geachtet, dass ich hoffentlich die richtigen Fragen stelle, und den ganzen Text gründlich gelesen. Ihr danke ich ganz besonders.

Personenregister

Sachwortregister